P.E.T.
父母效能训练

实践版

让亲子沟通
变得高效而简单

[美] 托马斯·戈登 / 著　王漪 / 译

北京理工大学出版社
BEIJING INSTITUTE OF TECHNOLOGY PRESS

版权专有　侵权必究

图书在版编目（CIP）数据

P.E.T.父母效能训练：实践版 /（美）托马斯·戈登著；王漪译. —北京：北京理工大学出版社，2022.5
书名原文：P.E.T. in Action
ISBN 978-7-5763-1068-9

Ⅰ. ①P… Ⅱ. ①托…②王… Ⅲ. ①家庭教育 Ⅳ. ①G78

中国版本图书馆CIP数据核字（2022）第045171号

北京市版权局著作权合同登记号　图字：01-2021-4282
English-language edition copyright ©1976 by Gordon Training International.
All rights reserved, including the right to reproduce this book, or parts thereof, in any form, except for the inclusion of brief quotations in a review.

出版发行 / 北京理工大学出版社有限责任公司
社　　　址 / 北京市海淀区中关村南大街5号
邮　　　编 / 100081
电　　　话 /（010）68914775（总编室）
　　　　　　（010）82562903（教材售后服务热线）
　　　　　　（010）68944723（其他图书服务热线）
网　　　址 / http://www.bitpress.com.cn
经　　　销 / 全国各地新华书店
印　　　刷 / 保定市中画美凯印刷有限公司
开　　　本 / 710毫米×1000毫米　1 / 16
印　　　张 / 20　　　　　　　　　　　　　　　责任编辑 / 闫风华
字　　　数 / 272千字　　　　　　　　　　　　文案编辑 / 闫风华
版　　　次 / 2022年5月第1版　2022年5月第1次印刷　责任校对 / 刘亚男
定　　　价 / 58.00元　　　　　　　　　　　　责任印制 / 施胜娟

图书出现印装质量问题，请拨打售后服务热线，本社负责调换

推荐序

亲爱的读者,我很确信,你手头的这本书《P.E.T. 父母效能训练(实践版)》,对你的养育会很有帮助。

如果你的孩子心思敏感又细腻,你心疼他,你想帮助他,又不知道如何开始;

如果你的孩子总是在挑战你的底线,没有规则意识,你想改变这样的现状;

如果有些令人烦恼的情境一再出现,比如,孩子总是不肯上幼儿园,孩子总是不肯好好吃饭,孩子总是没有办法按时完成作业,等等;

如果你青春期的孩子,一回家就关上了门,他对游戏和手机的兴趣,远远超过对学业的兴趣,你内心焦虑,又没有得力的方法去应对;

如果你工作很忙,时间很宝贵,一方面你想多陪伴孩子,另一方面你想做好工作,而你发现实现平衡真的很难;

如果你发现自己陷入了一个循环:你想做平和的家长,但孩子的行为总能点燃你的脾气,事情过后,你会后悔,想着下次一定不能再这样,但下一次又重蹈覆辙;

如果你一心想要把孩子培养成才,家里人却没有跟你走在同一条路上,成了"猪队友",跟你唱反调,你们甚至因此发生了争执和对抗;

还有很多很多……

我想说的是,你正在遭遇的烦恼,的的确确是养育孩子的组成部分，不仅是你，也是历代的父母、全球各地的父母都曾经历过的，在经历着的。

它们都一个共性，那就是与沟通有关。良好的沟通也许不能解决所有的问题，但良好的沟通是解决问题、建立良好关系的必要条件。

当然，如果你现在觉得亲子关系融洽，亲密关系美好，亲人关系和谐，那真的是太好了！同时，我可以告诉你，这本书将告诉你一些方法，如何更长久地、更轻松地停留在这样的幸福时光。

事实上，良好的亲子沟通方式是可以学习的，而且可以学习得很好。

现在，回想一下你的一个技能，你可能觉得太过稀松平常的技能，比如骑自行车、驾车、游泳、打游戏、玩滑板、使用手机的一个新功能，等等。掌握一个新技能，有的容易，有的难，但它们的共同点是：需要你花时间学习，学会之后，终身会用。

学习沟通也是这样的，当你学会了这种新的沟通方式，它将成为你沟通的常态，将让你和孩子、家庭受益终身。

在我看来，这本书还有以下特点：

这本书是一座桥梁。

书中把一部分艰深专业的人本主义心理学知识和技能，转变为普罗大众也可以学习、实践、掌握的沟通技巧。

这本书是一本沟通指南。

书中涵盖了亲子沟通相关的生活场景。你将学会分辨你正身处哪个场景。在每一种场景中，本书都提供了切实落地的沟通方法。

这本书是一本出"坑"攻略。

要掌握一种沟通的新技能，一定要尝试。尝到了新方法的甜头，我们会更容易坚持下来。尝试的过程中犯错了，身为父母的我们心情就会格外复杂：我们会担心自己的再小的错误，也会给孩子带来负面的心理影响；我们也会怀疑自己为人父母的能力，以及学习新技能的能力。

但是，犯错是学习中的关键时刻。你对它的态度，将让你的学习之旅和亲子关系迈向不同的方向。

本书将带领你走向积极向光的方向。

托马斯·戈登博士与其讲师团队，总结了在学习沟通中碰到的困难，并加以专业的解析，再给出切实可行的改进方法。更给力的是，有很多在践行中的父母，给出了他们的分享和心得体会。

可以想象一下，在养育的路上，如果你独自一人探索，有时候看不见光，会心里发慌。而这本书，是那些先行者汇聚的智慧与微光，照亮你的前路。

在我看来，这本书也是一个神奇的时光胶囊，让你和过往的践行者，可以同处一个场域。在养育路上，当我坠落到心情的谷底，我都会打开这本书的最后篇章——4位父母的践行实录。

有时养育很难，但我没想到有些人的养育如此之难。她们所经历的，远远超出我的想象和我可能的承受能力。

刚开始，每次读我都会落泪。有的妈妈，她的孩子长期患有慢性病，她需要和孩子一起去面对生命中的艰难时刻；有的妈妈，她的孩子已经误入歧途，她需要坚定自己的方向并协助孩子回归正路；有的妈妈，有三个孩子，沟通和共处变得格外复杂和艰难，她需要兼顾自己的需要并照顾、陪伴家人。

每一次读，我都在别人的故事里流着自己的眼泪，并在别人的故事里，找回自己前行的勇气和力量。

我看到经由父母效能训练，P.E.T. 已经成为她们生活中有力的支撑和帮手，协助她们度过了养育中的至暗时刻，幸福、平安和爱，一直眷顾着这些平凡的小家庭。

以我十多年的教学经验和众多学员的反馈，我深知记录养育中的实践、心路历程并加以分享所带来的种种益处。书中4位父母的践行实录，不仅让记录者看到自己的心路历程，也让自己更加清晰未来的做法和走向，更是经由本书，让万千全球家长从中获得支持。

诚邀你关注我的新浪微博（微博名是：微微辣在这里），告诉我你的践行。你的记录和感悟，也将有机会被更多的人看见。

感谢你，读到这里，我看到的是你对孩子的源源不断的爱、你对自己想要改变的渴望，以及你对家庭未来的美好期许。那么，诚邀你，把这本书读起来、用起来、分享起来。

感谢秦庆瑞老师，你的智慧和行动力，使得戈登沟通系列书籍得以出版、再版，让更多人了解戈登沟通模式带来的各种益处，并运用在生活中。

感谢译者王漪，作为一位资深的P.E.T.讲师，你一直在践行和分享，你温婉动人、忠于原味的翻译，让阅读本书成为一件非常享受的事情。

感谢我们在全国各地的讲师和学员，是你们的践行、分享和传播，使得这样一种简单、美好的沟通方式让更多的中国家长、孩子和家庭从中受益。

为人父母的人，心愿都很简单，那就是——给孩子一个温暖有爱的家。

你梦想中的温暖有爱的家从何而来？

是你的改变、创造，给了孩子一个温暖有爱的家。

就像甘地说的："让梦想中的世界透过我们的转变而得以实现。"

愿你实现你的心愿，祝你和孩子幸福地生活在一起！

P.E.T. 父母效能训练资深督导

L.E.T. 领导效能训练培训导师

Y.E.T. 青少年效能训练中国督导

微微辣

前言

在我1970年出版的书《P.E.T. 父母效能训练》里面，我在开篇感言中写道："献给我的朱迪……是她赋予我机会学习如何为人父母。"那么此刻，我将再次向她致谢，感谢她为本书的诞生倾注了大量的心血；我的女儿，现在她已经结婚，该叫她朱迪·戈登·桑迪斯（Judy Gordon Sands）了。首先，朱迪跟我一起设计了多种方法来收集P.E.T. 学员的案例、对话、报道和自述。朱迪主持了所有的访谈并且设计了调查问卷。她还承担了所有海量资料信息的分析工作。正是她仔细谨慎和不遗余力的工作，为我提供了丰富的案例数据，从而帮助我写成了这本书，在此向她表示我最诚挚的谢意。

我要感谢我的妻子琳达做出的巨大贡献，她帮助我重塑了对本书结构和重点的思考，并且提议了书名。她还拓展了我对于我–信息的思路，将它们也应用于预防冲突。

我要特别感谢那些P.E.T. 讲师的帮助，他们鼓励家长来参加访谈，并提交记录和案例材料。毋庸置疑，如果没有那些致力于P.E.T. 传播的讲师团队，没有他们出色的P.E.T. 教学，那么，就不会有P.E.T. 学员。

我还要感谢我的出版社朋友，彼得·怀登（Peter H. Wyden），感谢他的金玉良言，是他第一个鼓励我开启这个项目。

我要将特别的谢意送给我的秘书凯伦·格里森（Karen Gleason），她不但帮助处理了本书的打字文稿，而且还替我承担了许多日常事务，以便我可以全身心地投入本书的创作。

最重要的是，我要感谢所有参与访谈或提交调查问卷、录音以及个人P.E.T.实践案例的父母们，感谢你们付出了宝贵的时间。

托马斯·戈登

第 1 章　P.E.T. 家庭里的实践故事

第 2 章　有工具还不够：基本理念最重要

不一致原则　/ 011

问题归属原则　/ 018

第 3 章　协助孩子解决问题的新角度

当父母使用 12 个绊脚石沟通时　/ 026

关于 12 个绊脚石的新角度　/ 029

在教授父母倾听技巧方面的进展　/ 036

第 4 章　成为会倾听的家长：困扰与对策

初试积极倾听时的别扭　/ 046

当孩子不愿开口的时候　/ 049

你必须有倾听的心态　/ 051

"不要在我身上用积极倾听那一套"　/ 053

过度积极倾听　/ 055

不带接纳的倾听是不管用的 / 057

带着隐藏的预设积极倾听 / 059

"万一听到不喜欢的话该怎么办？" / 061

绊脚石的诱惑 / 065

提高倾听技巧的指南 / 067

第 5 章 当父母成为有效的倾听者后，家庭将会发生怎样的改变

"我听到你了"的魔力 / 070

感受是暂时的 / 073

帮助孩子接纳当下的事实和局限 / 075

"我不喜欢孩子" / 079

挖掘真正的问题所在 / 080

培养自我负责的孩子 / 084

"他们的成长会比你想象的快得多" / 087

父母刷新了自我认知 / 091

"我还是死了算了" / 092

第 6 章 新角度帮助父母满足自身需求

你-信息与我-信息的区别 / 097

"我的真实感受是什么？" / 101

发送完整我-信息的重要性 / 105

当孩子忽略你的我-信息时 / 109

给父母的一些关于我－信息的指南 / 115

第 7 章　父母如何通过我－信息受益，改善家庭生活

一个易上手的工具 / 118

"它真的有用！" / 119

对你－信息有了觉察 / 121

"孩子们其实愿意来帮忙" / 122

孩子们的创新方案 / 124

"诚实的感觉真好" / 126

父母如何处理他们的愤怒 / 128

第 8 章　我－信息的新应用

对婴幼儿使用我－信息 / 132

一个新概念：表达感激的我－信息 / 135

预防性我－信息 / 140

我－信息是如何解决问题的 / 141

第 9 章　亲子冲突：谁赢，谁输

接受"没有输家"的解决方法遇到的几个障碍 / 145

解决冲突的 3 种方法 / 146

解决家庭冲突的新视角 / 150

父母权力的真相 / 157

第 10 章　使用"没有输家"的冲突解决方法：困扰与对策

时间的压力和干扰　/ 163

"对孩子真的不管用"　/ 165

当孩子们中途离开问题解决的过程时　/ 166

当孩子们不遵守约定时　/ 167

来自孩子的不切实际的解决方案　/ 170

权力和惩罚是正当的吗　/ 172

打孩子合理吗　/ 176

第 11 章　父母如何让"没有输家"的冲突解决方法发挥作用

为"没有输家"冲突解决方法做好准备　/ 183

当需求明确时，解决方案就会出现　/ 184

问题通常有不止一个解决方案　/ 188

修改最初的决定　/ 193

深入挖掘真正的问题　/ 194

孩子们也能如此通情达理　/ 196

与婴儿一起解决冲突　/ 197

使用"没有输家"的方法解决兄弟姐妹之间的冲突　/ 199

定期安排解决冲突的会议　/ 203

预防性地解决问题　/ 203

第12章　帮助父母处理价值观冲突

为什么价值观冲突处理是不同的 / 209

不愿放弃的父母 / 210

处理价值观冲突的有效方法 / 212

第13章　父母培训，为什么有些人主动学习而有些人却拒绝参加

"你可以成为更好的自己" / 225

"父母曾经在我身上犯的错误，我不想重蹈覆辙" / 227

"为人父母是一项可怕而艰难的工作" / 228

"我们看到了问题的征兆" / 230

当事情变得绝望时 / 232

父母的困境 / 235

危机和灾难 / 237

谁需要参加父母培训 / 239

第14章　4位父母的真实故事：P.E.T. 如何改变了他们的家庭

它能创造奇迹 / 242

不只是技能：我的 P.E.T. 日志 / 250

历尽艰辛，终见成效 / 264

一个家庭命运轨迹的转变 / 277

第 15 章　**父母信条**

　　我的人际关系信条　/ 289

附　录 / 291

相关阅读资料指引 / 297

第 1 章

P.E.T.
家庭里的实践故事

《纽约时报》将P.E.T.父母效能训练称为"一场全民的运动",我刚听到这个说法时,感觉是媒体记者惯有的夸张,隐约有些不适。后来,仔细想了想,我更愿意这么说,P.E.T.大概是有所谓"运动"的某些特性的。据我所知,在过去的15年里,一共有25万名家长参加了P.E.T.课程的学习。写这本书时,我的第一本书(指《P.E.T.父母效能训练》)已经卖出了超过100万册。将近8 000名来自各个州府(还有许多美国以外的国家)的专业人士报名参加了讲师资格培训班,成为他们所在社区的P.E.T.讲师。如果单就这种迅猛的扩张速度而言,P.E.T.可能确实算得上是一种运动。

然而,意识到自己可能发起了一场"运动",并未让我感到欣慰。对我而言更为重要的是,P.E.T.是否给人们的家庭生活带来了建设性的效果。人们参加了一次课程,并不意味着他们就学到了什么,更不意味着他们已经开始了行动上的改变——就像上着学并不能和变得有教养完全画等号一样。

那么,参加过P.E.T.学习的父母们是否提高了他们为人父母的效能呢?如果是的话,究竟提高了多少呢?他们有哪些不一样的做法呢?那些改变对他们的孩子有怎样的影响?P.E.T.是否改善了他们的亲子关系?那些接触了P.E.T.方法和技巧的父母对待孩子的方式是否更得体些了呢?P.E.T.是否让为人父母这件事变得不那么艰难了呢?P.E.T.父母们是否真的养育出了更加负责任、更愿意跟他人合作的孩子呢?参加一期P.E.T.课程要持续8周,每周仅一个晚上,这样的形式能否让父母们变得更有效能,可以更好地处理那些不可避免的亲子冲突和价值观冲突呢?

这些是值得被提出来的问题,而且是必须要得到答案的,只有这样,才能对P.E.T.以及它对家庭生活的影响做出合适的评估,而不只是说P.E.T."运动"了多远或者多快。那么，要寻找这些问题的答案，就要去回访我们的P.E.T.学员，了解他们家庭的实践故事，还能有比这更好的方式吗？

在这本书里，P.E.T.课程毕业的学员们汇报了他们自己在工作中，家庭里尝试应用新学的P.E.T.技巧的实践经验。在这里，有成功的故事，也有各种辛苦和困扰。所以，你将会见到有些家庭，他们带来的反馈是下面这样的：

"我们P.E.T.用得不总是很理想，特别是面对我们大女儿的时候。"

"原来，每天都实践P.E.T.真的比看书要难太多。"

"跟我们最小的孩子用P.E.T.简直就是对牛弹琴。"

"P.E.T.要是用对了，是管用的。但是，当吉姆调皮捣蛋的时候，我总是没办法发出合适的信息。"

"我还是不能完全相信P.E.T.。你知道的，我还是会有疑问，比如'这真的有用吗？我是不是让儿子承担了太多责任？也许我们应该多给他一些引导？'"

但是读者们也会看到另外一些家庭的实践。他们清晰地展示了如何有效使用P.E.T.技巧，并经常获得显著的成功：

"P.E.T.彻底改变了我们的家庭生活。"

"我们之间的矛盾都变得不再是大问题了。"

"现在我有种感觉，我的孩子大多数时候认为我是可以信赖愿意包容的人——比如他们不需要总背着我做什么……能变成这样是因为我们彼此信任。"

"P.E.T.拯救了我的婚姻。"

"我和李现在有了一个女儿，她很爱我们俩，很爱她的哥哥，更重要的是，她很爱她自己。她只是碰巧有点驼背，我想，如果我还是像从前那样替孩子承担起所有的责任，做一个无所不知，大包大揽，专权专断的父亲，我真不知道她会变成什么样子。"

这些真实事件和对话，来自有着两种不同经历的父母：一种在实践中遇到了问题，另一种取得了明显的成功。看到这些案例，我相信读者们会不由自主地对照自己的养育实践，有所借鉴。另外，当我研究P.E.T.学员录制的访谈内容时，我发现我可以解释为什么有些父母使用P.E.T.遇到了难处。所以，在本书我通篇增加了自己的解读和分析，梳理为什么事情会演变出不同的场景。我的目的是希望帮助读者避免踏入一些陷阱，那些都是战斗在一线的父母们，面对生活中真实的孩子使用P.E.T.技巧时所经历过的。

最近，经常有人问我："戈登博士，从写P.E.T.第一本书以来，你的想法或者观念有没有产生过变化呢？"

父母们还经常问得更具体，例如：

"您还坚持认为父母不该使用权力和权威吗？"

"您依旧固执地相信孩子能自己寻找解决问题的方法吗？"

"您现在愿意承认吗？如果孩子做出了某些让人实在无法接纳的行为，父母是应该可以惩罚他们的。"

"您还坚持反对父母赞美或者奖励孩子吗？"

这些提问反映出人们一种合乎常情的顾虑：我早先提出的关于父母效能的定义是否经受住了时间和大量实践的考验。我将用本书文字来回答以上这些问题以及来自其他渠道的咨询。同时，你们也有权知道，这么多年来P.E.T.始终与时俱进。在P.E.T.讲师们创造性的贡献中，P.E.T.的教学方式有了非常重大的改进。在此期间，我发现了（或者说有人提醒我注意到了）我早期开发的P.E.T.理论模型有些不足之处。因此我做了重要的补充，帮助大家更深入地理解亲子关系互动的动态变化。本书是以大量的回访和问卷数据为基础的，在对这些数据的分析中，我们总结了更多新的观点和改进方法。

那些已经熟悉P.E.T.理念和技巧的读者将会很喜欢这样的改进和补充：

（1）我们现在已经知道跟非常小的孩子比如婴幼儿也是可以成功地使用P.E.T.技巧的，在婴幼儿还没发展出语言能力之前就可以了。一位母亲描述了她如何使用积极倾听技巧，让一开始手脚乱动、尖声哭喊的孩子可以安静下来让妈妈换尿布！

（2）为了尽量避免使用沟通绊脚石，父母和孩子但凡说话就会变得克制较劲，我们现在可以帮父母很大程度上缓解这种焦虑。通常父母们不需要控制自己和孩子说话的方式；他们可以放松戒备，甚至可以发送所谓绊脚石的警告、命令、解决方案、解释、提问或者说教等信息。关键是父母们知道这些回应什么时候说才是无害的。

（3）我们扩展了自己的理解，关于为什么向孩子提问会给他们造成威胁和限制。

（4）有些家长因为过度倾听，陷入了"家长顾问"的角色，反而会让孩子们更加抵触，我们提供了新的指导原则。

（5）当父母向孩子寻求帮助希望得到孩子体谅，而孩子对此却视而不见时，我们为父母们提供了新的指导原则帮助父母有效应对这一局面。

（6）我们增加了一些我-信息的适用场景，孩子们会被明确告知父母的需求是什么，这样可以避免在未来发生冲突。

（7）我们发现，宽松的（纵容型）父母和严格的（权威型）父母其实是非常相似的——也许就是从同一个模子里边刻出来的！他们真的不像我们原来以为的那么不同，因为他们同样都是在用"权力的语言"来说话。

总之，P.E.T. 绝不是停滞不前的。这本书也不是简单地重复第一本书里介绍的技巧和方法。熟悉P.E.T. 模式的读者在这本书里不仅可以温习已经学到的内容，给自己再打一针巩固药效补充动力（许多毕业学员都说他们需要这个），他们还可以在此找到许多父母效能进阶学习的要点。

我的第一本书《P.E.T. 父母效能训练》，是唯一介绍P.E.T. 基础方法的书，提供改善亲子关系的完整处方或者全景蓝图。那是一本"告诉大家如何做"的指导类型的书，虽然我对这个说法有些抵触。现在的这本姊妹篇——《P.E.T. 父母效能训练（实践版）》，与第一本不同，它是关于家长们的实践经验的：有来自母亲的、有来自父亲的，还有来自孩子们的。这本姊妹篇让读者走进真正的家庭，看看这些父母们如何使用P.E.T. 蓝图创建更好的亲子关系和家庭关系。

第一本P.E.T. 书里包含了一些家庭生活案例和对话，它们主要用来解析具体的P.E.T. 技巧和方法。另外，那些案例里的父母当时大都还在P.E.T. 课程学习中，属于边学习边实践。而现在，这本书探索的是父母们离开P.E.T.课堂后开始自己实践的经历，有些是课程结束后马上发生的，有些是1年后，有些是4年后，有些甚至远在9年以后。

在这些真实鲜活的家庭里，你将近距离观察这些父母——他们都彼此不同，但又都在使用相同的蓝图——在生活中实践P.E.T.。

你将会看到有的家庭，只有父母中的一方独自践行P.E.T.；也会看到有的家庭，夫妻双方虽然都使用新技巧但却效果迥异；你也会读到再婚家庭的案例，父母带着和各自前任的孩子又一起组建了新的家庭。

有些父母在孩子非常小的时候就学习了P.E.T.课程；有些父母在孩子进入青春期，已经开始表现出怨恨、叛逆和报复情绪的时候，才不得不开始修复亲子关系。

你会看到这些P.E.T.实践案例中，有很正常的孩子，也有不太正常的孩子。有些孩子极端多动，有些孩子身有残疾，有些孩子患有严重的疾病，有些孩子在吸毒。

这些父母及其家庭的信息是通过问卷调查，短文征集和采访交谈获得的。数据收集和分析是由我女儿朱迪·戈登·桑迪斯指导的。此外，朱迪还跟我紧密配合，一起设计了本书的基本框架。附录中有对整个项目的详尽介绍。

从数据的分析中可以明确的一点是：P.E.T.的确为父母们提供了技巧，可以有效应对日常生活的困扰。整本书你都会看到父母们是如何在真实而琐碎的生活矛盾里实践应用P.E.T.技巧的，比如干家务活、收拾脏乱的浴室、冰箱清理、孩子上学迟到、有人制造噪声、倒垃圾、如厕训练、吃蔬菜、看电视、光着脏脚丫进屋、讨厌上学、就寝前的磨叨等，许多类似的事情。

其中，一位母亲总结了她的感受："P.E.T.绝对帮助父母们打开了一个看世界的新角度。"

这一点我非常赞同，而且我比以前任何时候都更加确信，P.E.T.在帮助父母用全新的角度看待跟"家"相关的许多事情：父母的职责，孩子们解决自己问题的能力，父母在家庭中权利的重要性，建立民主平等家庭氛围的价值，跟孩子维系相互尊重和关爱的关系带来的好处——所有家庭成员都可以成为他们能够成为的人。

第 2 章

有工具还不够：
基本理念最重要

在P.E.T.教学中,我们获得了许多宝贵的经验,其中最重要的就是:如果父母们想要有效地使用他们学到的技巧,就必须理解P.E.T.的基本理论模型。光掌握工具是远远不够的,父母们需要知道什么时候使用这些技巧以及为什么。要做到这点,他们需要掌握一些基本原理。

这个应该并不令人吃惊。比如,要想在各种天气情况下以及在各种不同的水域中驾驶好一艘船,需要的不仅仅是掌舵或者换帆的技能。能干的水手必须知道关于航行的一些基本原理,还有航线的一些理论。要熟练并安全地驾驶一架飞机,驾驶员必须有空气动力学的理论基础,同时还要对气象有基本的认识,更不用说需要知道发动机的工作原理了。事实上,能让飞机驾驶员做到起飞、保持直线飞行,降落等动作的技巧本身非常简单,甚至连一个8岁的孩子都可以掌握。

同理,成为一名有效能的父母也是一样:需要一定的关于人际关系的理论基础。父母们必须全面整体地了解——关系中的两个人之间都发生了什么。为人父母这个工作需要通过一个完善的理论体系或者蓝图来实现——科学家们把这个称为模型。如果不能很好地理解模型,那么在使用技巧的时候就难免会有偏差。

在P.E.T.诞生之初,我没有意识到这点的重要性。后来观察父母们在P.E.T.课堂中的表现以及倾听P.E.T.学员的案例,让我深信P.E.T.模型的重要性。在报名学习P.E.T.课程之前,许多父母已经阅读了一本或者很多本关于养育孩子的书,并且从中学到了某项技能,比如如何回应孩子的情绪。然而,我们发现很少有父母明白一点:他们需要知道基本原理来决定,那些技巧什么时候应该用以及什么时候不该用。另外,父母们使用某项技巧时,也几乎不能解释使用的原因。

在我们的回访中，我们经常听到父母们这么说：

"P.E.T. 教的那些东西我之前其实已经很熟悉了，但是，P.E.T. 课程把这些不关联的技巧和理念融合在一起，形成了一个整体。"

"P.E.T. 帮助我理解了自己在做什么以及为什么这么做。"

"我感觉现在跟孩子们在一起时，我都能明白每一个当下发生了什么。我对情况了然于胸，我感觉很有信心下一步要去做什么。"

曾经有位家长跟我聊起她在参加P.E.T. 课程前读过的一本非常流行的育儿书籍，她是这么说的：

"读那位博士的书时，我真的很喜欢他教的跟孩子说的话——听起来这些话都很有道理。但问题是，有些时候我孩子说的话跟他书里引用的例子就是不一样。结果，我就没能按他教的那样说出我可以回应的话。"

另一位母亲认识到了拥有一个理论体系的重要性——她称之为"方法论"：

"在那位博士的书里，他教的就是具体的对话，但是他没有给你一个'方法论'。你知道的，就是缺少一个行动的指引计划……读完全书，你会感觉讲得真对，但还是不知道下面该怎么做，要怎么用。"

这些家长感到他们缺乏一个模型，能让他们理解那些沟通技巧的出处和原理。所以，在自己家庭中出现各种不同的多变的场景时，他们没办法应用书上教的技巧，因为自己生活的场景永远不会跟书里的那些案例完全相同。他们不能从书里某个特定场景提炼出可以适用于自家类似的（但不完全一样的）场景的应对方式。

当我用"模型"这个词或者说P.E.T. "理论"时，我不是指关于P.E.T. 的某些个人言论，不是那些几乎没什么事实依据的东西。在任何科学中，一个理论模型是一张蓝图或者一套指引，能帮助人们理解并解释许多不同的行为或者事件。P.E.T. 是建立在这样的蓝图基础上的——一套人际关系的理论，帮助诠释两个人之间互动所发生的许多事情（当然不是每一件）。我们现在更明白模型中有哪些要点是父母们感到难以掌握的。而且，我们也研究了更好的方式来教授父母们其中的基本原理。如果他们没能掌握这些原理，那么他们就不太能知道在哪种情形下该使用哪种技巧。

P.E.T. 理论不仅仅是指导有效亲子互动的蓝图，它也是所有人际关系的通用理论——夫妻之间，老板和下属、顾问和客户或者就是朋友伙伴之间。最初，父母们对此感到很惊讶，因为不知为何，大多数父母认为亲子关系跟其他的人际关系是非常不一样的。在父母们看来，孩子就是孩子，还未成"人"。

大多数父母坚定地认为，如果他们对一个成年人做出批评贬低的评价，那个人会很伤心，他们之间的关系也会受损。然而，对一个孩子做同样的事，他们却不认为孩子会受伤害，这种贬损也不会影响他们之间的关系。事实上，大多数父母甚至争辩说孩子需要批评指责，这是一个好家长的职责，要不吝惜给孩子们这些言语上的鞭策，这是"为孩子们好"。

有些父母坚称不能在人际关系中使用强权暴力，但是他们不仅会体罚自己的孩子，还会申辩说这是为了孩子好！

另外，父母们普遍是使用两种语言的——对成人是一种，对孩子是另一种。假如父母的一个朋友不小心摔坏了主人的盘子，大多数父母都不会让这位朋友感到尴尬或者内疚，所以他们大概会跟朋友说类似这样的话："哦，一个盘子，没关系的——咱总有失手的时候。"可是如果打碎盘子的是他们8岁的孩子，我们听到的就是另一番言论了，比如："该死，我好好的盘子就这么碎了——你怎么老是这么笨手笨脚的？你就不能小心点吗？"

对父母来说，接受孩子是个跟我们一样的人，这件事并不容易；他们也很难接受可以用其他人际关系适用的原理来解释亲子关系这件事情。尽管如此，父母们想要在养育模式上有重大的转变，我们还是需要跟他们一起努力，让他们在亲子理论认识层面做出大幅调整：

（1）父母不再将孩子看作是特殊的物种，而是将他们当作"人"来对待。
（2）父母要明白，孩子的行为很大程度上是由他们的亲子关系状态决定的。
（3）父母要了解一些基本的关于所有人际关系的原理。

这就是为什么我认为在第1章需要总结P.E.T. 关于人际关系的基本理论。已经读过《P.E.T. 父母效能训练》这本书或者参加过P.E.T. 课程的父母可能觉得他们可以跳过第1章，但是在我看来，他们读这一章会有收获，不仅仅是因为我们新增并改进了些内容，更是因为他们可以借此来检测下他们当前对理论的掌握。

不一致原则

关于父母角色有一个特别常见的观点，即认为家长必须保持一致性。如果今天你不能接纳孩子的某项行为，那么明天你最好也别觉得可以接纳——不然你就是前后不一致了。父母们被告知这样不一致很不好。同样，如果你在周一"允许"了某项行为，而在周五你却对同样的行为感到抓狂或难以忍受，大家也会认为这种前后不一致对孩子来说是有害的。

P.E.T. 课程一开始，我们就会破除这个所谓一致性的神话来解放父母们，因为他们总是千辛万苦地尝试保持一致性，失败时又心怀愧疚、深感懊悔。但是P.E.T.传递给大家的是，一些行为在某些天是可以接纳的，因为父母当时的感觉还好，但是同样的事情在另外的时候又不被接纳，因为父母的感受改变了。一位母亲，她有两个特别活泼的孩子，她描述了对孩子频繁打架这件事的不同回应：

"我是否能允许他俩在我身边打闹取决于我的心情，我是说，有些时候，当我在看报纸时，我并不在意他们在我面前打架或者做其他任何事。但有些时候，我就不希望他们在我附近闹腾。他们能感受到我的这点情绪变化——就像接收到一种短波信号，然后他们就会到别的地方去玩。"

一位父亲，是位医生，他说起自己在诊所里对待病人时表现出的不一致性：

"有些天我的接纳度很好，可以坐在那里听病人讲述，甚至可以长达一个小时，即便我的候诊室里人满为患……但是有些时候，我的接纳度很差……我就会对病人说：'你看，我知道你想聊，分享一些事情，但是我今天实在听不了。'而且我会告诉他们为什么我听不了。我会说'咱们改日再聊'或者'下次再约'。我从来没有遇到因为这样生我气的病人。这对我来讲,是个很大的启发。在学习P.E.T.之前,当我有其他事情要做,而他们又在那儿滔滔不绝时,我会很恼火,我会看手表,暗示他们我对谈话不感兴趣……然后,他们就会生气,因为我对他们不够诚实。"

这位医生提到的"接纳度"是来自P.E.T.模型的一个概念。它帮助父母们了解不一致是不可避免的。在P.E.T.课堂里,我们会先让父母们想象面前有一个长方形或者说一扇窗口,我们透过窗口去看孩子的所有行为:

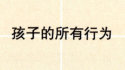

然后,我们向大家展示每位家长的窗口里都包含两种不同的行为:可接纳的和不可接纳的。

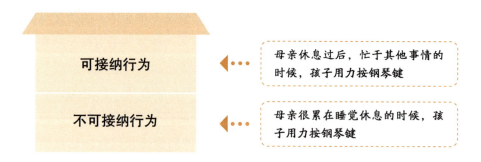

当母亲休息得很好,或手里正在做一些自己<u>感兴趣的</u>事情,感到心满意足的时候,她3岁的女儿用力按钢琴键发出很大的声音,这件事对她来说可能是可以接纳的。但是当母亲感觉很累很想补个觉休息一下的时候,孩子做出同样的事情,母亲就会感觉不接纳了。另外,父母的接纳区有时候非常大——所有的事情对他们来说都很顺利,几乎没什么可以干扰到他们。他们的窗口可能会像这样:

也有其他时候，父母感觉很不安或者焦虑——似乎所有的事情都出错了——那么他们的窗口可能会很像下面这个样子：

在这样的日子里，几乎孩子做的每一件事他们都是不会接纳的。这种接纳线的上下浮动对大多数父母来说都经常发生，不可避免——这很容易理解，父母在不同时候会有不同的感受，这很自然。

"有时候我感觉自己很没用，就是个失败者。当我很累、情绪很低落的时候，我会意识到这些时刻的到来。然后我眼里就看不到任何好事，感觉一切都乱套了，什么事情也干不成。"

当父母们知道了这个变化的窗口，他们就会允许自己有不接纳的时刻，毕竟他们只是普通人，总会有情绪的波动。他们跟孩子相处时会有情绪变化、前后不一致，他们变得更接纳自己的这种状态，不再因为自己的不一致而感到内疚，从而产生沉重的心理压力。

还有两个因素会造成父母的心态和行为的变化。一种情况，父母发现因为两个孩子性格不同，自己会更接纳其中的一个，这是难免的。另一种情况，父母发现行为发生的环境发生了变化，他们的接纳度也会随之改变。

为什么父母对自己养育的多个子女的感受和应对会不一样呢？坦白说，有很多原因会让有些孩子就是比其他孩子更让人接纳。一个刚会走的孩子（假设叫小A）可能特别好动积极，好奇心爆棚，什么事情都捣鼓，制造了一堆混乱。而家里另一个孩子（假设叫小B）可能性格就大相径庭，特别安静、谨慎、仔细。那么，面对这两个性格截然相反的孩子，父母的行为窗口就会有显著的不同。

我认识的孩子中有些特别有魅力，很吸引我，那么他们做的事情我通常都是接纳的。我也遇到过一些孩子，他们的特殊个性导致他们的许多行为都让我感到难以接纳。

那么，环境是如何让父母的接纳态度产生变化的呢？比如说孩子打闹这件事，在外面院子里打闹，父亲可能还是可以接纳的——甚至还是挺喜欢的。但是如果把地点挪到客厅，同样的打闹就会变成不可接纳的行为。

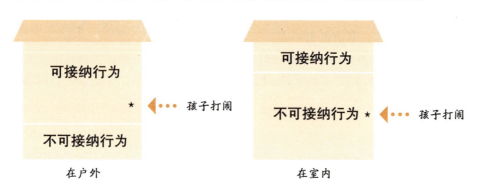

你可能可以接纳自己14岁的儿子在家里吃饭时的餐桌礼仪，但是如果换

到公共场合的餐厅,他的做派就会让你感到不安和尴尬。

所有父母对待孩子的态度和行为的变化都会受3个因素的影响:自己的情绪状态、面对不同的孩子以及身处不同的环境,并且这些对不一致性的影响会是持续的。在每一位家长的窗口里,区分可接纳行为区域和不可接纳行为区域的接纳线会因为这3个因素的作用时常上下浮动:

这就是我们说的"不一致原则"。这种不一致每天都不可避免,因为你的情绪不同、面对的孩子不同、身处的环境不同。接受了这个原则,你就会卸下很多负疚感和焦虑感。你是个普通人,对孩子的感受有所不同,这是人之常情。意识到这点,可以大大降低为人父母这件事的难度。

另外一个关于"不一致原则"的应用也需要在此提及。有一个普遍的观念让父母角色看起来比实际更加艰难。这是一种想法的禁锢,认为父母双方必须对孩子的行为有一样的感受和应对方式——他们必须表现出一种"统一战线"。这种想法除了会造成父母双方之间大量的争吵和冲突,还会产生许多负疚感和怨恨,就像这位母亲说的:

"我的先生认为,跟孩子协商就是向孩子示弱,就比如让孩子们去睡觉,因为你觉得他们在旁边很不舒服……P.E.T. 就是我想寻找的那种可以让我们打开视角的东西。特别是夫妻之间,不必一定同意对方的想法。当读到这页时,我真的被打动了。哎呀,当我没法同意他的时候,那些曾经的愧疚啊……我有权利持不同的意见,这个观点真是太赞了……现在我先生还是对这点感觉很不踏实,但是我已经非常坚定了……当我第一次表达不同意见时,我还是挺害怕的,就像我在跟权威作对,我把他当成权威太久了。"

另一位母亲也聊到她为了要达到"统一战线"的要求而经历的艰辛：

"我们总是听人说，'你们必须要形成统一战线'。你知道的就是那些话，不然你们的孩子就会变得怪癖，发展失衡或者什么什么的。然后我们的P.E.T.讲师就总是说：'你们不是非得这样。你们的孩子反正不吃这套，因为他们清楚，两个人是不会对每一件事都永远保持一样的想法的。'在我们的儿子麦克面前，我以前总是试图维系一个统一战线。我总说：'你爸爸这样，你爸爸那样，你必须什么都按你爸爸说的去做。'但是当他爸爸经常出门不在家的时候，我反而觉得没有真正的自由去帮助麦克解决他遇到的问题了，因为我必须确保要按照爸爸的意思来办……我觉得每件事都必须先跟他爸爸掰扯清楚了才行。"

这种场景会很容易损害婚姻关系，为了消除或减少这种冲突，P.E.T.教父母们开始跟孩子建立独立的互动，而不是尝试达到一个统一战线。关于孩子的某一个行为，每一位家长都可以自由表达自己的立场，就像下面行为窗口所展示的这样：

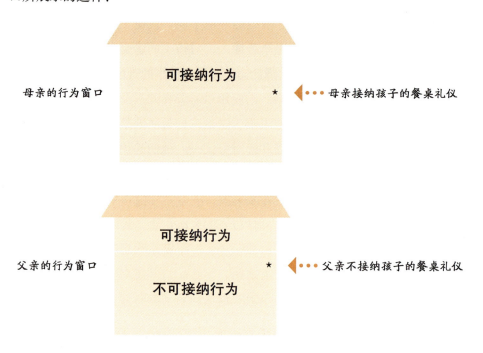

在这个案例中，母亲应该让父亲来处理孩子餐桌礼仪这件事；毕竟，父

亲是那个感觉不舒服的人。母亲不应该掉到替父亲说话的陷阱里。如果母亲要为父亲代言，她就不得不违背自己的真实感受——也就是不诚实。这不仅会让她陷入不安，让她有种怨恨或者屈从的感觉，而且还会有额外的风险，那就是孩子可能察觉到母亲的欺骗或者虚假，从而不再尊重她。还有些关于统一战线的复杂性可以在以下这篇采访中看到，这位母亲描述了她和先生是怎样意识到他们的不一致然后解决家庭中关于餐桌礼仪的问题：

母亲：P.E.T. 改变了我的人生……我对待孩子的方式有了巨大的改变。事实上，这也是我的先生后来参加P.E.T. 课程的原因。——他见证了我跟孩子关系的转变。两个月后，他也出现在了P.E.T. 课堂上。

作者：改变是怎么发生的呢？

母亲：哦，我变得更放松了。他看到了我们沟通方式的改变——真的很美的沟通方式。另外，他看见了我允许他为自己的问题负责。

作者：比如说什么事儿呢？

母亲：哦，比方说餐桌礼仪。我对孩子们在餐桌上的表现并不是很在意——这不是我的困扰。他们是怎么吃东西的对我来说无所谓。但是我先生从小跟着一位非常严厉的叔叔长大，他真的对餐桌礼仪有焦虑。我发现以前我会在餐桌上纠正孩子们，因为我先生看到了他们的做法会很不舒服。

作者：所以，你在尝试建立一个统一战线？

母亲：我就是替他履行责任……所以当我学到课程中这部分内容时，我想："我都做了什么呀，为什么我要跟孩子们唠叨？那些事情我完全无所谓，其实是他的困扰问题……"我本来以为他是比较随和的那个，而我管得比较严，但后来我发现拥有很多困扰的其实是他，不是我。自那以后，我就不是非得时刻盯着孩子们了。然后我发现我原来也没那么差。我原以为我是家庭里压在其他人身上的那个"重负"。这缓解了我的压力，同时，也促使他开始处理困扰自己的事情……我还发现，孩子们在爸爸面前会做的事情，跟我在一起的时候他们不会做——他们做那些事就是想吊吊老爹的胃口……

作者：你是怎么解决这个问题的？

母亲：嗯，这件事后来就变成，当我们去外面的餐厅吃饭时，我的先生就真的非常在意孩子们的餐桌礼仪。他不希望孩子们用手去碰食物，类似这样的。所以我们约定好，在家他会放孩子们一马，我们一周会安排一个晚上，在餐厅铺上餐布，点上蜡烛，孩子们拿出最好的表现，学习爸爸希望他们在公共场合进餐的礼仪。这样一来，孩子们在其他时间就可以放松要求，同时他们也能按照爸爸的意愿得到训练。

作者：这个办法结果如何？

母亲：特别棒。另外也很有意思，你知道吧，铺上餐布，点上蜡烛后，每个人都会表现得更体面一点。

问题归属原则

P.E.T. 模式的核心理念之一是"问题归属"原则。它的重要性再怎么强调也不为过。因为我们从家长的采访中了解到，父母们使用P.E.T. 技巧时之所以犯错，大多数时候都是因为对这个原则含糊不清。

问题归属原则在P.E.T. 中之所以这么重要是因为太多父母掉进了替他们的孩子承担责任的陷阱，而不是鼓励孩子自己解决问题。在采访中，我们听到许多诸如此类的话：

"你知道吗？我不得不为他们解决所有问题，因为这是我一手塑造的角色形象。妈妈就是超级问题解决专家，直到她烦得想罢工。我不知道该怎么走出这个困局。我不知道该怎么说，如果我说：'谁都别理我。我累了，我头疼。出去，自己想辙去。'他们根本不知道要怎么做。"

"我学习P.E.T. 最大的变化就是会去分辨此刻谁拥有问题。这绝对是最有意义的事情。它让我清醒地认识到是弗兰克有困扰而不是我……这么多年来，我一直在替他困扰。"

"在学习P.E.T. 之前，我不会让她解决自己的问题。我总尝试用某些方式帮她。但是我想她处理自己问题的能力也在增长……现在看着她能够自己解决她的小问题，我感到很开心……我还有点惊喜，因为我发现她在那个方面的能力比我在她这个岁数，甚至比她再大几岁的时候要强太多。我感觉我在帮助她成长，许多她表现出的成长状态是我从来没有过的……P.E.T. 养育方式让我最大限度地减少干预她解决自己的问题……当我意识到她拥有自己的问题的时候，我感到一种解放，可以后退一步，不把自己的解决方案强加给她，我的方案真的不如她自己想出来的那些更对症。"

当父母们理解了问题归属原则，他们对待孩子的方式会产生很大的变化。在P.E.T. 课程中父母们第一次看到这个概念同样是通过区分"可接纳行为"和"不可接纳行为"的行为窗口。不过，这时要加上第三个区域，就像下面右边那个窗口显示的：

可接纳行为	让孩子产生困扰的行为	孩子拥有问题
	没有困扰 / 无问题区	
不可接纳行为	让父母产生困扰的行为	父母拥有问题

从上图最底下的部分说起，这个区域的行为是父母不接纳的行为，因为他们妨碍了父母的需求或者阻止了父母满足他们自己的需求。比如，当家长在谈话时，孩子特别吵闹；当家长赶时间时，孩子在磨蹭；孩子在壁纸上涂画；孩子的玩具或者衣服随便扔在客厅；孩子把桌面划出了道子；等等。这样的行为意味着**家长拥有问题**，那么，是家长的责任来尝试调整那些给他们带来困扰的行为。

在行为窗口最上面的部分，这里的行为预示着孩子拥有了问题——孩子的需求没有被满足，孩子不开心，或者很挫败，或者遇到了麻烦。比如，孩子没有玩伴很难过，孩子被朋友拒绝，孩子觉得作业很难，孩子生老师的气，青少年因为超重而苦恼，等等。这些是孩子们在生活中经历的困扰，是独立存在于家长的生活之外的。在这些情境里，**孩子拥有问题**。

行为窗口中间的区域代表了孩子的行为既没有给父母，也没有给自己带来困扰。这些是愉快的亲子时光，没有什么烦恼，父母和孩子可以一起做游戏、聊天、一起做事并分享经验。这是**无问题区**。

当孩子拥有问题时,父母通常会试图跳进孩子的问题区,替他承担解决问题的责任,而且做不到时会自责。P.E.T.为父母们提供了另一个选择来帮助他们的孩子:让孩子自己面对问题、承担责任,并寻找自己的解决方案。这个方法概括一下,包含以下几个方面:

(1)所有的孩子都不可避免地在他们的人生中遇到一些问题——各种各样的。

(2)孩子们有着不可思议的潜力,而且大多是未被挖掘的能力,来找到解决他们问题的绝佳方案。

(3)如果父母们为孩子提前准备好了方案,孩子们就会习惯依赖,没办法获得自己解决问题的能力。那么,他们每次遇到新的麻烦时,就会不断地来找父母帮忙。

(4)如果父母接管了孩子的问题,承担了寻找合适方案的全部责任,那么这不仅给父母造成一种可怕的负担,也给父母设置了一项不可能完成的任务。没有人有无穷的智慧,可以总是为别人遇到的问题找到合适的解决方案。

(5)当父母可以接受自己并不是孩子问题的主人,他就可以更好地成为一个"协助者",或者"促进者",或者"助人者",**来帮助孩子自己找到解决方案**。

(6)孩子在面对某些问题时的确需要帮助,但是从长远来看,最有效的一种帮助就是,某种形式的"不帮助",这听起来像是悖论。更准确地说,这是一种新形式的帮助,把责任留给孩子,让他探索并找到自己的解决方案。在P.E.T.中,我们把它称作"协助技巧"。

当孩子的行为给父母带来了困扰时(那些行为我们放在行为窗口下方第

三个区域里），我们就需要用一套不同的技巧。这些技巧会给孩子的不可接纳行为带来一些有效的改变。当孩子侵犯了父母的权利或者做了妨碍父母满足他们需求的事情时，此时父母拥有问题，因此他们会希望能用技巧帮到他们自己。在P.E.T.里，我们把这叫"面质技巧"。

当父母拥有问题时，其实需要父母以这样的心态跟孩子沟通："孩子，我遇到一个问题，我需要你的帮助。"——这与孩子拥有问题时，父母跟孩子沟通时的心态是很不一样的，那时的态度是："看起来你遇到困难了，你需要我帮忙吗？"

我们可以用图示呈现"父母效能训练"的全貌：

（1）我们教会家长技巧，以便有效地减少孩子拥有问题的数量。（让行为窗口最上面的那个区域变小）

（2）我们也教会家长另外不同的技巧，以便有效地减少孩子给父母造成问题的数量。（让行为窗口最底下那个区域变小）

这两套技巧的成功应用，可以扩大无问题区，双方都没有困扰，各自的

需求也都可以得到满足，一起享受他们的生活。

在第3章、第4章和第5章，我会将重点放在协助技巧，指出那些父母们最经常遇到的难点，给父母们提供一些建议和指导，来克服或者避免那些难题。此外，我还会用案例向大家展示，当父母有效应用这些技巧跟孩子互动时，他们将会得到哪些回报和好处。与此类似，在第6章、第7章、第8章，我会讲解面质技巧。

第 3 章

协助孩子解决问题的新角度

当孩子"拥有问题"的时候，父母对孩子说话的传统方式要有所改变，这当然不是件容易的事。父母的沟通习惯是根深蒂固的，而且常常是难以撼动的。当孩子遇到问题时，大多数父母的反应和他们自己的父母当年是一样的。这是因为他们没有机会学习更好的方法，父母们总是重蹈覆辙，跟他们自己的父母犯同样的错误。

那些家长，如果自己的父母总是苦口婆心地讲道理，那么他们往往也会对自己的孩子讲道理。一位母亲，如果她自己的父母当年十分依赖于对孩子说教和训导，那么她很可能会以同样的方式试图帮助自己的孩子解决问题。那些孩子，如果习惯了父母的安慰和同情，长大后会成为喜欢安慰和同情孩子的父母。如果父母总是跳出来给孩子大人的建议和解决问题的方法，那么当这些孩子为人父母时，他们也会这样做。

P.E.T. 要求家长们，在孩子遇到问题时，放下大部分曾经习得的交谈习惯。更准确地说，**父母必须学会停止说话，开始倾听**。但事实证明，许多父母并不知道倾听和说话的区别。我们会向父母们展示这种差异，并且已经完成了一些改进。

到目前为止，几乎所有的父母都会被告知倾听孩子的心声是多么重要。在书报杂志的文章中，在各种平台或电视屏幕上，那些权威专家几乎无一例外地会将"倾听"列为有效育儿的必备良方之一，这一套是老生常谈了。

父母们总是被教导在养育中"要倾听孩子"，这种话听得多了，几乎让他们也自信地认为自己在生活中确实已经倾听了孩子的心声。"我当然会倾听我的孩子啦。"大多数父母都这么说。现在，很少有父母还固守"应该监管孩子，而不是倾听孩子"的旧观念。然而，家长们刚上P.E.T.课程就发现，虽然他们一直信奉倾听的理念，但在孩子们迫切需要被倾听的具体场景中，他们却并不是有效的倾听者，这着实让人大感意外。

在P.E.T.课堂中，家长们首先了解到，"倾听孩子"和"与孩子交谈"是有很大区别的。一位母亲是这样描述的：

"让我感到烦恼的是，你的孩子遇到了麻烦而你可能永远都不知道——他们可以好几天都不说，把我蒙在鼓里。想想看，因为我关着倾听的大门，错过了多少帮助他们的机会……我总是花很多时间和他们交谈——我想我真的说了很多……儿子是我们最难以接近的，我怎么都没办法跟他搭上话。他有点安静，我会绞尽脑汁地试图跟他说些什么，因为我觉得我是他的母亲，应该和他多交流。"

家长们对于"听"和"说"之间的混淆，可以从以下采访摘录中看出来：

"当这个问题出现的时候，我不知道自己该怎么做。在过去，不得不面对这样的事情时，我总是害怕得要死，我不知道对孩子该说什么。"

"在学习P.E.T.之前，我经常刨根问底。如果我的孩子遇到问题，我会问：'好吧，现在是怎么了？你为什么不高兴？'当一个孩子走进房间的那一刻，我就能立刻看出他是否在为某件事烦恼。然后，我就会在那里问个不停。"

P.E.T.课程中的家长向我们展示了，当父母知道孩子遇到困扰的时候他们的典型反应不是倾听，而是谈话，鲜有例外——他们觉得必须对孩子说点什么，得给他提供某种信息，应该告诉他一些事情。

在P.E.T.教学中，我们一直觉得首要任务是帮助家长敏锐地意识到，当孩子向他们倾诉遇到的难题时，家长自己通常是如何回应孩子的。P.E.T.所采用的方法有时会让家长们产生困惑，甚至不少时候会让他们人为抵触。近来我们学会了如何在教学中减少这种困惑和阻力。本章我将为父母们提供一些新的角度，并列出一些更清晰的操作指南，让大家成为更有效的倾听者。

当父母使用12个绊脚石沟通时

在第1章中，P.E.T. 讲师带领家长们一起做了一个练习。在这个练习中，老师依次扮演每一个宣称遇到问题的孩子。课堂上，家长们被要求逐字逐句地写下他们将如何回应这些孩子。他们的回答会被收集起来进行分析。超过90%的回应都落在我们总结的12个基本类别里，与其中的一个或多个类别重合。这12类基本回应我们称为"12个沟通绊脚石"。

以一个14岁的男孩为例，他告诉父母自己在家庭作业和学校方面的烦恼：

"我就是不能专心做作业。我讨厌它，我讨厌上学，这实在是太无聊了。他们教给你的东西对你的生活根本没用，就是一堆垃圾。再过几年，等我够岁数了，我就退学。这个世界，我不需要上学，一样能出人头地。"

下面是在这个课堂练习中家长对这个孩子的一些典型回应。我在表格右侧列出了每个回应方式所属的绊脚石类型：

回应	绊脚石类型
是我儿子就别想退学——我绝对不会同意的。	命令，指挥，要求
你要敢退学，就别想再从我这儿拿到一分钱。	警告，威胁
学习是每个人一生中最有价值的经历。	说教，布道
你为什么不给自己制定一个做家庭作业的时间表呢？	建议，提供解决方案
大学毕业生的收入可比高中毕业生要高出一大截呢。	训斥，教导，摆事实
你这是目光短浅，思想不成熟。	评判，批评，指责
你一直是个好学生，很有潜力的。	夸奖，奉承
你这么说话，吊儿郎当的，简直就是一个小痞子。	辱骂，嘲讽
你不喜欢学校是因为你害怕付出努力。	解释，分析
我知道你的感受，但是等你到高年级学校会变得更好的。	安慰，同情
没有学历你能干啥？你将来靠什么生活？	追究，提问，质询
吃饭的时候不要说这些有的没的！对了，最近篮球打得怎么样？	逃避，转移，分散注意力

从这个练习中不难看出，当孩子"拥有"一个问题时，父母的典型回应模式是：无论怎样，要说点什么——命令、警告、说教、建议、教训、批评、辱骂、诊断、表扬、安慰、询问或转移孩子的注意力。当父母用这些方式回应时，父母和孩子之间的沟通就像下图：

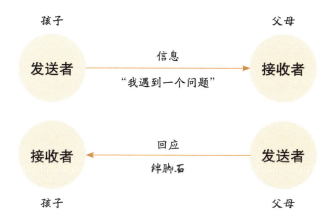

这些典型的回应方式被称为绊脚石，因为这么说话通常会阻碍孩子跟父母进一步交流。同时，它们会损害孩子的自尊，也会破坏亲子关系。12个绊脚石对孩子产生负面影响的风险很高，其中包括：

让孩子停止与父母沟通。

让孩子对父母心存戒备。

让孩子反驳父母，为自己辩解。

让孩子感到自卑，自惭形秽。

让孩子心生怨恨，生气愤怒。

让孩子感到内疚或难过。

让孩子觉得自己不被接纳。

让孩子觉得自己不被信任，不能独立地解决自己的问题。

让孩子觉得自己不被理解。

让孩子觉得自己的感受或要求是不合理的。

让孩子感到做事被干扰、思路被阻断。

让孩子感到沮丧。

让孩子觉得自己被架在证人席上，接受盘问。

让孩子觉得父母对他们漠不关心。

一些家长告诉我们,当他们用绊脚石回应孩子时,他们的经历是这样的:

"之前,我想我扔了很多这样的绊脚石。当他们跟我说'我不喜欢我的老师'时,我就会说'你不应该讨厌你的老师'或者'她已经尽力了'之类的话。我直到现在才明白,这么说其实是把我自己关在了他们的心门之外,无法了解他们更多的想法。"

"我带孩子们去看了很多次医生或牙医,他们一路上总是满腹牢骚。他们要么抱怨说不想打针,要么吐槽说医生讨厌。为了让他们感觉好点儿,我总是试图去否认他们的不好感受,对他们说'哦,你并不是真的害怕去那里'诸如此类的话。但那是错的,我现在真的知道了……如果有人告诉他们不应该有那样的感受,这就会让他们觉得自己犯错了——他们会认为,感到害怕这件事是不对的。这样反而不能让他们形成良好的自我感觉。"

"当蒂米刚上幼儿园的时候,他回到家对早上发生的事情通常只字不提。我直接问他,他也不会回答……后来我逐渐注意到,他很少直接回答我的问题。对于像我这样当老师的妈妈来说,自己的孩子在被提问时一言不发是非常令人沮丧的……学习P.E.T.之后我最先觉察到的一件事情是,我习惯于直接问蒂米问题,而我的提问将他逼到了一个摇摇欲坠的边缘。他讨厌犯错,所以对于我的提问,他宁可不答,也不想答错。我花了一个星期的时间来听自己说出的话,我从自己的声音中听出了那种尖锐与刺耳。这个发现令我惭愧,同时也让我深受启发。检察官一般的严厉的、客观的态度在课堂上很管用,但用在我5岁孩子的身上却让他难以承受。他只能用沉默来表示反抗。这时我开始意识到,我可以用更温和的方式来得到答案。如果我有耐心仔细听的话,我最终会听到他聊起在学校的一些事情……渐渐地,他开始敞开心扉,让我看到了他的内心世界。"

以上这3位家长都发现了一个人际关系中的重要原则:当一个人心中有困扰时,去探究、说教、指导或者安慰几乎都是不管用的。这些绊脚石甚至还会阻碍问题的解决。

关于12个绊脚石的新角度

关于绊脚石，我们也看到了父母们在实践经验中遇到的各种困难。有些父母从P.E.T.课堂毕业后就以为他们再也不能问孩子问题、告诉他们信息、给他们提供解决方案、指挥孩子做事情或与他们开玩笑了。另一些父母则百思不得其解，不明白为什么某些说话方式，比如"提问"，会成为绊脚石被禁用。还有一些父母仍旧抱着错误的想法，认为任何遇到难题的人都希望从别人那里得到解决办法。

◆ 何时绊脚石不再是绊脚石

有一点我们之前没能很清晰地告诉父母：绊脚石回应方式并非注定就会阻碍沟通，打击孩子或破坏关系。也许是因为特别迫切地希望能影响到父母，让他们在孩子遇到问题时不再扔绊脚石，所以我们讲师们不知不觉地预设了一个极端的立场：父母必须立即改掉那12种被我们称为绊脚石的回应方式。

但事实却并非如此。首先，要改掉所有绊脚石的回应方式，这是不可能的！没有人是完美的。即便在可能阻碍沟通或者伤害关系的情况下，父母们大概也都难免会偶尔一不小心扔出个绊脚石。我知道我也不例外。当听到女儿抱怨她在学校生活以及与朋友交往中遇到的问题时，我有时会发现自己十分自以为是，会脱口而出给她一些建议，或是不假思索地丢给她一个解决办法。幸运的是，在这种情况下，她很少接受我的解决方案，我们的关系也没有因为我的鲁莽而遭受损害。

我相信，其他父母出于好意，偶尔也会给孩子扔绊脚石——而且也没有造成可怕的后果。在这里，关键词是"偶尔"。当孩子在生活中遇到问题时，如果父母能学会在大多数情况下避免扔绊脚石，偶尔的失误不会对亲子关系造成伤害。

很多时候，孩子们并不觉得这些绊脚石阻碍了自己跟父母的沟通——在早期的P.E.T.课上,这点我们强调得不够充分。这些时候,孩子和父母都没有困扰——孩子的行为既没有给他自己带来困扰,也没有给父母带来困扰。您应该还记得,我们将这些行为划分在行为窗口的无问题区:

在双方都没有困扰的时候,父母几乎可以给孩子发任何信息,而不用担心会阻碍交流或破坏亲子关系。看看你能在以下亲子互动中发现多少种绊脚石:

情境:爸爸和9岁的卡尔正在后院盖玩具屋。

爸爸:把锤子递给我。快点!
卡尔:好的。它就在这边地上。
爸爸:如果你老是拿走我的工具,天黑前我们是干不完了。
卡尔:我们需要两把锤子,这样你钉屋顶的时候,我就可以钉底下。
爸爸:嘿,你为什么不去隔壁找塞拉斯先生,问问我们能不能借他的?
卡尔:好主意。我马上回来。
爸爸:真是乖儿子!

在这种情况下,爸爸发出了一个命令、一个警告、一个解决方案和一个正面的评价。然而,这段对话中双方没有呈现任何不妥的迹象,他们的关系互动无疑是令人愉快的。现在,试着找出下面这个场景中的绊脚石。

情境:一位父亲和他16岁的女儿劳丽正在讨论克里斯·埃弗特和比利·珍·金这两位职业网球选手的专业水平。劳丽是当地一位新晋的网球冠军。

父亲：比利·珍是最棒的，这毫无疑问。

劳丽：我不觉得。

父亲：你抬什么杠呀，这不明摆着吗！

劳丽：最近3次比赛，克里斯都赢了她。

父亲：小姐，你这是在歪曲事实好吧？比利·珍停训了两年。你怎么不提这茬儿？

劳丽：那又怎样？她自己说她已经恢复了状态。

父亲：你偏向克里斯是因为她年纪跟你差不多大，对吧？

劳丽：才不是！我只是觉得她是个超强的选手。

父亲：那你倒是回答我，克里斯在温布尔登赢过多少次？

劳丽：这点，确实是……不过现在的顶尖女子选手越来越多，所以竞争也越来越激烈。

父亲：这些理由都是借口！你的想法还是一如既往的不靠谱。嘿，你这么想，该不会是因为你知道了，克里斯和你的男神吉米·康纳斯在谈恋爱吧？

劳丽：噢，老爸！这怎么可能！

父亲：好吧，等你能打败你老爸的时候，我就听你的。

劳丽：跟你赌两块钱，我星期六肯定要赢你！

父亲：嘿，还得意了你！

在这场劳丽与父亲的争论中，劳丽的父亲不止一次地使用了以下绊脚石：斗嘴、负面评价、解释（诊断）、询问和提供事实。这些是否破坏了这段关系？完全没有，因为父亲和女儿处于无问题区；那个父亲和儿子一起盖玩具屋的例子也是如此。

在这种时候，父母和孩子们在一起玩得很开心——互相开玩笑，在游戏中比赛、辩论，或共同完成一项任务。这种情况下，大部分的绊脚石，如果不是全部的话，几乎都不会成为沟通的障碍。父母（还有孩子）可以放心地指挥对方、教一教、警告一下、提个建议、亲昵地相互打趣一下、问问题、开玩笑，甚至跟孩子说教、讲道理。

但这里，我也要提醒大家注意。当父母和孩子在无问题区互动时，任何时候都可能会发生一些事情，将他们迅速拽出无问题区。父母说的某些话可能会让孩子伤心或者失望；孩子也可能做了一些事情让父母很难受。让我们来假设一下，在爸爸和儿子高兴地盖玩具屋的那个例子中，儿子突然说："哎呀，爸爸，你什么都不让我做——所有好玩儿的事情都是你的。"或者假设在父亲和女儿争论哪个女子网球选手更好的那个例子中，父亲说："我得停止讨论这个了，因为今晚我还有个演讲，现在只剩15分钟准备了。"即便父亲这样说了，女儿还追着父亲不放，不停地发表自己的看法。

在前一个例子中，父亲应该立即转变态度，倾听儿子的感受；而在后一个例子中，爸爸需要表达他自己的感受。这里边的原则就是：**注意觉察亲子之间的互动是不是已经滑出了无问题区，父母一旦发现了这种迹象，就要停止再扔绊脚石了。**

◆ 问问题有什么不对吗？

询问或提问也会成为一个绊脚石，许多家长对此表示不理解。人们普遍都认为，如果你想让别人聊自己的烦恼，你就得问他问题。因此，要求父母不提问并不是一件容易的事。他们说："医生会问问题，律师也问问题，教师还是问问题——他们都提问了，难道对话没能继续吗？"答案当然是能继续的。但我们需要进行更深入的分析。

首先，问题本身很可能具有威胁性，会阻碍进一步的交流，比如下面：

孩子：我受不了罗斯了，我不喜欢和他玩，因为他总是哭，还老想回家。
父母：你究竟对他做了什么，他才这么哭的？
孩子：我什么都没做！（沉默）

注意，父母的提问暗藏了一个假设：孩子是错的，因为他"一定做了什么"，导致他的朋友哭了。所以，孩子一定会为自己辩护，否认这一指控。当被询问时，孩子们通常也会感到生气。

在下面的对话中，家长似乎就随口一问，但也让孩子产生了愤怒的防御：

孩子：我今晚不饿。我就是不想吃东西。

家长：你放学后吃了什么？

孩子：没什么。那和这件事没有关系！（沉默）

这里我们再次看到，家长的问题让孩子感觉到被指责。那么结果就是：家长与孩子之间的沟通到此结束。

提问对沟通还有另一种阻碍作用：它们往往会限制孩子的下一步反应，极大程度上缩小他的选择范围，或者减少他的自由空间。以下是一对母女之间简短互动的例子：

女儿：我在学校太糟糕了！我所有的朋友都可以和男生说话，就我不行。我杵在那里像个傻子，不知道该说什么好。

母亲：其他女孩都说了些什么？

母亲的这个问题看似很恰当，但她其实在不知不觉中极大地限制了女儿跟自己的进一步交流，这在很多时候是可以预见的。实际上，这个问题"策划"了女儿的下一条信息。母亲的这个提问在告诉女儿，"除了其他女孩对男孩说的话，我什么都不想听"或者"这就是我想让你谈的——别的都不谈"。

这里的症结是，女儿可能想谈论的是一些其他方面的困扰——可能是自卑、嫉妒、害怕他人的眼光、觉得自己肤色难看、没有女性的魅力，或者她太想和男孩约会结果变得特别紧张和焦虑。任何这些感受可能都与女儿的困扰有很大关联，但不管怎样，女儿都必须把这个感受先放在一边，来回应她母亲提出的那个特定问题。

然而与此不同的是，"开放性"问题是没有威胁性或抑制性的。沟通很少会因开放性问题而阻断。例如：

"你想聊一下这件事吗？"

"你对此有什么感觉？"

"你对此有什么想法吗？"

"对已经发生的事情，你所能想到的是什么？"

有人曾经对我说过一句话，很好地描述了为什么刨根究底的询问总是会扰乱或阻碍人们的交流。这句话是这么说的："当人们陷入困扰时，如果问他们问题，你会得到一个敷衍的回答。然后就没有然后了。"

◆ 孩子们不需要得到信息吗？

12个绊脚石中的第5个是"训斥、教导、摆事实"，家长们对此总有些困扰。他们不理解为什么我们把提供事实和信息作为亲子沟通的绊脚石或者障碍。他们认为："当孩子遇到问题时，他当然需要信息并且想得到它。"我们还经常听到他们说："毕竟，父母们掌握的事实和信息比年轻人要多。"

显然，我们在P.E.T.教学中对这个问题的梳理还不够充分，无法立时澄清家长们对此产生的常见困惑。但也许现在，我可以来说明一下。

首先，请记住，我们所说的绊脚石是当孩子遇到问题——麻烦、沮丧、害怕、困惑、不开心或有其他需求未满足的时候，父母会做出的12种典型的语言回应。在这种情况下，提供事实和信息会切断进一步的交流，产生阻力，阻碍孩子去解决问题。这种时候提供事实和信息可能会产生不利的结果，有很多原因，比如：

（1）如果处于情绪高涨的状态，孩子（一般成人也一样）是没办法理清事情的逻辑，也听不进去什么事实或信息的，他们需要的是释放他们的情绪。

（2）通常我们提供给孩子的自以为无比理智的事实，他们其实早已经知道，所以他们拒绝被告知自己已经知道的事情。

（3）父母经常在还没搞清楚真正的问题是什么之前，就急于摆出事实和信息。因此，他们的事实是不相干、不恰当的。

（4）教导和训诫经常让孩子们觉得他们是被迫接受恩典。这些信息落在他们耳中就变成："你是被蒙在鼓里的，但我是知情的，我是比你聪明的。"人们很少会对这样的信息做出热情的回应。

（5）当孩子遇到问题时，家长向他们提供信息会让自己直接进入解决问题的过程而成为当事人。这里传达的信息是："没有我的帮助，你无法解决你的问题。"通常这种介入是不受欢迎的，它让孩子无法充分承担起自己的责任来解决自己的问题，让他们没机会变得更独立。

由于所有这些原因，当涉及个人困扰时，受过训练的专业协助机构人员（咨询师、治疗师）对于是否要"教导"他人会万分谨慎。事实上，有其他回应方法比"教导"的风险要小得多，而且从长远来看更有效。优秀的协助者更多地依赖于倾听。

然而在某些情况下，给孩子一些信息是有帮助的——如果你愿意的话，可以教他们。虽然很难准确地定义究竟是哪些情况，但是可以参考以下指导原则：

（1）当你有理由确信你的信息与孩子真正困扰的问题有关时。

（2）当你确定孩子无法自行了解事实的时候。

（3）当你感觉到孩子已经准备好接受你的教导时——也就是说，他愿意"雇"你作为顾问。

（4）当你确信你提供的事实是有效可靠的。

我认为有时候给孩子提供事实和信息是合适的，或者也是有帮助的。比如当孩子说：

"我看不懂这辆自行车的装配说明。你能看明白这段话的意思吗？"

"我不想把创可贴贴在膝盖上，因为它会粘在痂上。有办法不让它俩粘上吗？"

"搬家后，我一直找不到我的滑板。我到处都找过了。"

我认为有时候提供事实或信息几乎是无效的，并且会妨碍孩子跟我们进一步交流。比如当孩子说：

"我讨厌数学。数学题实在是太难了，要不就是我太笨了。"

"我不知道该邀请多少小朋友来参加我的生日聚会。我现在能确定的就是，有4个朋友是我非常肯定愿意邀请他们来的。这是个大问题。"

"我就是减不了肥。似乎对我是不可能的。就算我吃得再少，我的体重都不会变。"

最后一点关于提供事实和信息。你们可以回想一下"何时绊脚石不再是绊脚石"这一部分内容。其主要观点是，当亲子互动处于无问题区时，大多数绊脚石对于孩子们来讲不觉得是沟通的障碍。父母提供信息和教导，也不例外，在无问题区使用，几乎不会伤害他们与孩子的关系，只要孩子的行为

仍然在无问题区。这是父母要记住的关键点。

在教授父母倾听技巧方面的进展

父母需要技能来有效地帮助孩子解决生活中遇到的诸多问题，而要提高父母的协助技能需要一定的时间。虽然大多数父母从认知上理解新技能没有什么难度，但有些人在充分接受新技能的有效性并开始在家里付诸实践之前，他们的态度必须有一次根本性的转变。对新技能的强烈抗拒并不少见，现在我们在P.E.T. 课堂上的经历，让我们更加明白家长抗拒的各种原因。所以，我们改进了协助技巧的教学方法。

接下来，我将详细描述这些改进，首先我想回顾一下具体的P.E.T. 协助技巧。

◆ 4个基本的倾听技巧

在P.E.T. 创建之初，我的目标就是，将自己从专业培训中学到的一切——关于如何成为一名有效的顾问或协助者——都教给家长们。我想把我作为专业咨询师和治疗师的技能"赠送给"父母们。我知道，这些技能在我这里是有效的。几乎无一例外，向我咨询过的孩子们对我使用的沟通技巧都有正面的反馈。

各个年龄段的孩子们逐渐向我敞开心扉，畅所欲言，坦诚地谈论他们的感受和困扰，他们常常感慨说以前从未与父母像现在这样交谈过。我跟他们谈话的这种特定方式经常带来的结果就是（但不总是），他们能找到应对自己问题的有效的解决办法——不需要我给他们提供信息、建议或者方案。我在这些咨询过程中所做的一切也培养了我和孩子之间深厚的情谊。对大多数年轻人来说，我成了他们生命中非常特别的一个人。有些孩子在圣诞节给我带来了小礼物，有些孩子带着他们的朋友来见我，几乎所有人都期待着与我的下一次会面，而且大多数人在每个50分钟的咨询结束时都舍不得离开。当时我想，如果我能把这些有效的沟通技巧教给父母们，他们也应该能获得跟我一样的效果。这正是挑战所在。这就是为什么我们在P.E.T.中教授以下4种倾听技巧。

1. 被动倾听（沉默）

如果你总是在说话，孩子会发现很难跟你谈论他的困扰。"沉默是金"当然适用于有效的咨询，因为被动倾听是一种强烈的非语言信息，向孩子们传达的是：

我想听听你的感受。
我接纳你的感受。
我相信你，你可以自行决定要和我分享什么。
这里你说了算——这是你掌控的事情。

有效能的咨询师在与客户相处的大部分时间里都保持沉默。被动倾听会鼓励孩子们分享自己的感受，这个过程往往会让他们从最初的表面问题更深入，发现更深刻、更基本的核心问题。另一方面，光沉默是不够的。当孩子们分享困扰自己的问题时，他们想要的不仅仅是被沉默地倾听！

2. 确认式回应

虽然沉默避免了向孩子扔沟通绊脚石，避免告诉孩子他发出的信号是不被允许的，但沉默不能肯定地向孩子证明你真的在关注。因此，使用非语言和语言暗示来回应是很有帮助的，尤其是在对方停顿的时候，这样能表明你真的很专注。我们把这些回应方式称为"确认式回应"。点头、身体前倾、微笑、皱眉，还有其他身体动作，使用得当能让孩子知道你真的听见了。像"嗯嗯""哦""我明白了"这样的语言信息——咨询师们幽默地称之为"同理的呼噜声"——也会告诉孩子，你仍然很专心，你很感兴趣，他或她可以继续说下去并分享更多。有效能的咨询师会使用大量的确认式回应来自然地表达他们仍然有兴趣听而且正专注地听。

3. 门把手或邀请

有些时候，孩子们需要额外的鼓励来谈论他们的感受和困扰，特别是在一个咨询对话的开始。因此，有效能的咨询师常常以门把手或发出邀请来开始谈话。例如：

你想谈谈这个吗？
我对你的想法很感兴趣。
听起来你对这事有些感触。
你还想再多说一些吗？

请注意，这些回应是开放式的：它们敞开沟通的大门，让孩子们可以谈论问题的任何方面。孩子有很大的自由来决定他想要分享什么。当然，这些回应也没有对孩子之前所交流的内容做出评价或判断。

4. 积极倾听

到目前为止，专业的咨询师最有效的技能是一种语言回应技巧，它不包含咨询师本身的想法，而只是像镜子一样反映或反馈孩子之前表达的信息。这种回应方式叫作积极倾听。它与被动倾听的区别在于，信息接收者通过反馈他所听到的，积极地表明他真正理解了信息发送者，也听到了这些话。他通过实际"反馈"发送者信息的含义，当然是用他自己的话重新表达，向发送者证明这一点。针对孩子在遇到问题时发送的典型信息，家长使用积极倾听的例子如下：

（1）**孩子**：我太笨了，学不了数学。我永远都学不会那个。
家长：你觉得自己不够聪明，所以你怀疑自己无法学会。
孩子：是啊。

（2）**孩子**：我不想上床睡觉，屋子里黑乎乎的，到处都有鬼。
家长：你认为卧室里有鬼，这让你很害怕。
孩子：就是这样的。

（3）**孩子**：人死后会被怎么处理？
家长：你一直在想人们死亡这件事，好奇人死后会送去哪里。
孩子：是啊。你再也见不到他们了，是吗？

（4）**孩子**：我明天不想去参加鲍比的生日聚会。

家长：听起来你和鲍比之间可能有点儿矛盾。
孩子：我讨厌他，就是这样。他对我不公平。
家长：你真的讨厌他，因为你觉得他对你不公平。
孩子：是的。他从来不玩我想玩的游戏。

（5）孩子：（哭）我在人行道上摔倒了，膝盖擦伤了。看，流了这么多血！看，看！
家长：看到这么多血，你真的吓坏了。

在以上每种情况下，家长都以积极倾听来回应孩子。显然，积极倾听不是沉默（被动倾听）。当然，积极倾听也与12个绊脚石完全不同，因为父母没有表达自己的想法，家长的回应只是<u>对孩子信息的反馈</u>。

因为积极倾听对大多数父母来说是一种新的回应方式，所以他们需要更形象地了解它是什么样子的，而不仅仅只是听我们说概念。在P.E.T.中，我们画出了积极倾听的过程，并且鼓励父母们在心中牢记这个图示：

这就是最常见的人与人之间的交流。信息发送者与信息接收者对话——在这个例子中，就是一个遇到问题的孩子与父母对话。孩子跌倒了，擦伤了膝盖，看到血，很害怕。然而，孩子的恐惧是一个内在的复杂的生理和心理过程，它永远是私密的，没有外人可以观察到。为了与父母沟通自己的感受，孩子必须选择一个密码（符号），希望用它来代表（象征）在他的"身体里"发生的事情。我们称这种选择是"编码过程"。孩子选择的密码就是跟他们说的那句话——当然不是孩子的内心感受。

现在，听到孩子的编码信息（"看，流了这么多血！"）时，父母就必须尝试猜测或推断孩子的特定代码所代表的内容。所以父母参与了解码过程,而且这个解码过程的结果(这个例子中的解码是准确的)在父母的脑海中完全呈现出来了,就是"她被吓到了。"

这就是沟通过程的分解步骤。看起来很简单,不是吗?

尽管图示的这种人际交流方式确实消除了很多沟通的神秘感和复杂性,但这个过程并不总是那么顺利。首先,接收者的解码过程总是个猜测或推断——他们不可能永远确定发送者的内心经历了什么。在我们的例子中,这位家长也很可能解码不准确。关于孩子正在经历的事情,下面所有的猜测都可能是合理的,但都是不正确的:

"她想让我亲亲她的膝盖。"
"她受伤了,想要创可贴。"
"她对自己摔倒很生气。"
"她需要去看医生。"
"她感到非常痛苦。"

在我们的图示中,上述每一个推论(解码)都是不准确的,这孩子所经历的只是恐惧。

你的下一个问题很可能是:"但是接收者如何知道他或她的解码是准确的还是不准确的?"我的回答是:大多数父母作为接收者从未尝试去弄清楚这个问题,但现在有一个非常简单的方法可以帮到他们。这个方法就是积极倾听,图示如下:

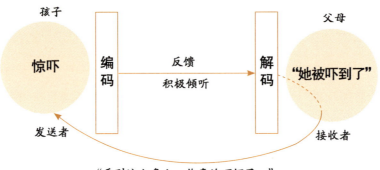

积极倾听其实就是信息接收者对其解码过程的结果进行语言形式的"反馈"。它向发送者传达:"这就是我体会到的你的感受——我是对的还是错的?"

一般情况下,如果接收者解码正确,发送者会说一些确认的话,比如"是的,我很害怕"或者"我想说我害怕"或者"对"或者"我害怕我会流光所有的血"或者"我害怕血一直流永远不会停"。如果接收者错了(解码不准确),比如解码成"你很痛苦",那么发送者通常会这样纠正接收者,"不,伤得没那么厉害"或者"不,我只是害怕"或者"你不明白"。通过积极倾听来回应——接收者就有一个确定的方法来检查他对发送者信息理解的准确性。

以前,在你的脑海中有一个以往常见的"沟通过程"画面。现在你有了一个有效沟通的过程画面:接收者明白发送者的意思,同样重要的是,发送者也明白了这一点!

◆ 为什么要教父母们积极倾听

由于家长已经习惯于警告、说教、教导、质疑、评判、表扬和安慰,他们自然会想,为什么需要改变和孩子说话的习惯,为什么要花大量时间练习这种奇怪的新回应方式呢?我们对这个问题的答案仍然是一样的——他们如果掌握了积极倾听的技能,将从中收获许多意想不到的、常常是难以置信的好处——对他们自己和他们的孩子都大有裨益。

◆ 感受被梳理缓解

人们认为他们可以通过压抑或忘记感受来摆脱感受。事实上,当不愉快的感受被公开地表达出来时,它们才更有可能消失。父母可以通过积极倾听来帮助孩子准确地表达他们的感受。然后,孩子的这种感受就常常消失得似乎无影无踪了。

◆ 感受变得友好

"感受是友好的。"我们在课堂上用这句话来帮助父母理解感受不是"邪恶的"。通过积极倾听,父母接纳了孩子的感受,这反过来也有助于孩子接纳自己的感受。他从父母的回应中学到，感受是友好的，而不是邪恶的或可怕的。

◆ 一种更深层次的关心

被他人听到和理解的感觉很好，所以信息发送者对于能够倾听他的人会有温暖的感觉。而且孩子们会回应这种感觉，所以倾听者也开始对信息发送者感觉更温暖、更亲近。以同理心倾听他人能让自己更理解这个人，欣赏他的独特之处。当倾听者对他人感同身受时，他就会在那个瞬间与那个人融为一体。倾听会让人感受到关心和爱。

◆ 孩子们会开始倾听你

当别人认真地倾听你的观点时，你也更容易去倾听他的观点。因此，如果父母先倾听孩子，孩子就会倾听父母。如果孩子不愿意听父母所说的话，往往是因为父母本身并不是一个好的倾听者。

◆ 孩子们会变得更有责任感

我们知道，把困扰说出来可以帮助你把问题想透彻。积极倾听是一种协助谈话的有效方法，能帮助别人找到解决问题的方法。人们遇到问题时需要被倾听，孩子也一样。

积极倾听会帮助孩子独立思考，发现自己的解决办法。父母给孩子提供建议、厘清逻辑、指导信息等做法，往往说明他们对孩子缺乏信心。而通过倾听，父母将会看到他们的孩子变得更加自主、负责和独立。

◆ 你将学会信任你的孩子

你会对孩子处理问题和解决问题的能力更有信心。看着你的孩子自己解决问题，而不是提供你的解决方法，你将学会相信他具有解决问题的能力。

◆ 你会变得更接纳

你将学会接纳他的感受，无论这些感受与你认为孩子"应该"的感受有多么不同。当然，这种接纳的能力是需要时间来培养的。

◆ 你会享受作为一个协助者

很多家长都告诉我们，积极倾听能让协助孩子这件事变得更快乐。因为他们现在有了一个工具，可以帮助孩子面对问题，并找到自己解决问题的方法。父母也不再需要承担压力，认为自己总是必须为孩子提供正确的解决方案。他们现在可以成为顾问，摆脱了过去所感到的那种需要承担全部责任的压力。

◆ 你的孩子将会是一个独立的人

你将会看到你的孩子是一个与你分离的个体——他不再与你共生，而是一个独一无二的人，一个曾经由你给予但如今拥有自己的生命和存在的独立个体。这种"分离"将使你能够"允许"孩子有他自己的感受，自己感知事物的方式。只有通过感受"分离"，你才能成为孩子的协助者。当孩子经历困扰时，你会"陪伴"他，但不会粗暴地干涉他。

◆ 你不需要成为"超级父母"

大多数父母都有一个常见的误解，并为此而奔忙。他们认为作为"好家长"意味着你必须解决孩子所有的问题，帮他们养成良好的行为习惯，为他们统筹策划，为他们承担责任，父母在孩子面前永远是对的，能给出所有问题的答案，各方面全权负责，甚至为他们的失败承担过错——简而言之，家长要成为孩子的"超级父母"！一位母亲说出了她曾经一心要做超级妈妈的强烈感受：

"上了P.E.T.之后，我就不再是一个控制欲很强的人了。这是一种很大的解脱。你知道，你可以卸下肩头的重担，不必去做别人问题的主人，就像我以前那样。我以前就是那个"问题解决者"，非要做什么超级妈妈。我发誓，那时候我的世界真是乱透了。"

其他父母也用不同的方式表达了同样的故事：

"你会让自己扛上超级多的问题。如果你愿意背着它们，别人也巴不得扔给你……现在我接纳了一个观点,就是你不必事事完美。"

"我以前体态很难看。我像这样站着,背是弓着的。我敢肯定,这是因为我感觉肩上扛着袋子,里面装着每个人的问题。当我放手让他们独自去面对他们的学校问题、工作问题、汽车问题时,我开始站得更直了。我真的做到了。我站得更直了……我以前一直在强撑,因为那就是我以前的模式。我记得的最重要的事情是,这是个巨大的解脱。"

"对我来说,知道自己并不是别人问题的主人,这是我最大的救星。它为我开启了各种各样的成长之门,真的很神奇。"

"我曾经是一个过度焦虑、过度保护孩子的家长,总是讲道理、说教,很严厉。我就是做得太过了。我认为必须要成为一个好母亲,所以我必须要帮上忙。那时孩子们太可怜了。现在我在努力改变自己,可以让自己真正地后退,让他们过自己的生活,但当他们需要我的时候,我就会及时地出现在他们身边。当然,这并不容易。"

第 4 章

成为会倾听的家长：困扰与对策

家长们发现旧习难改,他们大多经不住诱惑,还是会沦为审问者、说教者和解决方案提供者。对于一些父母来说,使用这种新技能让他们很不自在,尝试时常常感到自己很笨拙,就像你一辈子都用右手握刀,而现在不得不学着用左手切肉一样。再加上有些孩子出于某种未知的原因不愿立即敞开心扉分享他们的真实感受,这让那些渴望看到新技能发挥作用的家长感到十分沮丧。还有一些父母在错误的时机试图使用积极倾听——比如当他们听到一些令人气愤的信息或感受到极大威胁的时候,或者当他们强烈地坚持自己的价值观和信仰的时候。

在这一章中,你将会听到一些父母提到他们在现实生活中尝试运用刚学到的倾听技巧时所遇到的困难。这些父母遇到困难的原因在梳理过程中会逐步变得清晰,我也会跟大家一一指明,并就他们如何避免这个问题提出建议。

初试积极倾听时的别扭

一些家长刚开始实践 P.E.T. 就在积极倾听方面遇到了困难。他们倾听的时候感觉生硬、难为情或虚伪做作;他们觉得用这样一种新方式来回应孩子,就像穿了一件不合身的新外套。

"积极倾听吗……我记得当时使用它时,费了很大的劲儿。我一定是脑子短路了。我完全做不到,我不能全身心投入其中。我想我是害怕像鹦鹉学舌一样只会重复孩子的话,害怕我的孩子认为我试图分析他们……我总是一片空白——就是听不进去……似乎课堂上其他人的积极倾听都比我强多了。我就是觉得我没有这个天分。"

一位牧师的妻子,她拥有基督教教育学位,是两个孩子的母亲,说话总是轻声细语的。她说:

"对我来说,这原先是一种套路……刚开始时就像学了个大招……即使感觉像一个唬人的花招,我也是屡试不爽。突然某一刻,那些套路消失了,我不再是刻意地出招。后来我明白了,这种沟通中流露出的关爱让它成为一种真正的交流方式。"

一位年轻的父亲起初发现积极倾听很困难,因为这种方式似乎与他自认的形象格格不入。他认为这么说话的人真是太被动了:

"对我来说,积极倾听非常困难。我可能就是一个普通年轻父亲的代表,在外边拼命努力,回家时就很累……你知道的,在家还要倾听,这很困难,因为一般男性认为自己在家庭中是一个'我说了算'的角色。所以,我很难倾听他们所说的问题。"

一位母亲描述她在积极倾听的时候是多么不自然:

"我只记得第一次开始用它的时候,我就觉得很奇怪。我觉得这听起来很假……我的孩子们似乎很快就敞开了心扉,但我只是觉得好笑……我想这是因为我以前从来没有认真听孩子们说过话。"

其他父母也有类似的反应:

"去年,我24岁的继子失恋时,我试着积极倾听他。我不认为我听得很有效,我感到很尴尬。听起来好傻!"

"这是一种非常奇怪的感觉。我记得我坐在晚餐桌旁,我的丈夫吉姆因工作上的事很沮丧,我努力地倾听他……在某种程度上,积极倾听最初给人的感觉是特别做作的,但同时又有些作用。过了一段时间,我就感觉不到那种刻意的痕迹了。"

"我想我一开始太生硬了……你知道的,这是一个全新的东西……也许一开始我并不是真的能跟随对方的感受——就是有点硬邦邦的。这是一种新的与人联结的方式……但我也有很多成功的案例,这让我大受鼓励,尽管有时也会感到沮丧。"

很明显，积极倾听是一种新的说话方式——用一种新的姿态来面对陷入困扰的人，用一种新的方式来回应身边的人。这和过去传统的绊脚石式的回应是截然不同的，就像从黑夜转到白天。难怪父母们会觉得奇怪、虚伪、生硬、做作，像是在敷衍或者唬人。家长在经历积极倾听初始阶段时，都会感到不自然，鲜有例外。

我想学习积极倾听的技巧，跟学习其他任何一种新的动作技巧类似——比如打网球、高尔夫球、舞蹈或使用筷子。学习者在开始时总是感到笨拙和难为情。积极倾听对家长来说，不仅仅是要学习新的语言模式，更是要摒弃旧的说话习惯。幸运的是，随着越来越多的实践和经验积累，大多数父母都会从最初生涩的阶段迈上一个新的台阶，能够使用得更加自然。

最初，积极倾听是一种"技巧"，是相对有意识地使用的，是经过审慎思考的——因此通常是比较套路化的，没有太多跟随的感觉。即便如此，随着父母们持续使用积极倾听，他们会开始体验到自己内在的关爱和同理心的涌现（用一位母亲的话来说就是"和他在一起的感觉"）。然后，便开始渐入佳境，就像家长在上文中所说的那样——"这是一种新的与人联结的方式""感觉不到那种刻意的痕迹了""后来我明白了，这种沟通中流露出的关爱让它成为一种真正的交流方式"。

我听到过有人（主要是专业人士）批评积极倾听是一种套路化的技巧，认为不应该传授给父母，因为他们不会从中感受到同理和关爱，而同理和关爱才是一个有效的协助者所必需的。批评家们认为，首先必须教会他们感受。但是我们的经验让我产生了与此相反的看法：当父母学习并持续使用倾听技巧时，他们就会开始体验到协助所必要的态度和感受。积极倾听的使用，起初只是运转一种机制，但最终会使父母变得更真诚地接纳和关爱他们的孩子。

如果这合理地解释了当下我们所发生的事情，那么我们就可以比以往任何时候都更加乐观，相信我们很有可能创造出这样一个社会：这里的孩子们将在一个接纳包容、关心爱护和共情理解的氛围中成长。

当孩子不愿开口的时候

许多家长刚学会积极倾听时自信满满,对成功地运用倾听寄予厚望,但是接着他们发现,自己的孩子根本就不愿意敞开心扉,并不是像"我们在课堂上看到的课本上的例子那样"可以自由交流。

"有时候,我问他们在学校可能发生的一件事,他们真的不想告诉我。我准备好了倾听,可他们没什么想说的。"

"她一人蜷缩在那里生闷气,我说:'你看起来不太高兴。'她回答说:'嗯,我没有,我不想和你说话。'我说:'你真的不想和我说话。'她回答说:'不想。'"

一位父亲描述了他与12岁的女儿凯西的一次令人沮丧的对话:

凯西: 我讨厌你!
父亲: 我相信你现在真的很讨厌我。
凯西: 就是的!我不知道为什么我要继承你所有的缺点。
父亲: 我知道你对此很失望。
凯西: 我不想跟你说话。

当孩子有时不想开口或宣称他不会再说话时,父母不必感到气馁。"你可以把马带到河边,但你不能强迫它喝水。"这句话同样适用于父母与孩子们谈话的场景。世上没有一种万全的对策能迫使孩子说话。积极倾听当然也不能。然而,只要孩子感到有足够强烈的需求想要交谈,积极倾听是我所知道的能够促进沟通的最好技巧。

事实上,让孩子开始说话的最好方法并不一定是积极倾听。简单的门把手邀请谈话会更好用:

你愿意跟我说说你在学校的日子吗?

想谈谈困扰你的事情吗？

聊聊心烦的事情，会让你感觉好点吗？

一旦孩子接受了你的邀请开始分享他的经历或感受，那么接下来积极倾听就是最好的沟通方式，让孩子知道他能被父母理解和接纳。所以，在孩子开始和你分享困扰他的问题后，积极倾听是促进进一步交流的有效方法。当然，父母还是需要做好准备，孩子可能会在接下来的任何时候再次停止交流。

需要给大家指出另一个重点，就是要区别以下两种不同的情况：一个是当孩子需要说话时父母积极倾听，另一个是当父母需要孩子说话时父母积极倾听。而后一种情况，积极倾听很少有效，就像上述的第一个例子，母亲似乎表明了是她自己需要她的孩子谈论学校。回忆下她说的话："有时候，我问他们在学校可能发生的一件事，他们真的不想告诉我。"

显然，母亲希望孩子们多说话，胜过了孩子本身的意愿。但是，孩子们是否愿意与父母交谈，取决于他们对父母的信任程度，即他们能否确信自己跟父母坦诚之后不会受到批评、谴责、奚落或者威胁。

有时候，信任一开始并不存在，就像这位母亲发现的那样：

"她知道我去上P.E.T.课是为了努力成为一个更好的家长，但她还是不信任我，因为我会像以前一样对她使用权力施压，到现在还是……就是有时候实在控制不住会被打回原形，但当她不再跟我说话时，我就意识到并且放弃了我的做法，然后过了一段时间，我就再去尝试积极倾听她。那时我会感觉到她真的相信我了。我的意思是我很真诚，我想她当时是相信我的，并逐渐敞开了心扉……"

父母们经常忘记，孩子们也需要有自己的隐私，而且在某些时候，他们不想让父母知道自己的内心经历，一位"练习了9年P.E.T.技巧"的母亲是这么说的：

"女儿莉娅放学回家，见到她我很高兴，我很想知道她今天过得如何，但她是个非常注重隐私的人，她会说：'没什么。'然后，我就各种试探想让她透露一点信息，我那个折腾的样子你能想象得到……我丈夫对他自己的感受也是讳莫如深的，他面前像竖着一堵高墙……我以前老爱爬墙去打探，因为他总是把自己包裹着，不肯与人分享心事。所以当莉娅从幼儿园回家，我当面问问她学校的事似乎没什么错吧——她怎么能认为这个也是隐私呢？我丈夫现在开朗多了，但莉娅对自己生活的分享看起来还是比较保守……现在我明白了，她只是一个完全不同的人——她与人交往的方式与我不同……我想我已经接受了我无法改变她的事实。"

孩子和成年人没有什么不同——他们有时不想说话，他们经常拒绝回答问题，除非他们相信自己说的话会被接纳，否则他们不会开口，而且有时他们也确实希望自己的隐私得到尊重。

你必须有倾听的心态

一些家长在P.E.T.课上产生了一个误解，他们以为学会积极倾听就意味着，无论发生什么情况，只要孩子遇到问题，他们就有义务出现在那里倾听孩子。但是他们发现自己急于倾听时其实并没有准备好倾听的心态。经历了很多次这样的情形之后，他们才开始调整了这种一定要时刻积极倾听的不现实的期望。他们很快就认识到这一点：除非心甘情愿，否则你无法做到倾听。其中的一种情形就是，父母们受到了时间的限制，正如下文所述：

"我可能就是挤不出那5分钟安静的时间可以来积极倾听，让他们想出自己的解决方案。你知道的，我那时在等医生给我回电话，因为我的身体出了点状况，同时我在做饭，15分钟后就有客人来……我脑子里会想，天哪，我必须积极倾听这个问题，但我确实没有时间这么做。这非常令人沮丧……

"昨天儿子和他父亲长途旅行回来，非常生气。我告诉他必须收拾好桌子，但他拒绝了。他在边上大发雷霆，抱怨自己忙了一天：'没人在乎，根本没人在乎！'说完，他就走出去了。我要招呼客人，没有时间去弄清楚他到底怎么了……"

这种情况在大多数家庭中都很常见。此时，家长面临着一个艰难的选择：是满足自己的需求，还是照顾孩子的需求？虽然每个父母都必须自己决定在每种情况下该怎么做，但以下指导方针可能会对家长的选择有所帮助。

（1）试着快速评估谁最伤心——谁的需求最强烈，在这个基础上决定该做什么。

（2）试着找出一些方法来做你必须做的事情，同时还能倾听孩子。（比如："我得继续准备晚餐，我边做，你边跟我说，怎么样？"）

（3）约定好一个时间，等你不忙的时候再谈。（比如："我很想听你说，但我现在做不到。晚饭后咱们再聊怎么样？"）

（4）关注孩子的感受，然后告诉他你的感受。（比如："你真的很生气，很沮丧，我希望我现在有时间听你倾诉，但我约了看医生，现在很担心会迟到。"）

当父母感到紧张或自顾不暇的时候，他们可能没有心情积极倾听其他人。要感同身受地准确倾听另一个人需要全神贯注，而父母如果沉浸于自己的感受和问题，就无法做出必要的专注回应。

一位母亲描述了和她女儿简的一次经历，当时她根本听不进去简的话，因为她心中已对女儿产生了积怨：

"你知道吗？我就是不想听她说话。我觉得自己就像个受气包——我恨透了她。我觉得我必须不断地付出——却没有任何回报。你知道，我自己也陷入了困境，没有余力来处理其他人的问题。"

一位父亲这样描述自己没心情倾听的时候：

"无法积极倾听时，我学会了尊重这样的状态。如果事情变得混乱，而我自己当时也非常愤怒，你知道的，这种情况我真的无法倾听任何人。某种程度上勉强去听，结果反而会让我真的感到沮丧。告诉孩子我现在不能倾听，并不意味着我永远不能倾听——而是以后某个时候，我可能会再来倾听。"

一个人有能力进行有效的积极倾听，其关键可能正如以下这位母亲所分析的，她自称是有3个孩子的"家庭工程师"：

"积极倾听对我来说是一个非常有用的工具，不仅对我的家人如此，在其他场合也是一样。如果我关心他人，我会毫不犹豫地去倾听……但有些时候，我真的不在意别人的感受，因此我就不太纠结是否要积极倾听。"

积极倾听能帮助孩子有效地处理他们的感受和困扰，这种力量不是来自技巧本身（技巧指的是用你自己的话反馈孩子的信息），而是来自孩子感受到的父母关心和接纳的态度。这种技巧仅仅是传递那些基本态度和感受的工具。当父母无论出于什么原因（缺乏时间、忙于自己的问题、感到愤怒或心怀怨恨），意识到此刻自己对孩子并没有接纳或者关心，也没有心情去同理孩子的困扰时，最好不要尝试积极倾听。如果勉强去倾听，孩子们很可能并不愿意继续分享他们更深层的感受。事实上，这种时候孩子们反而是会缄口不言或者拒绝说："我不想和你说话。"

我认为孩子们不需要总是善于积极倾听的父母；他们需要的是，能在真正理解、接纳和关心的基础上积极倾听他们的父母。

"不要在我身上用积极倾听那一套"

我们采访的许多家长都说，一些孩子最初对积极倾听非常反感，甚至在父母使用倾听时会大发雷霆：

"我试过和萨拉做镜像对话（积极倾听）。她14岁。而她的反应是：'你别在我这儿用你那套。'我的第一次尝试完全是灾难性的。她只是说：'别这样对我说话。'"

"我们的孩子帕特16岁了，第一次对她用倾听——那时她大概12岁——她一点也不喜欢这种方式。她说：'你在重复我说的每句话。你不用再说了，我知道自己在说什么。'"

"和詹姆斯在一起时，当他抱怨某事，我就会说：'听起来你好像真的不喜欢什么什么。'他会说：'别这样对我说话。我不喜欢这种谈话方式。'"

这里发生了什么？积极倾听通常能有效地帮助孩子疏解情绪和解决问题，但为什么会引发一些孩子的抵触呢？受访者的经历给了我们一些答案。

首先，父母会遇到这类反应，大多数情况下孩子的年龄都比较大——在青少年时期。这强烈地表明，这些孩子一开始不喜欢积极倾听，是因为他们这么多年来，从父母那里接收到的都是完全不同的说话方式。在以下摘录文字中，我们找到了支持这个假设的一些线索：

"我的孩子都相当大了，你知道，他都是十几岁了。他们基本上有自己的一套应对方式……每当我说：'你感觉怎样怎样'的时候，他们就会觉得很烦。我能看到一个红色的小叉啪的弹出来，他们会怼回来说：'你根本不知道我的感受。'"

"问问题有很多方法，你知道的，我想他们已经习惯了我总是提问，所以跟尝试积极倾听比起来，向孩子们提问对我来说反而没那么可怕。"

一位父亲这样解释他孩子的抗拒："他们一眼就能看出我们在尝试什么——主要是积极倾听的时候。我们试图对他们正在经历的事情进行反馈，但是他们对此很反感。我觉得这很大程度上是因为我们开始倾听的时候，他们已经是青少年了。我想如果我们在他们很小的时候就这样做，从婴儿期开始，我们就不会碰到现在这个局面了。"

我们发现要避免年龄较大的孩子对积极倾听产生抗拒，一个有效的方法是，父母使用之前向孩子们解释他们新学会的技能到底都是什么。一些家长告诉我们，他们向孩子们展示了他们的学员手册，指给孩子们看其中绊脚石清单那一页，并向孩子们承认他们以往经常扔这些绊脚石。这通常会带来很多善意的讨论，也会引发孩子们的笑声。在孩子们知道了绊脚石是什么之后，他们就会更好地理解积极倾听以及它的使用方法。

孩子们对积极倾听的说话方式之所以感觉怪怪的，还有一个原因：当父母们尝试这种新的回应方式时，他们有些人不知不觉地养成了习惯，每一句回应都要用同样的句式来开头，比如：

"听起来……"
"你感觉……"
"你跟我说的是……"
"这好像……"

相较而言，更不容易让孩子产生抗拒的是简短的积极倾听回应，只需要准确反馈孩子的感受，例如：

"你害怕打雷。"

"你的膝盖真的很疼。"

"你在生你姐姐的气。"

"你宁愿待在外面玩。"

"你不喜欢汤太咸。"

一个简单的规则可以帮助父母让他们的积极倾听更简洁更直接：**从孩子的感受开始**。

过度积极倾听

一些父母发现他们会不遗余力千方百计地倾听，有时候做得有点太多了，正如下面这位4个孩子的母亲，她的办公室色彩明亮，堆满了文件、书籍和海报，她对我们说：

"我学完之后太兴奋了，以至于我对每件事都用积极倾听。我不知道当时为什么没人提醒我这件事。最后，我女儿说：'你知道吗？跟你说话一点都不好玩，因为你不会告诉任何人你的感受——你只会听。你一直都在积极倾听！'她不喜欢这样，觉得很不舒服。她觉得我在对她做精神分析。然而我使用积极倾听是希望我能帮助她，因为我是'超级妈妈'。"

一位父亲承认自己做得过火了，他是这么说的：

"理论上，我很认同积极倾听——这肯定是正确的。但是……如果完全没必要的时候我也一味地坚持积极倾听，真的会把对方逼疯。你不一定要积极倾听每一件事，而我之前会那么执着于倾听，其实只是为了提高自己的技能。"

一位母亲有4个孩子，她3年前参加P.E.T.课程的时候，孩子们都不到5岁。她聊到自己是怎么把积极倾听用到筋疲力尽的：

母亲：我每天早上都要启动自己。我说："今天我要积极倾听。"结果到9点钟，我就听得累趴下了。

采访者：哦，这真的够呛。

母亲： 是啊，我真是这样。搞得一败涂地。我有时候倾听得毫无道理。我觉得很累，因为白天大部分时间我满脑子都在想倾听……其他什么也没做——只是刷了早餐用的盘子和准备午餐。

为什么有些父母学到这项新技能后欣喜若狂会过度使用呢？可想而知，有些人是为了弥补以往所失去的："长久以来，我一直在给我的孩子们扔绊脚石，现在我发现了一个更好的方法，我迫不及待地想尝试一下。"还有一些人没有意识到成为身边人的顾问需要花费多少时间和精力，特别是当对象是年幼的孩子时，所遇到的困扰与麻烦有可能是无穷无尽的。

除了以上情况，对于其他一些家长来说，原因就复杂得多了。

例如，一位母亲发现了一个非常特别的角度，解释了自己为什么会过度倾听：

"你知道，使用这种技能可能非常危险……它给了我更多的技能，更大的力量去挖掘别人身上的东西。这些东西很多时候我都没有反馈回去。我是一个糟糕的治疗师。我想当心理医生什么的，所以我就一直听啊听啊听。我用得不对。我真的用错了……你知道，我这么听是用它来操纵别人。"

还有一些家长最终发现，每当他们的孩子透露出自己遇到问题时，不管问题有多浅显，他们都会积极倾听：

"我认为你必须记住的一件事是，积极倾听是在别人情绪高涨时使用的。如果你希望在一些无关痛痒的小问题上练习，嗯，也许他们甚至不需要任何回应……我认为人们会有一种倾向，当他们第一次学习积极倾听的时候，回家后就会用它来解决一些其实并不合适的问题。我明白为什么这令人沮丧了。我发现我上过P.E.T.课程的朋友也这样对我。我本来很随意地说一些事情，他们上来就积极倾听我。我知道他们在做什么，但我真的不想听这些。"

通过访谈，我们更全面广泛地了解到，父母被给予这一重要的咨询工具后可能发生的事情。当然，积极倾听不应该不加选择地使用，当然也不应该用得过于频繁。父母们不妨看看下面的建议，避免跳入过度积极倾听的陷阱：

（1）孩子们经历的所有问题都没有严重到必须"咨询"的程度。你9岁的孩子可能会说："花生酱太硬了，我涂它的时候会弄破我的面包。"这时候大概没有必要邀请她更深入地挖掘，比如问她"你想谈谈吗？"或者回应她"你真的感到很沮丧"。

（2）当孩子遇到自己认为很严重的问题时，他们会给出暗示。捕捉这些线索：流泪、身体闪躲退缩、噘嘴、强烈的愤怒或恐惧、一反常态的举止（平时健谈的孩子变得异常沉默或心事重重）。

（3）在积极倾听之前，先试探一下，确定你的孩子是否真的需要一个倾听者，一个可以回应同理他的人。试着被动倾听（沉默）几分钟，或者发送一个门把手邀请，比如："想再多谈谈吗？"

一位母亲有两个十几岁的女儿，她自己在教会做义工帮助青少年。她接受了额外的危机导向倾听培训，她这么总结积极倾听对她最有效的帮助：

"如果你遇到一个人，他特别沮丧，有沉重的负担或者严重的困扰，积极倾听的回应即便再简单平常都没关系。他们从来不会关心你在做什么，因为他们极度需要被倾听，所以最基本的积极倾听就可以有效。这是一些表面的小问题和一些真正深奥的问题之间的区别。对于后者，他们不会在意你有多善于积极倾听，他们要的只是一个机会能帮他们梳理混乱的情绪……当你真正需要积极倾听时，你不会在意别人是如何做到的。"

不带接纳的倾听是不管用的

当父母用积极倾听来改变孩子不可接纳的行为时，结果十之八九是无效的。父母忘记了积极倾听应该是真正地**接纳孩子**——愿意接纳孩子看待自己世界的方式。如果父母在感到不接纳的时候使用积极倾听，这表明他们缺乏对P.E.T.基本原理的理解——P.E.T.的底层逻辑——这正是我在第2章中反复强调的一点。在这里我要再说一遍：**如果孩子的行为是落在行为窗口接纳线的下方——不可接纳行为区域，那么用积极倾听来改变孩子的这种行为是不合适的。**

看看你能否察觉到这位母亲对女儿多拉的不接纳：

"多拉是个让我很难带的孩子……任何事她都很容易满足，是个特别没心没肺的女孩。我们试着积极倾听她，但是她很难被这么听……我根本追不上她。我的意思是她很忙，想跑出去玩。我们没办法跟她正经地来一场积极倾听。她能好好说话的时候只有晚上躺在床上我们给她掖被子的时候。那时你可以一直坐在她的床上和她说话。不过，有一次我的积极倾听对她管用了，就是当她生气的时候。我习惯在这种情况下说：'你真的很生气，多拉。'她说：'是的，我很生气。'我认为这个倾听帮到了她，但也就到此为止了，因为她的情绪似乎立马就好了。"

下面有一些线索可以解释为什么母亲觉得自己的积极倾听在多拉身上收效甚微。她开始看似表扬了多拉——作为特别没心没肺的孩子，"任何事她都很容易满足"。这会不会表明这位母亲其实并没有真正接纳多拉本来的样子？"她是个让我很难带的孩子"，她承认了这点。也许这位母亲的错误是使用积极倾听来改变多拉，也许母亲是为了让她变得更认真一些（也许是为了让她不那么软弱好脾气）。

这种情况在我看来，家长是把积极倾听用错了地方——把它当作一种改变女儿个性特征的技术。积极倾听是一种回应方式，当孩子向父母倾诉他们遇到问题时才会使用。但听起来多拉似乎真的没有什么困扰——她是"没心没肺的"，"任何事她都很容易满足"。难怪她妈妈不能"跟她正经地来一场积极倾听"。这种情况可能是母亲遇到问题了（对多拉的乐观天性不满或担心）。记住：当父母遇到问题时，积极倾听是不恰当的，也是无效的。

下面是另一位母亲不恰当地使用积极倾听的例子。在整洁的大房子里，她递给采访者一杯薄荷柠檬茶，银茶具擦得锃亮，她讲述了和十几岁的儿子发生的一件事：

"我们的二儿子4月份惹了一大堆麻烦……这与他的一些同伴有关。一味地怪罪那些同伴，说那是他们的错是很容易的，但儿子毕竟是在和他们交往——这是他选择的朋友，但我们不太喜欢。有一件事确实让我们感到头疼，那就是他会穿着带破洞的蓝色牛仔裤去上学。所以，如果他问他的蓝色牛仔裤在哪里，我会说：'这确实是你最喜欢的裤子，不是吗？'他会说：

'是的，我喜欢穿这条。'我说：'你穿这条裤子感觉很好。'他会回答说：'是的，这让我觉得我跟那帮人是一伙儿的。'"

这个简短的案例说明了很多事情。首先，这位母亲承认她不喜欢儿子的朋友——她并不接纳儿子和他们交往。带着这种心理，当儿子穿着"带破洞的蓝色牛仔裤"，自我感觉"跟那帮人是一伙儿的"时候，这位母亲感到"很不爽"了，这是可以理解的。现在，让我们把自己代入这个家庭的角色，当男孩问他的母亲他的蓝色牛仔裤在哪里，这当然不是一个严重的困扰，没有什么深刻的隐藏问题！他只是想找到它。他只想要信息，而不是咨询。而此时是母亲处于问题区——她不希望儿子穿这样的服装来加深他对那个群体的认同感，她认为那是一群不受欢迎的孩子。然而，她却用积极倾听，让儿子谈起她遇到的问题："这确实是你最喜欢的裤子，不是吗？"这个男孩从来没有说过他的蓝色牛仔裤是他最喜欢的裤子。那么为什么母亲要这么回应呢？很明显，她的真实感觉是："这肯定不是我最喜欢的裤子。"

这位母亲该说些什么呢？在这里应用P.E.T.理论，需要给孩子发送一些信息来告诉他妈妈遇到了问题。（在第6章和第7章中，我将展示如何面质那些给父母带来麻烦的孩子，以及怎样说话能最有效地影响孩子来改变他们的行为。）这件案例中的母亲应该先告诉孩子哪里可以找到他的蓝色牛仔裤，然后再针对她的困扰问题面质孩子："当你穿这样的牛仔裤时，我有一个问题：我认为这意味着你在和那些我不赞成的男孩交往，于是我会担心你又有麻烦。"

这样的信息是否会影响到男孩，没有人可以预测，但至少这是一个诚实的信息，表达了母亲的担忧；这比积极倾听更能反映她的真实感受。

在这里，我需要反复强调一个基本原则：积极倾听是一种沟通工具，在孩子遇到问题时表达对他的接纳，从而鼓励他梳理自己的困扰，还可能促使他找到自己的解决方案。

带着隐藏的预设积极倾听

在一些家庭中，积极倾听失败的另一个原因是，父母期待利用积极倾听带来一些预想的结果，而这些结果通常是孩子不知道的。在P.E.T.中，这被称为"有一个隐藏的预设"。当父母采用积极倾听时，其中一个隐藏的预设有时会浮出水面，那就是他们希望孩子解决问题的方案是自己认定的那个。他们希望通过积极倾听来引导孩子做出"正确"的决定。下面这位母亲描述了这样一件事：

"天在下雨，我想让他穿件夹克，或者戴个兜帽什么的。我说：'你似乎不想合作或者好像你想就这么出去淋湿了，然后就可以不去上学。'我没法往下说了。因为他开始对我嚷嚷、怒吼、大声争辩。他的情绪很差，很抵触，这就是他对我的反应。"

当然，当孩子听到他母亲那样说时，他是可能会做出那样的反应的。"你不想合作"这句话就暗示了母亲隐藏的意图。这就等于说："你不想做我已经决定你应该做的事情。"

下面这个案例也透露了家长隐藏的预设：

"一天吃晚饭的时候，女儿和四五个朋友在玩沙箱游戏。我叫她进来吃晚饭。她开始抽泣，抱怨说她不想进来。我试着积极倾听：'你真的希望能留下来玩——你觉得如果不用进屋就好了。'她抱怨的声音更大了，说她不想吃晚饭而且最后说：'我不进去了。'这时，我发出了'进来'的命令，她人是进来了，但是一直哭个不停。当我回头再看这件事情，发现这种情况真的是充满了对抗压力。"

母亲的观点是正确的——这对孩子来说是一种负担。因为母亲只专注于一个解决办法：她的女儿必须马上进来吃饭。由于带着这个隐藏的预设，她的积极倾听几乎不可能让孩子感受到理解共情和接纳。

经验使我确信，积极倾听这种有效工具，绝不是用来潜移默化地迫使孩子接受父母已经选择的解决方案。对孩子来说，这种反馈可能是一种贿赂，或者是一种间接地诱导孩子附和、服从大人的方式。

这里需要重申的原则是：**积极倾听是帮助孩子找到自己问题的解决方案，而不是让孩子听从父母选定的方案。**

如果这位母亲真的接纳孩子，她的积极倾听可能会开启一个解决问题的过程，可能会是这样的：

母亲：你真希望能留下来玩。

孩子：我不愿意离开我的朋友们，因为我们玩得太开心了。

母亲：你跟朋友们玩得正开心，舍不得停下来。

孩子：没错。

母亲：你能想到一些你能接受的解决办法吗？

孩子：嗯，我可以待会儿再吃。或者我也许会把我的晚餐放在一个纸盘子里，然后在沙箱这边吃。

当然，这个女儿可能还会想出其他的解决办法。重要的是，在孩子内心开始了解决问题的过程。这就是积极倾听的目的。

"万一听到不喜欢的话该怎么办？"

因为共情倾听能有效地让孩子表达自己的真实感受，所以他们有时会说出一些父母不想听的话，这也不足为奇，比如："我不喜欢你。""你爱吉米胜过爱我。""我很不开心——没人喜欢我。""我想退学。""我考试作弊了。""吸烟草感觉真是太棒了。""我被棒球队给开除了。""上大学真的是毫无意义"……

由于种种原因，一些父母对倾听到孩子表达这样的感受毫无心理准备。他们可能对自己的孩子抱有某些希望和期待，他们不愿看到这些希望和期待落空；对于某些严重的问题，他们可能不太相信自己的孩子能够找到有效的办法来应对；他们可能会产生强烈的恐惧和焦虑，担心自己的孩子会陷入法律纠纷，或者做一些破坏他们整个人生的事情；或者他们只是觉得很难接受孩子有任何负面情绪，就像下面这位父亲，一位生物学教授所描述的。

"对我来说，最大的问题一直是如何处理负面情绪——接纳孩子的愤怒、不快乐、失望……这是我的父母留下的影响，他们拒绝承认负面情绪的存在。我成长在一个非常幸福的家庭，表面上比实际上还要幸福的那种。我的父母就是不愿意承认有消极的感受。如果我们有了不好的感受，我们就应该走开去其他地方待着,当我们感觉好一些了,才可以回来……所以我自己不擅长处理负面情绪。"

5岁孩子劳拉的母亲跟我们讲述了,面对女儿上幼儿园的问题她所经历的种种艰难:

"她不停地说自己生病了,或者太累了,或者早上不想穿衣服……她一到学校想到自己不得不被留下来就歇斯底里地哭闹——她一点都不愿意。她哭得很厉害……我只能不断地问她'是不是教室里或操场上有什么你不喜欢的东西?'结果是,她说在操场上很孤独,只能独自走着,看着其他孩子。她会邀请一些小朋友一起玩,但他们总是和别人一起玩……我听了感到很难过。我打电话给查尔斯,我的丈夫。他回到家也和她聊了。我们最主要的愿望就是希望她在学校过得快乐。(起初她是快乐的。)这就是为什么这种场景会如此牵动我们的情绪。我想这就是父母的难处。P.E.T. 最困难的场景就是孩子自己遇到问题的时候,因为这会让家长心碎。她只有5岁,才5岁!我想:'天哪,如果再这样下去,她肯定不会喜欢上学的。'"

也许更可怕的是一个十几岁孩子的母亲所描述的情况,孩子扬言要退学而且离家出走:

"她说:'我讨厌学校,上学很烦。'还说:'我不考数学了,考了肯定就是个不及格。'后来又说:'我不想上大学,但我知道你想让我去,爸爸也想让我去。'……我想她很可能就要离家出走了——就在某个时候,我很担心,因为我觉得她会跟我们切断联系。她说:'我已经迫不及待地要离开这所房子了——我等不及要一个人住了,因为这个家让我抓狂。'"

在这样的关键时刻,一些父母备受煎熬,很想回到他们的老路上去,给孩子们扔绊脚石:

"我真的很难倾听我女儿对身材超重的感受,因为我也有过同样的困扰,所以我很难冷静地倾听她,也很难同理她的感受。她哭着进来找我,我的胃就会开始翻腾,因为我也经历过同样的过程——我现在仍然要处理超重的问题……就在过去的几个月里,我意识到我其实非常抵触帮她解决这个问题……我积极倾听了,但效果不佳。它变成了一种招式——一种技巧。因为我坐在那里,我的胃在翻腾,我想对她说:'听着,你不能控制自己,总是暴饮暴食，你这一点我不喜欢。'我很难接纳，我就是做不到。这对我来说是不可能的。"

有些父母发现自己全线溃败，不知道该做什么，就像下面这个家长在访谈中说的：

"我们的功力还不够深，无法倾听到底。我经常发现自己被卡住了，我想：'哦，老天，到这里了，接下去我该往哪里走？'我感觉自己在原地兜圈子，不知道该往哪里走，所以不得不放弃倾听。"

有些家长更有耐心——他们还是坚持下去了，他们也许不喜欢听到的东西，但还是决定让自己的积极倾听经受最严峻的考验。他们就是不想放弃。也许他们对积极倾听有某种内在的信念；也许他们就是固执地不愿放弃任何事情。无论什么原因，一些父母（通常是在他们的第一次尝试中）发现了他们的坚持不懈最终得到了回报。我大胆猜测，一旦父母坚持下来，并发现积极倾听真的有用，他们就突破了学习中的一个关键阶段，这个过程无异于一个滑雪新手在经历了一路上的跌跌撞撞之后，终于从陡峭的山坡滑到了山的底部。

拉娜的母亲上过两次P.E.T.课程，她一开始担心拉娜再也不会喜欢上学了，但她设法坚持倾听了下来。她说：

"哦，她接着说，她已经厌倦了剪剪贴贴——她的手指头疼。她说：'我不喜欢整天坐着做这些跟纸打交道的事情。'……但是那天她去上学了……好像一旦她把问题拿出来说一说，她感觉就好多了。尽管困扰仍然存在，但这就好像是一种疏解，她可以把问题摆出来，然后我们告诉她，我们理解她不喜欢上学。"

孩子能够建设性地处理问题并找到自己的解决方案，父母在这方面投入的信任越多，就越能成功地坚持积极倾听，即使孩子所透露的信息是他们所不喜欢的。我不认为我们知道如何给予每一位家长这样的对于孩子的信任。有些人甚至在学习P.E.T.之前就已经拥有了它。另一些人则是在他们尝试积极倾听并看到效果后逐渐发展起来的。但有些人还是坚持不能信任孩子的观念。一位4个孩子的母亲（其中3个是十几岁的孩子），她能言善辩而且十分坚持己见——就是儿子穿着"带破洞的蓝色牛仔裤"那个案例里的母亲——在这次采访中公开表示了她对孩子缺乏信任：

"我想告诉你,我基本上不同意P.E.T.把孩子当作成年人来对待的做法,因为从定义上讲,孩子并不是成年人。他们没有经验,自己没办法总是在一些事情上做出明智的决定。他们可以做某些决定,但在某些事情上,你绝对不能让他们自己做决定,因为这对他们不公平。他们对此没有经验。我不认为一个16岁的孩子知道大学对他意味着什么。我相信一个在月光下缠绵约会的16岁女孩无法想象生下私生子会是什么样子。所以,我认为她不应该被给予自由去选择她的浪漫,不应该在16岁的时候就爱得神魂颠倒。"

这种看待孩子的方式对于那些没有接触过P.E.T.的父母来说并不少见,但这种情况在学习过P.E.T.的父母中是相当罕见的。对这样的父母该说些什么呢?能否帮助他们培养对孩子解决问题能力的更多信任呢?也许吧。至少,我可以分享我从自己的经历中学到的,还可以听听那些父母们的故事,看看在他们的家庭里究竟发生了什么。

◆ 在你信任孩子之前,你永远不知道他们是否值得信任。

如果父母从不尝试积极倾听,他们就永远不知道孩子是否能解决自己的问题或有效地处理他的感受。当父母用绊脚石来回应孩子的困扰问题时,他们剥夺了孩子解决问题和赢得父母信任的机会。绊脚石对孩子意味着:"不能真的信任你能解决自己的问题。"(绊脚石传递的信息是:你必须做这个,你应该做这个,你最好做这个,让我告诉你我的解决办法或给你我的建议,你需要我给你提供的事实和我的智慧,你遇到这个问题,本身就说明你这个人有问题。)

◆ 绊脚石会阻止父母和孩子发现真正的问题是什么。

在一个又一个案例中,借助积极倾听的父母会看到他们的孩子不再执迷于表面问题(比如,"我不上大学""我讨厌上幼儿园"或"这个家让我抓狂"等),而是最终把注意力集中在真正的、最基本的问题上。而对孩子缺乏信任的父母会迅速介入,试图马上用命令、威胁、建议、提供解决方案或说教等解决那些表面问题,这些父母完全没有意识到真正的问题可能是什么。

◆ 如果需要的话，你有足够的时间来分享你的知识和智慧。

孩子们即便不情愿也不得不承认，父母拥有更丰富的经验和知识。事实上，大多数孩子都过分高估了父母的知识和智慧，从而贬低了自己的能力。父母把自己的知识和智慧传授给孩子（或者另一个成年人）是一个时机问题。如果你一开始就积极倾听，你可能会帮助孩子发现真正的问题。然后孩子可能会在没有动用任何你的知识和智慧的情况下把问题解决了；或者你可能会发现孩子只是想把自己的感觉说出来，不需要什么解决方案；或者如果他陷入了困境，找不到解决办法，你也可以问他是否欢迎自己提供一些想法或建议。通过等待，他做好准备接受你的想法意见的这种可能性就极大提高了，你也实践了作为优秀的教师和有效的顾问的原则；人们更愿意找到自己的解决方案；只有在自己找不到的时候，他们才会更愿意接受别人的。

绊脚石的诱惑

除了很难改变老习惯之外，我认为父母使用绊脚石还有另一个原因。他们急于尽快解决孩子的问题。要么他们不想花时间去倾听，要么他们听到自己的孩子遇到问题时就感到非常不舒服了。（"噢不，又来一个麻烦！"）大多数绊脚石给人们一种错觉，以为扔完它们就已经解决了这个问题。但不幸的是，绊脚石很少能解决问题。一位母亲这样说：

"一开始我觉得很奇怪。因为告诉他们该做什么更容易，而积极倾听是很困难的，尤其是面对一个小不点儿、只会四处乱晃悠的孩子时。很多时候我真的不想倾听他们——你知道，我只是想告诉他们该做什么，然后赶紧把他们打发走。因为我大部分时间都不开心，我不想再增加任何麻烦。"

另一位家长承认她倾听的障碍是自己没有耐心：

"想出解决办法这样更容易，也更方便。'你为什么不去做这个？'这么说要容易得多。他们可能会说：'嘿，这是个好主意！'问题就解决了，这就都结束了。你知道……我可能挤不出那么多安静的5分钟来积极倾听,让他们想出自己的解决方案……然而,当我回过头看,我其实应该倾听,因为这样可以帮助孩子成长。就我自己而言,我知道当我遇到问题时,我会去找我的父母或姐姐,他们会告诉我:'你应该这么这么做。'因此,我到了31岁才刚刚学会如何解决自己的问题。而且,有时我还是会遇到麻烦……"

一些父母试图通过立即安慰和表示同情来解决问题,比如,"哦,我认为情况没有那么糟"或者"你很快就会找到一个新朋友"或者"打雷不会伤到你"。他们似乎不能容忍自己的孩子心情不好。他们想要赶快摆脱这种感觉——看到孩子陷入困境会让他们自己感觉非常痛苦。但是,当家长们迫不及待地安慰时,孩子们的情绪很少会自动消失。

这并不意味着父母不能安慰孩子。安慰可能会有帮助,但只有在某些时候,而且是**在孩子知道自己的感受被理解了之后**。就像下面的例子,女儿非常害怕去看牙医,家长是这么说的:

"苏西大发脾气。她不想戴牙套。她的朋友蒂姆去看牙医,医生给了他一些东西——我想是牙垫之类的——这样他不需要戴牙套。我说:'也许你可以去和蒂姆的牙医谈谈,看看他是否觉得你的牙齿发育状况还好,他可以做些什么,这样你就不用戴牙套了。'她又大发雷霆地说:'我不想这样做。'我们回到她的房间,对她说:'看牙医真的让你感到很紧张。'她说:'是的,我很害怕到时候要打针。'当时我说:'我戴了两年的牙套,却从来没有打过针——通常是在拔牙的时候才会打针。麦克已经戴了一年半牙套了,他也从来没有打过一次针。'所以在我的积极倾听和顾问咨询的相互作用下,到上床睡觉的时候,她已经心情平复,如释重负了。"

这位母亲用了足够的积极倾听来表达自己的同理和接纳,这让她的女儿得以表达她对打针的恐惧(这才是真正的问题)。因为孩子似乎不知情,这位母亲给她提供了与真正的问题相关的事实。这一点非常重要,需要再次强调:只有通过帮助你的孩子找到真正的问题,你才能知道提供哪些事实有可能是合适的。

提高倾听技巧的指南

通过访谈，我们了解到很多家长在尝试将他们新获得的倾听技能运用到家庭工作中时遇到了困难。当家长使用积极倾听时，结果并不总是如他们所希望的那样，也不像他们在P.E.T.书本上读到的那样。积极倾听理论上说起来简单，但在实践中并不总是容易的。因此，以下这些指导，对那些在积极倾听方面有困难并且想要提高自己技能的父母来说，应该是有用的。

1. 知道什么时候可以积极倾听

积极倾听是一种可以让你更好地表达接纳和同理的技巧。当你自己没有困扰，愿意接纳并帮助你的孩子解决他们的问题时，才可以使用它。

2. 知道什么时候不应该积极倾听

当你觉得不能接纳孩子的时候，这意味着你自己就处在问题区，这时，倾听就不起作用了。或者如果你想影响孩子，促使他们改变一些你不接纳的行为，倾听也不会管用。如果你没有时间或者没有心情，就不要尝试倾听。不要把它当作一种操控技巧，迫使孩子按照你希望的方式去做。

3. 能力来自持之以恒的实践

如果没有大量的练习，父母不可能提升积极倾听的能力。和你的爱人、朋友以及孩子一起操练起来吧！

4. 不要放弃得太快

让孩子们意识到你真的想要理解他们，接纳他们的困扰和感受，这往往是需要时间的。别忘了，他们之前已经习惯听到的是你的警告、说教、教导、建议和质问。

5. 你永远不会知道孩子们的能力，除非你给他们一个机会来解决他们自己的问题

如果可以的话，倾听开始时要有这样一种态度：没有你的指导或解决方案，你的孩子也能解决他们自己的问题。你会惊喜地发现你的信任将会与日俱增。

6. 接受这点：刚开始时，积极倾听会让人感觉有些不自然

毫无疑问，相对于孩子而言，积极倾听对父母更像个套路。通过练习，你会感到更自然，而不那么笨拙。

7. 试着多使用一些其他倾听技巧：被动倾听、确认性回应和门把手式邀请

并不是孩子的每一句话都需要回应。主要是在孩子感受很强烈，明显需要被接纳的时候，父母才需要使用积极倾听。

8. 当你的孩子需要信息时，就给他们

在你提供信息之前，首先要知道真正的问题是什么。然后，和你的孩子核实一下，看看孩子是否需要你的信息。简要介绍你的信息。当然，要做好你的想法被拒绝的准备——它们可能不合适，对孩子也没有帮助。

9. 不要催促或强迫孩子接受积极倾听

仔细听，寻找能告诉你他们不想继续说话或已经结束交流的线索。尊重他们对隐私的需要。

10. 不要期待孩子最后执行的是你所推崇的方案

记住，积极倾听是帮助孩子解决问题的一种工具——可以帮助他们找到自己的解决方案。你必须做好准备，有时候解决方案不会出现——你的孩子可能甚至没有告诉你他们后来是如何解决问题的。

第 5 章

当父母成为有效的倾听者后,家庭将会发生怎样的改变

当父母们开始在家里将积极倾听用得更加得心应手时,他们发现简直难以置信,这种方法在各种不同的情况下,对所有年龄的孩子都出奇的有效。在许多案例中,倾听以简单的方式传递了理解和接纳并产生了惊人的力量,对此,父母从最初的怀疑,渐渐变成了欣赏和感激。一位家长说:"如果不是亲身经历,我是不会相信的。"她的陈述代表了我们在采访中所收集来的很多家长的态度。家长们经常报告说,他们遇到的倾听场景大多比较简短,只需要一两次积极倾听回应。还有一些家庭经历的倾听场景比较长,涉及复杂的问题和深刻的情感。

"我听到你了"的魔力

你会记得,积极倾听向别人表明,你不仅听了,而且听到了。

这种倾听的效果往往会让它看起来像是发生了某种神奇的事情。一位部长跟我们讲他和15岁的儿子阿诺德之间的一段短暂的经历,这种神奇在这次事件中体现得淋漓尽致:

"我们第一次尝试这种积极倾听的时候,我碰巧是观察者,我觉得它太棒了……我们坐在院子里,我妻子莉兹刚跟阿诺德说了什么,然后就看见儿子转向我的妻子,大声尖叫:'你该死的离我远点儿。'他额头上青筋直冒——这是我第一次看到我儿子的这一面,因为你知道,他是牧师的孩子,在某种意义上代表了所有好男孩、好女孩应有的样子。但是他此刻正以高出正常分贝的声音大声尖叫。然而莉兹只是看着他说:'我把你惹火了,是吧？'真的，你要是能看见他当时脸上的表情变化，你绝对会惊讶！儿子原以为妈妈会用同样粗暴的方式来批评回击他。但事实上并没有……这时候他恢复了正常说话的语气，对他妈妈说：'你真的惹到我了，妈妈。'但接下来的一句话却很重要——他说：'我想我也把你惹毛了。'我简直不敢相信！这件事在过去很可能就会引发一场历时俩小时的母子大对战，也可能会让他俩赌气彼此一天都不说话，但现在短短几分钟就解决了……仅仅因为一个人敢说：'我听到你了。'不是说'你错了'，而是说'我听到你了'。"

一位母亲描述了类似的事件，她是一位临床心理学家。

"某天有亲戚带着大约两岁半的孙女来串门。小女孩从厨房的窗户望出去，看到了游泳池，'她最近刚学会游泳，所以她开始兴奋地上蹿下跳，说：'我想去游泳，我想去游泳。'当天没有充裕的时间游泳，天气也不太好，所以孩子的妈妈和奶奶都开始扔绊脚石：'不行，你现在不能去泳池''我们没做什么游泳的准备''我们得回城里去了，明天我们再找个地方让你游泳'。不管怎么说，这个叫玛吉的女孩只是闹得更厉害了。我在厨房的另一头，想试试看我能不能跟玛吉说通。所以我说：'嘿，玛吉，必须等到明天才能去游泳，你真的很难过，是不是？'她说：'是的。'事情到此就结束了，像快刀斩乱麻一般。接下来更有意思，她的爷爷觉得非常尴尬，他抓起一支铅笔和一张纸，问我：'你再跟我说一下，那本书叫什么名字来着？'（他说的那本书就是《P.E.T.父母效能训练》。）（笑声）这太棒了！那个孩子只是需要有人倾听。这种神奇真是只有亲眼看到才会相信。"

相较于提供各种各样的解决方案，"我听到你了"这句话的价值是显而易见的，以下简短的对话更是说明了这点。

一个6岁的孩子走进来，他滑冰的时候膝盖流血了，哭得很大声。她母亲试着积极倾听：

母亲：进来坐下吧。

孩子：我不要。

母亲：嗯，你的膝盖疼，是吧？贴个创可贴怎么样？

孩子：我不要贴。

母亲：那把溜冰鞋脱了吧。

孩子：不，我还想出去滑冰。

母亲：你不需要我做任何事，对吧？

孩子：不需要，我只是想让你知道我受伤了。

母亲：你想让我看看你的伤口，知道你受伤了。

孩子：（非常肯定地）是的！

说完，孩子立马转身回去继续溜冰了。

还有一个3岁小孩在暴风雨中被雷声吓着的故事：

"听到雷声，看到闪电，她感到很不安——主要是怕雷声。她哭着向我走来，说：'我害怕——我不喜欢打雷。'一开始我扔了绊脚石：'打雷就是云相互碰撞而已。'可她不停地哭，说：'我不想听，我怕。'我说：'它不会伤害你的，只是一种很大的声音。'她还是哭。突然，我想到了——哎呀，要积极倾听！我们一周前上过这节课。所以我说：'你害怕打雷，你希望它能停下来，因为它吓着你了。'她的表情立刻改变了。所有的烦恼一扫而空，她二话没说就小跑着离开了。事情就这样结束了！她只是想让我了解她的感受。这就到此为止了。这真是一个美好的例子——就那样小跑离开了，就那样结束了！"

同样的事情也发生在两岁的汤米身上。他的母亲是这样描述的：

"往常他要是受伤了，就会大声哭出来。在学前班，他和其他小孩出去玩，回来的时候那些孩子会习惯地哼唧说：'我这儿怎么怎么啦，我那儿又如何如何啦。'就是哭闹一下，好让大人来抱抱他们安慰一下。汤米就学会了这个。后来，当他第二次这样哼唧哭着进门的时候——我看到伤得并不严重——我说：'哇，看起来真的很疼。'哈哈，听完我这么说，他就没事儿人一样走开了。从那以后，我就一直这样回应他。"

积极倾听这种看起来神奇的魔力究竟来自哪里呢？当孩子感到"有人听到我了"的时候，他的内心会发生一些事情，但那是什么呢？因为我们看不见它，所以只能去推测。

也许孩子需要作为一个真正的人被"接纳"——一个受伤的或在其他时候害怕的、失望的、悲伤的、孤独的人。也许他们只需要得到另一个人的认可、承认或确认——就像他们在做一件令人满意的事情时会说:"看,妈妈,我不用手就可以!"或者"嘿,爸爸,我可以倒立了!"也许当他们告诉我们"我害怕打雷"或"我划破了膝盖"时,他们也需要这种"接纳"。在任何情况下,我们都发现积极倾听始终是一种强有力的工具,可以有效地回应那些暂时遇到问题的孩子。

感受是暂时的

孩子的情绪在被倾听后消退得如此之快,父母通常会对此感到惊讶。即使遇到非常强烈和深刻的情感也是如此。这里有个例子,倾听一个3岁半的孩子波比,他讨厌豌豆;他的父亲,一个最初对积极倾听持怀疑态度的人,他试着倾听是为了证明它不起作用,他是这样描述的:

"有一次波比说他不喜欢豌豆。当时我没有说'把豌豆给吃了,波比'或者说'闭嘴',而是说:'波比,你就是不喜欢吃豌豆。'他说:'哦,我想是的。'简直不敢相信!后来他居然吃了豌豆,是的。真是难以置信……这是我第一次使用倾听。"

下面这个例子里,女孩凯茜和她的一个朋友一起玩,凯茜妈妈的导盲犬弄破了他们玩的球,孩子们难过坏了:

"我女儿凯茜的朋友收到一个礼物——一个仿真小足球。但是弗兰兹,就是我的导盲犬,它习惯认为所有的球都是可以玩儿的。所以球第一次弹起来的时候,弗兰兹就跳到空中,一下就把球咬破了,落下的时候只剩一张瘪瘪的皮。小男孩心都碎了,号啕大哭。他的父母赶紧上前说:'哦,没关系,我们明天再买一个。'这话说完,非但没有起到什么作用,反而让孩子哭得更加撕心裂肺了。我说:'弗兰兹把你的足球弄破了,你真的太难受了,对吧?'他说:'是的。'然后他就走开去找别的东西玩了。这个迅速地倾听并回应的结果让两个孩子都很满意!"

当父母学会以共情和理解的方式倾听孩子表达自己不同寻常的感受经历时,他们就会发现这些感受都是暂时的。而这跟我们大多数人从小被教育的并不一样。如果有人对我们说"我恨你",我们当场就受不了了;因为我们相信,这意味着我们永远失去了一个朋友。然而P.E.T.会教父母们区分孩子的感受和他表达这些感受选择的语言代码。这二者并不相同。

当一个孩子说"我恨你"的时候,他是在用这些词句来表达他当时的某种感受——比如,因为你不给他糖果而生气,或者因为你不陪他玩而沮丧,或者因为你不给他买昂贵的玩具而感到泄气。此刻就是积极倾听发挥作用的时候。它为父母提供了一种特定的方法来回应孩子的感受,而不是回答他的语言代码。我们的积极倾听图示可以帮着阐明这一点:

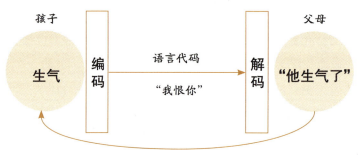

通过编码,孩子为他的语言信息选择了一种代码。通过解码,父母从孩子的代码中得出一个推论:他内心的感受是什么?**通过有意识的积极倾听,父母训练自己对孩子的感受做出反应,而不是对孩子的语言代码做出反应。**因为对父母来说,往往是孩子通过编码说出来的那些话更让父母难受、倍感压力,而不是孩子的感受本身,但孩子的感受才是真正需要面对的问题。一对有4个孩子的父母(孩子年龄从7岁到13岁)似乎理解了这个过程,从他们的采访摘录可见一斑:

母亲:恰克还小的时候有几次他就很生我的气。他对我说"我恨你"。这句话几乎要了我的命!我真觉得我这个母亲没法儿再当了。但现在我没有这样的困扰了……

父亲：是啊，她以前常常进来跟我诉苦，每当孩子说了那样的话，她就完全垮掉了，把她的力气都抽干了，就像一艘没有风的帆船，没有动力无处可去。

母亲：我学会了不要把他们说的话当成是针对我个人的，而是要意识到他们的感受……现在他们有机会表达自己的感受，并且得到倾听……还有机会明白拥有这些感受是没问题的。

帮助孩子接纳当下的事实和局限

孩子们在生活中需要直面各种局限和限制。事实上，生活对孩子来说是残酷的。积极倾听是一个非常有效的工具，帮助他们接纳局限以便适应严酷的现实生活。一位父亲，是生物学教授，他告诉我们，有一次他9岁的孩子因为没能给自己买辆新自行车而难过，他积极倾听帮助儿子处理了那种沮丧的情绪：

"儿子非常想要一辆新自行车——一辆像这里其他孩子一样的越野自行车……他有了一个想法，要拿他现在的自行车以旧换新，所以我帮他给旧车做了一番清洁美容，然后送到自行车店里，他在新车里挑了一辆他喜欢的。店员对他说，他的车保养得很好，愿意给他30美元。但他想要的那辆车要花95美元。他朝我走过来的时候整个人都无精打采的，但他忍住了，什么也没说。回家后，我对他说：'鲍勃，你一定非常失望。发生这样的事情，真的很难接受。'然后他就绷不住了，号啕大哭起来……他开始四处转悠，心烦意乱的，不知道该做什么。我再次对他说，我理解他的感受，而且我告诉他，不知为何我就是相信他能处理好这件事，如果他愿意可以出来帮我们在花园里挖土。半小时后他出来了，整个下午他都干得很卖力。他的热情似乎又被点燃了……这次他虽然遭受了重大的打击，但他的感受被接纳了，而且他可能意识到他是能够处理这些感受的。这反倒让他自我感觉很好……P.E.T.这门课让我们更加认识到，拥有消极的感受是可以的，这点真是太棒了。让他们自己去解决问题，只是接纳他们的感受，而不需要强行把他们的感受赶走，这样做很好。"

一位母亲告诉我们在她3岁半的儿子托德身上使用积极倾听的故事，因为他一直陷在父亲去世的阴影中：

"应对自己的悲伤已经是一项艰巨的任务了，我还是花了很大的精力来帮助我的孩子们积极乐观地面对他们父亲的离世……托德最开始的反应是问我：'我知道爸爸死了，但是他什么时候能回家？'而且他会反复问好几遍。他还会追问那些细节：'他死在床上了吗？'或者'他们把他放在哪里了？'或者'他是怎么找到上帝的？在救护车上还是在医用飞机上？'弗兰克去世后两个月，我们去了佛罗里达……我还记得我们在那里的第一个晚上，托德哭得很伤心。他从一场噩梦中醒来，喘着气说：'爸爸死了，他死了。'"

那次对话是这样的：

妈妈：你看起来很难过。

托德：是的，我想爸爸。

妈妈：你可能还记得我们在这里度过的快乐时光。

托德：爸爸带我去游泳，我们去了迪士尼乐园。

妈妈：我想，到佛罗里达来对你来说很难受，因为你意识到爸爸再也不能陪我们一起玩了。

托德：是的，我真的很想他。

从那以后，虽然托德的反应并不像我所期望的那样，甚至还会说出我不想听到的话，但我明白了尊重和接纳他的感受的重要性。我相信他能慢慢缓解焦虑和不安，逐步接纳弗兰克的离开，他会做得比我预期的要好。

家长们在P.E.T.课上学到，他们不必为了满足孩子们所有的愿望或要求而妥协。积极倾听提供了处理孩子压力的工具。下面是爱丽丝和她母亲的对话，注意母亲刚开始是扔的绊脚石，但没有什么效果。

爱丽丝：我可以得到一份礼物吗？因为我病了。

母亲：不可以。我们不能因为你感觉不舒服就送你礼物。

爱丽丝：可是，珍妮生病时就得到了一份礼物。

母亲：噢，珍妮那时候病得很重，都住院了。你又不是病得那么厉害。

爱丽丝：那不公平，她能有礼物而我没有。

母亲：爱丽丝，我们不可能在你每次感觉不舒服的时候就送你礼物。我们也花不起那个钱老是这样买东西啊。家里还有其他东西你可以拿来解闷玩耍的。

爱丽丝：我就是想得到一件礼物。这不公平！

母亲：你真的感到很憋屈，因为珍妮生病时得到了礼物而你却没有。

爱丽丝：是的。（停顿了一下）我可以得到一份礼物吗？

母亲：不行呀。

"就这样结束了！"说到这里之后，没有更多的争吵，也没有再纠缠。这位母亲所做的就是一个回合的积极倾听，女儿就接纳了他的答复。孩子也没觉得自己输了，即使她没有得到她想要的。她只是想让妈妈知道她的感受。

通过积极倾听，帮助孩子理解和接纳现实的局限和生活的打击，这无疑给许多父母提供了另一种选择，而不必总是纵容——不必总是放任孩子的要求，在孩子的压力面前让步。

即使是婴儿，积极倾听也能培养他们对现状的接纳——就像下面描述的，我必须承认这个案例带给我的震撼丝毫不亚于作为当事人的这位母亲，尤其是注意到这个孩子还如此年幼。

"那时凯大概14个月大，现在5岁了。那时她会在下午小憩，当然还穿着尿布，她会在小睡的时候排便，然后就会醒来，小脸涨得通红很生气的样子——非常生气。我要帮她换尿布会弄得她很难受，但是又不得不换。她会挣扎着踢我，撕心裂肺地尖叫，不愿安静下来。她还不会说话，所以我没法跟她交谈，没法讲道理。但有一次，我想我应该试着从感受这个层面靠近她跟她联结（书中说婴幼儿有时可以通过感受联结）。所以我就把注意力转向她，看着她的脸，而不是盯着尿布，然后说：'我知道换尿布难受（用非常平静、安慰的语气），但尿布必须要换了。我们必须把这清理干净。'然后她就平静下来了。她还是抽泣着，因为仍然很难受，但她再没有跟我较劲，也没有踢我……哇，这真的让我惊叹不已。"

一位小学四年级的老师也是一位母亲，她讲述了如何积极倾听3岁的儿子，他正为晚餐前不能吃馅饼而生气。

"他开始发牢骚，嗓门提高了八度……他说我是个不听话的姑娘，说他不喜欢哥哥克拉克。他说：'我不喜欢这个家。'我回应他说：'你现在对这个家不满意，你也不喜欢你哥哥。'然后，他拿起他的史努比和维尼熊说：'我不喜欢这些，我不想玩这些了。'他真的有股恶狠狠的劲儿，非常愤怒……于是我说：'你就是对现在的一切都不满意。'……最后，他拿起玩具，'砰'的一声摔在地上。我说：'你现在感觉什么都不顺心。'他不停地说他不喜欢我，不喜欢这个家，不喜欢这个不喜欢那个。我说：'你就是很不开心，这个家里的任何东西都不能让你开心。'这样持续了几分钟，然后他慢慢蹭过来，靠在我的腿上说：'妈妈，那晚饭后我要吃馅饼。'你知道的，这就到此为止了。我没有刻意地压制他的愤怒，而是用了积极倾听让他缓解自己的情绪，然后愤怒就像洒在地上的水最后都会蒸发消失……我对自己在这轮沟通中扮演的角色很满意，因为我没有感到不高兴……因为我有一个工具，通过它，我让孩子把自己的情绪都释放出来了。"

当孩子们不能每次都得到所有想要的东西时，他们往往会感到愤怒，对父母充满敌意。就像这位母亲做的，积极倾听为父母提供了一种新的方式来回应孩子的愤怒和敌意。这给了父母一个"工具"，他们学会用它来代替绊脚石，在大多数情况下，孩子会把他所有的感受都明明白白地表达出来。随着时间的推移，这些感受通常都会烟消云散。

对一个孩子来说，没有什么比去看牙医更可怕的了。孩子总是非常确信在那里他会被搞得很疼。在下面这个案例中，积极倾听似乎帮助这个叫菲利普的孩子面对了这个严峻的考验。菲利普不得不戴牙套。一天，在去看牙医的路上，他说他肚子疼。接下来的谈话是这样的：

母亲：要去看牙医了，你很紧张。
菲利普：是的，我真的不想去。
母亲：你真希望现在不用去。

菲利普：是啊。我真的很害怕注射那个局部麻醉剂。牙齿矫正医生是不是要给我打一大堆麻醉针？

母亲：哦，你担心他会像往常一样给你打麻醉针，然后再戴上牙套。

菲利普：是的。

母亲：嗯，我觉得不会。但是不知道将会发生什么，确实让人有点害怕。

菲利普：（看起来如释重负）是的。不知道会发生什么，好吓人……我真的很讨厌会疼。我真的很怕疼。但我知道我不应该这样。

母亲：我之前没有注意到你的感受。的确，疼痛是可怕的。而且大多数人都害怕它，甚至男孩和男人也像女孩和女人一样害怕疼痛。

说到这儿之后，他就进去了，开始进行预约的两个小时的治疗。现在每次去看牙齿矫正医生，他都有点抱怨，但一次比一次状态好。

"我不喜欢孩子"

对某些家长来说，积极倾听的一个令人意外的效果，是他们开始更喜欢自己的孩子了。这可能是因为积极倾听能促进我们更好地了解另一个人——他的内心是怎样的，他到底是什么样的人。而当我们真正理解别人时，我们很难会不喜欢他们。一位母亲在她海滨小镇的公寓里对我们说：

"我以前跟孩子们都没法有什么交集。我曾经把他们都拒之门外。不仅是我自己的孩子，所有人的孩子都一样。我以前不喜欢孩子，可能是因为我不知道该怎么跟他们打交道——怎么跟他们说话，怎么听他们说话。"

另一位母亲告诉我们她第一次尝试积极倾听时的故事——她发现自己的孩子沃伦，虽然还是学龄前，但"他确实会聊天，而不是我们认为的还只是个小孩子"：

"如果他跑到我面前靠在我的脚边，我就会把他抱起来放到洗碗台上。他很高兴我把他放在那里，这样我可以边洗碗边跟他说话。他玩得很开心，吹着泡泡，还跟我聊天。我逐渐知道他确实会聊天——而不是我们认为的还只是个小孩子，我原以为要听到那些小宝贝说的'婴言婴语'，但他跟我说的并不是……他向我解释他画的是什么，这让我很是震惊……他解释了他画的每一件东西，告诉我它是什么。或者他会谈论他的两个朋友，住在街那头的比利和卡尔……"

这位母亲发现沃伦其实很有趣——她实际上很喜欢和沃伦聊天，就像她和另一个成年人交谈一样。她的这种态度转变非常值得大家关注，因为就在讲述上面这个故事之前的几分钟，她是这样对我们说的：

"我本来已经准备带沃伦去看心理医生了，因为我觉得他有问题。没有哪个孩子会像他这么坏这么可怕，但现在已经不是这样了。倾听真的改变了我们所有人的生活。"

挖掘真正的问题所在

很少有孩子会在谈话一开始就直接说出真正困扰他们的事情。他们会从一些浅表的问题开始谈论——专业咨询师称之为"表象问题"。不了解这一点，父母通常会开始给孩子扔绊脚石，比如提问、建议、教导、说教或评判，这让孩子始终停留在表象问题上。正如我前面指出的，这样做就妨碍了孩子深入探索真正困扰他们的更深层次的问题。

换句话说：没有受过训练的父母，在还不知道困扰孩子的真正问题是什么之前，就跑过来帮助他们的孩子。父母太急于解决他们所认为的问题，以至于他们的这种焦虑反而妨碍了孩子告诉他们自己真正的困扰。

但当家长学会积极倾听孩子所说的话时，他们就会有所改进，就像我们在P.E.T.教学中所说的"从表象问题转向根本问题"。这点在一位离异的母亲身上看见了效果，她有个4岁的儿子马克，有一次，马克很生他弟弟的气。

"马克从12月底开始做噩梦，还得了很严重的哮喘。儿科医生给他开了药，还说他必须做很多过敏测试。但这药并没有根治马克的哮喘。二月的某个时候，我上了P.E.T.工作坊。周末我和马克在一起，他的呼吸情况非常不好——可以说是非常糟糕。在他上床睡觉之前，我坐在他的床上跟他闲聊，我说：'好像真的有什么事让你很烦恼。'他之前和弟弟闹了一场，弟弟把马克的一些作品给弄坏了。马克冲他大声尖叫,歇斯底里地,然后跑进了自己的房间。我说:'你冲蒂米尖叫了,这似乎让你感到难过。'他说:'是的。'我说:'尖叫没什么的,别担心。'但这并没有起到什么作用。所以我又回到了积极倾听。'当我尖叫的时候,我的骨头都要碎了。'他指了指自己的肋骨……因为哮喘,他开始咳嗽,然后接着说,'你听到了吗?都碎了,都碎了,这个房子也碎了。'他指的是他和父亲住在一起的房子。他开始哽咽,他的哮喘越来越严重。我说:'你觉得这所房子就要四分五裂了。'他告诉我,他做了一个梦,梦见我们家的房子塌了,所有东西都破了:'当时我就在我的房间和我的玩具们在一起——但是爸爸不在那儿,我的骨头都碎了。'于是我大着胆子戳了下他的痛处,我说:'你真的很伤心,因为你的家破裂了。'他开始哭了起来,一直哭,我就抱着他让他在我怀里哭。当他停止哭泣的时候,他的呼吸竟然好多了。他想谈谈我和我丈夫为什么要离婚。然而我说:'家庭破裂了,这让你很生气。'他不停地说:'不是生气,是悲伤。'我说:'是的,你觉得一切都结束了,你将会孤单一人。'所以我开始告诉他,我们是如何决定的,他要在哪里生活……他真的很喜欢听到这些话——那天晚上同样的话他都想听两三遍。我跟他解释说,爸爸和我都很想要跟他一起生活,但如果他和爸爸一起,他就还会在一所大房子里住跟现在一样的房间,但如果和我住在一起,他会在我的公寓里住一间小房间。我跟他学我丈夫和我争论的样子,他说:'我想带走马克。'我说:'不,我想带走马克。'然后,他的脸上就露出了大大的微笑——他的呼吸变得轻松了。这简直是个奇迹!难以置信……我每星期都去看他一两次,和他一起把故事从头到尾再讲一遍——所有的场景。他喜欢听,也还是会哭……这真是发自肺腑的。而他的哮喘似乎一次比一次有所好转,现在已经一点迹象都没有了!没有任何症状,没有咳嗽,没有任何呼吸问题,什么都没有。这真是太不可思议了!"

当我从父母那里听到这样的故事,记录积极倾听的神奇力量时,我也常常觉得难以置信。在采访中,家长们描述了很多这样的事件,数量太多,在此无法一一赘述。

孩子们不愿去上学的例子很多——他们开始肚子痛、头疼,他们乱发脾

气、哭闹,走到学校门口台阶前,又拼命抱着母亲就是不松开。积极倾听帮助这些家长发现了真正的问题所在,比如下面这个案例:

"从一月份开始,琼就不想去上学了。我们曾在P.E.T.课上讨论了这个问题。老实说,我们当时真的不知所措……她早上醒来会说她感觉不舒服,她最好待在家里,因为其他孩子可能会传染上她的病……有一天早上,琼起来说的是她脖子疼落枕了。我对她说:'好吧,你穿好衣服和我一起去学校,如果你不想留下来,我就带你回家。'……时间到了,孩子们排着队要进教室,我告诉琼她该进去了,但她尖叫着说'不',然后放声大哭,跑回了车里。所以我带她回家了,但我决定要开始积极倾听。

"我说:'琼,听起来你好像真的不喜欢上学。你在那儿不开心。'然后她就只是不停地说:'我感觉不好,我感觉不好。'起初,她并没有说到底是什么困扰着她,只是不停翻来覆去地说那几句话。然后突然某个时刻,她开始说她在学校从来没有得到过糖果!结果我发现,在幼儿园如果一个孩子达到某一特定分数,老师就会奖励给他棒棒糖——这与阅读目标有关。这种做法已经持续了好几个星期了……这就是事情的起因……这本来是一种激励措施,但对琼来说,她已经尽力地学习了——她是班里最小的,而身边有小伙伴在考试中得了高分。但是她有认知障碍,所以只有她和班上其他一两个同学不知道如何识别字母。她觉得自己不受重视——因为她连一块糖都得不到。"

琼的父母立即与老师和学校心理医生进行了交谈,琼被安排到另一个班。母亲总结道:"换班后事情就变得美好了,因为她在班级排名中不低。也就一个月的时间,事情就解决了……她喜欢上学而且她表现得很好。这真是太棒了!"

这位母亲还描述了她如何利用积极倾听帮助她4岁的儿子找到真正的困扰问题:

"我的工作需要照看另一个孩子玛丽,她本来是提姆的好朋友。但过了一段时间,提姆开始对玛丽产生了极端的敌对情绪——他俩经常打架。我会说类似这样的话:'玛丽不喜欢你骂人。'或者'你打玛丽的时候,她会受伤'。或者'我不能让你打别的孩子'。"

这些绊脚石并没有帮助提姆解决他的问题，这种情况持续了几个月。一天，提姆扯了玛丽的头发，他的妈妈让他去房间待着，提姆开始大发雷霆——"这是我见过他发脾气最狠的一次。"她说。最后，她让他冷静下来，对他说："别再尖叫了，我们谈谈这件事吧。"后面的谈话内容如下：

母亲：提姆，你真的很生我的气，是吗？

提姆：我没有。

母亲：提姆，玛丽做了什么让你生气的事吗？

提姆：没有。

母亲：你不喜欢玛丽。

提姆：不是。

母亲：你觉得妈妈陪玛丽的时间太多了。

提姆：是的。你爱玛丽胜过爱我！

母亲：你觉得我更喜欢玛丽——觉得她对我来说比你更重要——你觉得我喜欢玛丽胜过喜欢你，因为有时候我会生你的气，而你却没怎么看过我生玛丽的气。

提姆：是的。

于是母亲对提姆解释说，他对父母来说很特别，因为他是他们的儿子；他的妹妹对他们来说也很特别，因为她是他们的女儿；而玛丽对她的父母来说也很特别，因为她是他们的女儿。后来提姆平静下来了，开始逐一细数他所有特别的朋友，说他们对他们的妈妈和爸爸来说都很特别，因为他们也属于他们的父母。

然后这位母亲谈到了她用到的积极倾听：

"我意识到自己在尝试积极倾听。上P.E.T.课之前，我从来没有意识到要倾听孩子的感受。以前我只听他说的话，而没有听话背后的意思。我从P.E.T.中学到最多的就是积极倾听……我很清楚我在尝试用积极倾听——试着不去责备，或者避免说类似这样的话：'你不应该打玛丽'或者'你是个坏男孩'。"

培养自我负责的孩子

父母从积极倾听中得到的最令人满意的回报之一就是看着他们的孩子变得更有责任感。带着同理心准确地倾听传递给孩子的态度是：

我不会包揽你的所有问题。
但我会帮你找到你的解决办法。
我对你有效处理这个问题的能力很有信心。
我不会因为你遇到了问题而减少对你的爱——问题是每个人生活中的一部分。

这些态度似乎对孩子们产生了强大的影响，使他们能够承担起责任，处理自己的问题，而不是继续依赖父母。父母们经常告诉我们，当他们的孩子有机会（和责任）用自己的方式解决问题时，孩子们展现出的能力和机智令人赞叹。一位母亲是心理学专业的研究生，早在孩子爱丽丝2岁的时候她就上过P.E.T.课，现在爱丽丝10岁了，她是这么描述的：

"爱丽丝在学校表现得很好，但老师会在教室里四处走动监督大家，尤其是有很多男孩惹麻烦的地方……有一天，她含泪回到家——情绪激动但大概只持续了15分钟，她抱怨说'这不公平''我恨我的老师''他很糟糕''他谁的话都不听'。原来老师又一次让她挪座位，她非常生气。她试着跟老师商量，但老师就是不听。她发泄了所有的怒气之后，开始平静下来。我说：'如果老师不听，你有什么办法能引起他的注意？'她说：'好吧，我可以给他写个便条。'于是她坐下来写了这张纸条，上面写道：'我感觉你让我挪座位是在惩罚我。'这让我很震惊，因为我真的没想到她会这么写。然后她在纸条上说，这让她感到生气，表现好却被这样对待是不公平的，她希望能有机会选择某段时间自己的座位，同时她也意识到老师要听到每个人说的话有多难，因为班上有这么多的孩子。她把纸条交上去了，天哪，那位老师也看了,而且他还让她选择她想坐的位子!我简直不敢相信!"

另一个10岁的女孩表现出的自主能力也让她的母亲感到很惊讶:

"我认为她处理自己问题的能力正在增强。以前,我不会让她自己解决问题。我会设法以某种方式帮助她。她和她的朋友去参加一个聚会,她告诉我关于芭芭拉这个孩子以及她做过的所有可怕的事情。'芭芭拉骂我,还打她妹妹,把她摔到地上。'你知道,我只是略微地回应她,甚至还没有用积极倾听,当然也没怎么用我以前的那些绊脚石回应方式。她正说着这些关于芭芭拉的可怕的事情,中间突然停下走到电话前。她给芭芭拉打电话说:'芭芭拉,我对我所做的感到抱歉,我想向你道歉。'当她这么做的时候,我有点吃惊,因为此前我一直认为都是芭芭拉的错,你知道的,就是什么都怪她。"

一位母亲讲述了她和8岁儿子杰瑞的对话:

杰瑞:妈妈,如果有人在别人的院子里玩,弄断了人家的晾衣绳会怎么样?
母亲:听起来你很担心,杰瑞。
杰瑞:是的,我不认识那家人,我就跑掉了。
母亲:你很担心是因为你跑掉了?
杰瑞:不,我是害怕!他们要怎么对付我?
母亲:你害怕他们会因为你弄断晾衣绳而对你做什么。
杰瑞:不只是我,艾伦也在那里,我们在泰迪隔壁那家的晾衣绳那儿玩儿,然后绳子坏了,所以我们就跑了,现在我怕他们会发现它坏了。
母亲:噢,听起来你真的很不安,杰瑞!
杰瑞:是啊,妈妈,我该怎么办呢?
母亲:如果我告诉你该怎么做,你会高兴吗?
杰瑞:我知道你不会的,这是我的问题……但是,妈妈,如果你是我你会怎么做?
母亲:好吧,杰瑞,如果我是你,我想我会有好几种选择。我可以把这事忘得一干二净,既然你不认识他们,那么他们可能永远也猜不出是谁干的。或者我可以让爸爸帮忙把晾衣绳修好。或者我可以去告诉他们我把他们的晾衣绳弄断了，我很乐意去试着修好它。然后，我可以让艾伦帮我处理。我想我能做的事情有很多，但在这个时候，杰瑞，我不确定我要做什么。

杰瑞： 哦。（沉默）

然后杰瑞走进客厅开始看电视。我以为他打算忘记这件事不做任何动作。很长一段时间过去了，杰瑞站起来出去了。大约15分钟后，杰瑞非常兴奋地跑进来。

"他告诉我：'噢，妈妈，我过去告诉那家人是我弄断了他们的晾衣绳，我很抱歉，我可以试着修一下。'嗯，妈妈，那个人太好了，他说：'哦，那个东西总是坏，不用担心，但是谢谢你告诉我。'他是不是很好，妈妈？"

接着这位母亲又补充了后来发生的事情：

"当我丈夫比尔回到家时，杰瑞自我感觉很好，他把整件事都告诉了他爸爸。对杰瑞来说，那是一个非常激动人心的时刻。他觉得自己很棒，我和比尔都对他赞不绝口。他可以自己做决定，而不是被迫做决定。自从开始实践P.E.T.，我们家在过去的两年里发生了很多变化。我们的孩子一直是P.E.T.最好的广告，为P.E.T.做了最多的代言，因为他们在不断地夸赞它的好处。"

这表明父母虽然可以为孩子提供可选的解决方案，但仍然有责任让孩子自己决定他们将采纳哪个方案（如果有的话）。首先，杰瑞的母亲有效地利用积极倾听来帮助他"界定问题"（解决问题过程的第一步）。但后来她选择参与第二步——"提出可能的解决方案。"然后她退出了解决问题的环节，允许杰瑞自己完成了第三步、第四步和第五步——"评估解决方案""决定选择最佳解决方案""执行解决方案"。特别是对年幼的孩子来说，他们自己想不出来办法的时候，给他们提供一些可选择的解决方案可能是有帮助的。即便如此，父母最好还是等一下，看看孩子能不能先想出自己的解决方案。

"他们的成长会比你想象的快得多"

许多家长告诉我们，如果给孩子机会，他们会很快学会解决自己的问题，这种速度让人震惊。我们采访过的家长在学习P.E.T.之前，碰到孩子遇到问题时，他们太习惯于直接跳进去替孩子承担所有的责任，以至于他们从来没有发现其实孩子可以为他们自己做那么多事情。即使婴儿也能学会如何照顾自己，并且解决自己的问题，正如下面这位二十二个月男孩的母亲所报告的这两个案例：

"他经常过来对我说：'我要喝点水，我要喝。'以前，我会站起来给他拿杯水。后来我发现这个孩子其实能够站在马桶上自己接水喝。但我从没想过让这么小的孩子做到这样。所以下次他想喝水时，我说：'我真的很累，我不想再给你接水了——我就是不想再起来了。'他就用那张萌萌的小脸看了看我，于是我说：'在浴室的水槽上有一个杯子。'他走进浴室，一个人爬上马桶，给自己接了一杯水。从那以后，他就一直这样做。现在他会自己去冰箱拿一个苹果，而不是求我帮忙。这个过程大概是这样：他觉得有个需求，然后先看看自己能否解决……这样方便多了……而且他现在对诸如此类的事情都很自信——特别自豪。这有助于他的成长——不那么依赖别人。这真是太棒了！超级棒！

"就比如上厕所。他过来告诉我他需要换尿布。我说：'你知道的，我不太乐意再给你换尿布了……你这么大了，可以像克里斯塔一样去上厕所了。她学过怎么上厕所，所以让她来教你该怎么做吧。'接下来，就是真实的一幕：有一天我走进浴室，看到克里斯塔和吉米在说话，那种宝宝间的谈话，吉米撑在马桶上——小小的孩子、大大的马桶。就那么撑在马桶边上。克里斯塔帮他抓着手，奶声奶气地对他说：'上厕所，上厕所。'好吧，你知道的，我想他和克里斯塔会自己解决这个问题的。我根本就不打算介入。我在训练自己第一个孩子上厕所时搞得很不愉快，所以这次我不打算插手了。不会像以前一样给他们M&M巧克力豆奖励。这种新的相处方式让我获得了很多自由……他们成长得比我想象的要快得多。"

一位家长讲述了她是如何将责任从自己身上卸下还给两个孩子的。这个做法的结果就是：女儿和儿子都学会了如何使用缝纫机！

"大约在鲍勃13岁的时候，有一次他想让我缝一些东西。我说我不愿意给他缝所有的东西，他说：'你能教我怎么使用缝纫机吗？'于是，我就教他了。然后，弗朗西斯也想要学习。她还那么小，我对她比较犹豫，但我还是教她如何绕线轴，如何调整针脚，以及诸如此类的事情。所以，他们学会了使用缝纫机。鲍勃学会了用粗糙的补丁给自己补裤子；弗朗西丝用缝纫机为洋娃娃做衣服。这整个过程我都完全没有参与……我们已经摆脱了对性别角色的刻板印象……我还教我所有的孩子们如何烤饼干和蛋糕。"

P.E.T. 技能促使父母更加尊重孩子的潜能，并由此形成一种看待孩子的新方式：

"我认为父母从来没觉得孩子是有能力的人。你知道，我们只是把他们当成孩子，而孩子的概念就等于没有能力应对生活。"

这种新的协助心态是如何逐步给父母还有孩子们带来回报的，下面这个采访展示了这点：

"因为与邻居其他孩子起了冲突，她跑进来，我决定不把自己卷进去，而只是积极倾听，我不塞给她任何解决方案，而是允许她以自己的方式解决问题。让我惊讶的是，她有能力解决这些问题，并且想出的解决方案还这么赞。"

一位家长，她的儿子迈克和朋友米歇尔吵翻了，唇枪舌剑，不可开交。这位母亲一开始还想干涉，最后她还是决定忍住不说，让孩子们自己承担解决冲突的责任。在这场争吵中，米歇尔的父母深陷其中，他们试图解决这个问题。迈克和米歇尔最终靠自己解决了冲突，恢复了友谊。那天晚上，迈克和母亲分享了他的感受。母亲记录了这个过程：

"迈克告诉我问题是如何解决的，之后他说：'你知道吗？妈妈，这不是你的问题，也不是她父母的问题。这是米歇尔和我之间的问题。人们没见过大人跑来跑去要求小孩解决他们的问题吧？'我说：'没有，没见过。'于是他说：'既然这样，那为什么大人要过来插手我们的问题呢？'我说：'这有点令人困惑，不是吗？'他说：'是的，这不是大人的问题，这纯粹是米歇尔和我的问题，如果大家都别管我们的话，我们会自己解决的。'然后我说：'哇，真好！'"

另一位家长谈到了她为儿子提供解决方案时发生的事情：

"我想他这么生我气的原因是他总是听到我给他一个答案或一个方案。我说的方案，如果出了差错，他会责怪我。但如果进行得顺利，他就永远不能从中获得对自己的认可……人们会希望一个好的解决方案是他们自己的主意，但如果结果不好，他们就会责怪别人……我曾经认为他们不是真的想自己探索，自己做决定。当我现在回头看的时候，发现这些孩子有了巨大的进步——就在过去的这几个月，他们的自主决策越来越多，超过了他们以往任何时候。"

一位父亲谈到，当他不再觉得有义务替解决孩子问题时，他感到多么的轻松：

"要不断地对别人的行为负责，或者感觉自己应该对别人的行为负责，这真是一种负担。现在，我们不会再有那种压力了。这真的很棒……我不需要解决每个人的问题，因为我做不到，我也会犯错。现在我不需要觉得自己必须是无所不知的，要照顾好每一件事。我曾经尝试过，但弄得一败涂地……我觉得我现在已经把整个世界的重量从背上卸下来了。"

当父母不断地介入解决孩子的问题，他们同时也在培养孩子的依赖性，这会导致孩子对父母提出更多的要求。正如下面这位母亲所说的，她曾经沦为孩子的"奴隶"：

"跟艾伦在一起的情况变得好多了。我不再觉得自己是他的奴隶了。面对学龄前的孩子，我总是觉得自己很累。我想我以前喜欢让他们依赖我——这让我觉得自己很重要。然而，这么多年来，一切变得令人厌烦，感觉是个累赘。我发现用另一种方式跟孩子相处能获得很多自由——让他们成长得更快，比我想象的还要快。以前，我总是自以为是地认为他还只是个孩子。现在他可以自己做这些事了，他不再有我这个'奴隶'了。他似乎很喜欢这样。"

我们可以理解这种要包揽孩子问题的"超级父母"的欲望，因为孩子们也会经常引诱父母或给他们施压，迫使父母给他们答案或告诉他们应该做什么。下面这位母亲告诉我们，她11岁的儿子遇到一个严重的问题，六神无

主,不知所措,所以,孩子试图把解决问题的责任转嫁给父母:

"他报名参加了足球队,可是当真正入队后,他才发现这真的不是他的强项。但一开始他嘴上并不愿意承认。每次做完体检并穿上队服后,他就开始胃疼,正好卡在四点半足球训练那个时间。除了胃疼,他有时还会说手上生了倒刺,或者脚趾头疼,或者在床上扭到了脚……他当时也是千方百计地想要加入球队,这曾经对他来说很重要,但他现在的各种不情愿其实是在说:'我真的不想做这个。'但我想说,这真的非常难,因为他一直想把问题推到我或者我丈夫身上。有好几次,我们都想告诉他,让他放弃这一切——当他在其中挣扎的时候,我们要保持置身事外真的很难。我们能感受到他内心所经历的。在这个时候,我真的很纠结,但我丈夫会说:'我们先别急,只是倾听吧。'足足挣扎了两个月的时间,他最终决定自己承担责任。虽然真的很艰难,但他还是走到了教练面前,告诉他自己想要退出足球队。此时,这个11岁孩子肩膀上的重担全部卸下了。尽管他一直希望我们帮他做出放弃的决定,但我们还是拒绝了,我真的很感激我们这么做了。"

另一个家庭也发生了类似的事件。这个故事讲的是一个孩子对柔道课的矛盾心理:

"我们的孩子肯,大概8岁的时候,正在上柔道课。课程开始一两个星期后,他变得非常沮丧。他不喜欢教练,也讨厌所有那些必须通过的身体要求。他在是否要继续待下去的问题上左右为难,于是他来找我,问我他是否应该放弃柔道。在我们所有的孩子中,我为他做的决定最多。所以,这也难怪他会来问我:'我应该放弃还是坚持?'但在我替他做决定之前,不同于我以前一贯的做法,比如告诉他既然开始了,就应该坚持到底之类的——这次我说:'你对是否要继续学习柔道真是很纠结。'我开始积极倾听,但他就是无法调整自己做出决定——他太不习惯自己做决定了……我说:'你不喜欢柔道。'他回答说:'我不喜欢这个教练——他对我们指手画脚,他对我们很坏,我不知道该怎么跟他说……我也害怕如果我放弃了,你和爸爸会不高兴。'他对我开始表现出不耐烦,要求我告诉他该怎么做。'你为什么不能直接告诉我该做什么,然后让我去做就是了……'我很害怕拒绝他的请求,但我还是坚持没有替他做决定。这个过程让人忐忑不安,但我还是拒绝为他做决定……一周后，又有柔道课了，他自己决定了要停止课程。当他意识到我内心真的没有预设必须让他继续学习时，他就自主退出了——他终于做出了自己的决定。"

当父母试图把孩子生活的控制权交还给孩子时，孩子可能会强烈要求父母继续掌控；你可以看到父母们面对这些所经历的挣扎。显然，P.E.T.给家长们提供了勇气和技能，帮助他们冲出这个"父母陷阱"。

父母刷新了自我认知

当父母开始使用积极倾听时，他们经常会听到孩子的感受和想法，这会让父母对自己有新的认识，意识到他们的行为是如何给孩子带来伤害的。在接下来这个极具戏剧冲突的案例中，一位牙医父亲知道了他的高期望是如何让他的大女儿感到自卑的：

"我12岁的女儿萨莉在学校里有一种强迫症——如果她不能每门课都达到满分，她就觉得自己很失败。如果她回家告诉我们她只拿到了89分，以前我会说：'哦，太糟糕了，也许下次你能更强一点，学习更努力一点。'在上次家长会之前，萨莉非常沮丧，因为她的英语比之前低了两分……我说：'女儿，听起来你有点不高兴。'她回答说：'你会很失望的……我整个学期都没有努力学习。'我努力倾听她：'那一定让你感到很沮丧。'这样持续了将近半个小时。她泪流满面，她大概以为我会很生气。我只是说：'你真的是要做你想做的事；我只希望你能让自己满意；不管你的成绩如何，我都喜欢你。'她在哭泣，我抱着她，最后她说她也喜欢我……在半个小时的交谈中，我发现她不喜欢某个老师，我也发现了她讨厌他的原因。我知道了她和哪些女朋友发生了争执——我们无话不谈。这场对话就展开变成了一场真正的讨论，我甚至不需要给予太多的反馈（积极倾听）——只是偶尔回应下让她知道我在听……她的情绪很低落，所以她一开始就哭，我抱着她坐了一会儿，告诉她我并没有期望她在学校一定要取得顶尖的成绩，因为无论如何，我都喜欢她。这就是P.E.T.给我带来的好处。因为在她刚开始上学的时候，我们真的期待她成为一个成功者。我想我们以前让她觉得，如果她表现不好，我们就会不喜欢她……作为一名家长，我是一个典型代表，会说类似这样的话——'你就应该好好表现''你永远都不应该犯错''我要求你完美，否则我不能接受'。但自从那次倾听以后，我们之间就相得很融洽了。"

"我还是死了算了"

在接受我们采访的父母所提交的案例中，下面这篇故事比其他任何案例都更清楚地说明了积极倾听的戏剧性效果。这是一位母亲在家里和她8岁的儿子第一次使用积极倾听的经历，她的儿子觉得自己的生活已经糟糕透了，"他觉得还是死了算了"。

"我的故事讲起来很简单。现在回想起来，效果是如此明显，以至于我仍然难以相信，在学习P.E.T.和积极倾听之前，我从来没有真正看见发生了什么——那些因为我的行为导致的事情。

"在我上这门课的时候，我的大儿子8岁，开始经常说他的生活真的很糟糕，他死了会更好——真的是非常'沉重'的话，让我忧心忡忡。在抚养孩子方面，我有一个明确而坚定的目标，就是他们应该对自己有积极的态度，早上醒来的时候能够感觉到他们真的很喜欢活着；如果我看重的是他们成长的其他方面——智力水平，或者让他们行为'端正'，或者任何其他角度——那么现在的这种事态可能就不会给我如此沉重的打击了。但是，我的大儿子，也是我唯一的儿子，他所感受到的，却与我所殷切希望的以及不懈努力想让他感受到的，恰恰相反。

"当P.E.T.讲师介绍'绊脚石'清单时，我和其他人一起大笑；我很容易就能发现每一个我正在使用的'绊脚石'，并立刻意识到哪些是我的'最爱'。我学习了积极倾听，并认真地和班上的同学一起练习。但是，我没有能将课堂学的举一反三运用到我的生活中；解决方案就在我面前，而我却做不到。我一直不得其法，直到有一次我真的尝到了'做到'的滋味。

"几周后的一天，我在厨房准备晚餐，儿子垂头丧气地走进厨房，又说了一句让人沮丧的话。当时我并不擅长积极倾听；我以前在家里的几次尝试听起来都很可笑，但我还是决定试一试。他会说一些类似这样的话：'天哪，我真的讨厌我的生活。'这时，我就会感到脑袋里有个轮子在疯狂地转动，试图把那些话转化成一种我可以反馈给他的感受。紧接着，我说了一些让我震惊的话，完全不像我，出乎意料，像这样：'听起来，你的情绪真的很糟。'他似乎没有注意到我的这种不自然，接着说'没人关心我'，还说'你和爸爸总是和詹妮弗和瑞贝卡（他的两个妹妹）一起玩'，然后开始打开了话匣子。我在想：'这是我见过的最抑郁的孩子了，如果他说出的话都变成有形的东西，那我们此时所在的厨房就该堆得像个垃圾场了。'倾听过程中有个瞬间，我感到内疚，然后变得愤怒，接着又会沮丧，但我继续回应他，'嗯嗯'以及'为此你很伤心'，还会说'你认为我们更喜欢她们而不是你。'在我看来，这一切倾听都挺刻意的，我不认为我们有多少机会可以达到在P.E.T.书中描述的那种好莱坞式的惊喜结局。他并没有说出像书中那些孩子会说的那种'正在寻找解决方案'的话，他只是不断地提起越来越多令人苦恼的事情。这孩子居然能够回忆起他3岁时发生的事情！

"45分钟后，我说我非常想继续我们正在做的事情，但我开始担心晚饭要晚了，也许我们可以再定个时间继续聊。他说没关系，他已经说完了，然后他从他一直坐的凳子上跳下来，吹着口哨出去了！我当时目瞪口呆。然后我才恍然大悟：我以前从来没有允许那个孩子可以有坏心情的一天！对于不开心的时刻，我们总有一些辩解，认为可以做一些事情来弥补，而他却把每一幕都保留了下来；我从来没有给他人与人之间所能给予的最简单的同理，让他能够放下那些不开心。

"上面说的这些都是一年前的事了。自那以后，他没有再出现明显的抑郁。尽管其间有过不愉快或令人沮丧的事件。但我从不辩解，不试图去忽略它们或提供方案解决它们；我尽我所能地尝试用积极倾听来回应。生活并非都是辉煌而美好的，并非所有的问题都能迎刃而解。有时候一切似乎都不太对劲，但也没关系。我花了8周的时间，付了65美元才明白了这一点。而且，我还意识到如果我不这样做，会给我的孩子带来灾难性的后果——考虑到这一点，这个代价其实并不高……"

第 6 章

新角度帮助父母满足自身需求

当孩子在生活中遇到困扰时,我们要成为一个称职的倾听者,这是为人父母的一个方面,而与此对应的另一个方面,就是作为父母本身,也要有效地满足自己的需求。孩子给父母带来麻烦的方式真是各种各样的。所以,和孩子生活在一起,必然意味着他们的某些行为在某些时刻会让你无法接受,因为它们阻止了你想做的事情,妨碍了你享受生活,或者让你感到沮丧或生气。

许多父母对孩子的态度不够坚定。他们一味的纵容导致孩子们在父母面前飞扬跋扈,为所欲为。有些父母试图表现得坚定,但他们使用的方式充满敌意和攻击性,导致与孩子之间的亲子关系破裂,并且伤害了孩子的自尊。

当孩子的行为给父母带来困扰时,P.E.T. 模式明确支持父母坚定地表达自己。同时,它也给父母提供了一些坚定表达的具体技能。这些技能对大多数父母来说都是全新的,来帮助他们更有效、更有建设性地表达自己。

我们发现,对一些家长来说,做出这样的改变并不容易。纵容型父母经常陷入这种状态,因为他们中有些人自己的父母曾经对他们很严厉、很专制,所以他们能看到的选择只有一个,就是跟自己讨厌的养育方式反着来——成为仁慈和宽容的父母。另一些父母则有种误解,认为好父母必须"为孩子的利益做出牺牲"。这些父母往往认为满足自己的需求是一种自私的行为。还有一些父母避免与孩子直接对抗,因为担心孩子会因此讨厌他们。这些父母毫无疑问,受到了他们与自己父母的相处经历影响。从根本上就害怕冲突。的确,要在一段关系中维护自己的权利可能会引发冲突,所以我们能够理解,有些父母因为在家庭冲突中有过不堪的经历,所以他们更倾向于纵容妥协而不是坚定表达。

这一章将讲述我们了解到的关于父母们在尝试使用我-信息时遇到的困难，并且我将提供克服这些困难的具体建议或指导方针，甚至是一些避免陷入这些困境的预防办法。

你-信息与我-信息的区别

在第2章中，我们将行为窗口的下半部划定成父母不可接纳的行为区域。该区域表示此时父母拥有问题。而处理这种情况的技巧就是"面质技巧"。

与25万对父母合作的经验，让我们有机会了解当孩子做出不可接纳的行为时，父母通常是如何应对他们的。P.E.T. 讲师在课上向家长展示了一些这样的情境，并要求他们写下自己将如何跟孩子处理这些事。几乎无一例外，他们写下的信息都没跳出沟通绊脚石的范围——就是第3章中描述的那12个绊脚石：

1. 命令、指挥、要求

"回你的房间去。"

"你不许再吵闹了。"

2. 警告、训诫、威胁

"你再不停下来，就要挨揍了啊。"

"你再纠缠不清，妈妈会生气的。"

3. 说教、布道

"永远不要打断别人的谈话！"

"你必须得说谢谢。"

4. 建议、提供意见或解决方案

"你为什么不和朋友一起去玩呢？"

"你不能把你的衣服放一边吗？"

5. 传授、指导

"那样用刀是不礼貌的。"

"书是用来读的，不是用来扔的。"

6. 评判、批评、指责

"你一直都这么马虎。"

"你真不乖。"

7. 夸奖、奉承

"你通常对朋友都很好。"

"这么不体谅人的事,你可做不出来。"

8. 辱骂,嘲讽,羞辱

"你可真是个大忙人,什么事都操心。"

"你这么淘气,我都替你感到害臊。"

9. 解释、诊断、心理分析

"你就是有点儿嫉妒你的弟弟。"

"你总是趁我累的时候来烦我。"

10. 安慰、同情、声援

"别担心我的感受。"

"这些噪声对我来说真的没什么。"

"我能理解你为什么打小弟弟。"

"哦,没关系。"

11. 追究、质询

"你为什么要这样做?"

"你知道你都做了些什么吗?"

"你为什么把收音机开得这么大声?"

"谁教你这个的?"

12. 转移、分散注意力、迁就

"你就会看电视上那些烂片,去读会儿书不好吗?"

"你看看,去外面玩多好啊。"

"咱们的孩子都这么乖巧安静,我可真高兴。"

"你就不怕把耳膜给震破吗?"

再仔细看看这12个绊脚石。每一个绊脚石都将重点放在"你"上边,有些是很明显的,有些不是:

你停止做那个。

你不应该那样做。

你难道从来没有……

如果你还不停止,那么……

你为什么不这么做?

你可真淘气。

你这么做,就像个不懂事儿的小宝宝。

你要多加小心。

你为什么就不能乖点儿呢?

你本来应该知道的。

因此,在P.E.T.课程开发的早期,我们就称这种信息为你-信息。

你-信息对孩子的影响是可以预见的。它们极有可能产生一种或多种以下列举的结果:

(1)当孩子们被命令去做某件事或被威胁如果不做会怎样时,他们会抗拒改变。

(2)孩子们会自动屏蔽那些只会说教、讲道理、传授经验、对他们指手画脚的父母。

(3)你-信息传达的态度是:"我不相信你能找到方法来帮助我。"

(4)你-信息剥夺了孩子们为了满足父母的需求而主动采取行动的机会。

(5)孩子们在受到批评或辱骂后会感到内疚。

(6)批评、责备的语言会贬低孩子们的自尊心。

(7)当孩子们听到的话语里传递出他们有多"坏"——多么"愚蠢""不体谅"或"太轻率"的信息时,他们会感到被拒绝,甚至不被爱。

(8)你-信息会引起孩子们的反抗行为,就像射出回力镖会转向击倒父母。孩子会说"你总是很累!""你自己的衣服也不收拾!""你真是唠叨!""就没有什么能让你高兴!"

而不太可能产生上面这些影响的信息是:告诉孩子他的行为(对你来说是不可接纳的)给你带来的感受,以及这种行为对你生活产生的后果或影响:

"房子里太吵了,我睡不着。"

"干净的厨房一会儿工夫就被你弄脏了,我感到很失望。"

"我有事得打电话,这里噪声又太大根本听不到,真的很烦。"

在这里,我想重新介绍下沟通过程图,明确展示你-信息和我-信息之间的对比,因为有些学过理论的读者可能需要简单地做个回顾,有些读者还不熟悉P.E.T.模型。

当孩子的行为以某种确定的方式干扰了父母享受生活或满足自己需求的权利而让父母感到无法接纳时,很显然,此时父母"拥有问题"。父母感到烦躁、失望、疲惫、担心、烦恼、负担沉重等。为了让孩子知道他的内心状态,父母必须选择一个合适的语言代码。

一位家长和他4岁的孩子,家长想休息,而孩子想继续玩,此时,沟通过程图是这样的:

但如果这个家长选择了"你"导向的编码,他就不能准确地表达自己"疲惫"的感觉了,比如下图:

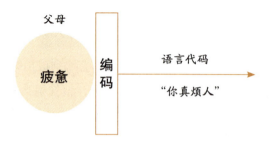

用"你真烦人"这个代码来表达父母的疲惫感是非常糟糕的。一个清晰而准确的代码应该是用我-信息来表达,比如:"我累了""我提不起劲头儿

来玩""我想休息"。我-信息传达了父母正在经历的感受,这是你-信息代码表达不了的。你-信息更多地指向孩子而不是父母本身。你-信息是针对孩子,以对方为目标导向的,而不是关注父母自己。

我们试着从孩子的角度来解读这些信息,如下图所示:

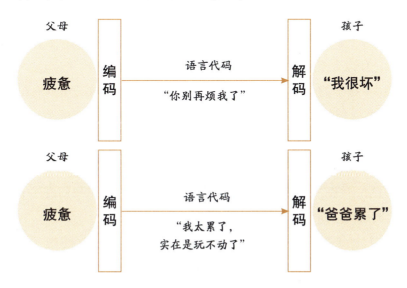

第一条信息被孩子解码为**对他的评价**,第二条信息是关于父母的**事实陈述**。使用你-信息无法传达父母的内心感受,因为它们通常会被孩子解读为自己应该做什么(父母发送了解决方案)或自己有多"糟糕"(父母发送了指责或评价)。

从P.E.T.讲师在课堂上积累的经验,以及课程结束后对家长的深入访谈中,我们了解到父母在家庭中使用我-信息时遇到的困难。我们还进行了重要的补充和修改,针对"坚定表达"的概念,以及如何帮助父母通过"坚定表达"来取得更大的成效。

"我的真实感受是什么?"

当父母发送你-信息的时候,他们不需要识别自己对孩子不可接纳行为的感受。他们只需要张嘴发出命令、威胁、贬损，或者其他你-信息就可以了，比如："住手""你会挨揍的""你这样闹，像个2岁的孩子"，等等。但当父母尝试发送我-信息时，情况就不是这样了。现在他们需要知道自己的感受。"我是生气了，还是害怕了，或者是担心了，是尴尬了，还是什么？"

大多数父母都很难识别自己的感受，他们不太习惯这样做。在我们的成长过程中，我们的文化不断教导我们：表达感受是不礼貌或者不成熟的，是太自我了，所以大多数人都学会了否认和压抑真实的感受。

一位3个孩子的父亲，快30岁了，正在银行系统努力工作争取职位逐级晋升，他说："我试着找出那个符合自己心境的情绪，匹配出那种贴切的感受，但这一切识别自己情绪的做法，我都非常生疏。所以对我来说，坐在那里试图确定我的真实感受，并给出一个我-信息，是一个难题。"

下面这位母亲，8年前学习了P.E.T.，在郊区的家中跟我们讲述了她尝试联结自己的感受时所遇到的困难：

"我想是P.E.T.让我开始接触自己的感受——我的真实感受。这是别人教不了的，而通过使用和发送我-信息，你必须与你的感受建立联结。我还记得那对我来说有多困难，我们的讲师会让我们练习……我会把我脑子里的东西说出来，但那不是真实的感受——那些只是想法。这对我来说很困难，我还在努力。这是P.E.T.带给我的最重要的意义之一——让我跟自己建立联结——不仅是在我和孩子的关系中，还在我跟朋友以及跟丈夫相处的时候。"

一位母亲用我-信息跟她的医生沟通，因为医生之前拒绝对她透露更多的病情。为了鼓足勇气，她在见医生之前把自己的感受写了下来：

"对我来说，最艰难的事情就是和一个心理上（或者声望上）比我更强大的人交谈。我正在接受一位医生的治疗，他认为我不需要知道自己哪里病了。所以，我服用了更多的药物，听从了他的建议。但是上了P.E.T.课程之后，我决定整理好我所有的感受和他的行为对我的所有影响，这样他就能清楚地知道他对我做的事情……我把这些都写了下来，然后进去告诉他……他又不正面回复我，试着含糊过去，所以我说：'我不想再这样下去了——我得知道更多。'以前我从来没有勇气对医生说这种话。于是他说：'好吧。'然后他解释了一下。这真的帮到了我。"

另一位母亲是新闻系学生，有一个4岁的女儿，她指出了表达自己的感受和真正了解自己的感受之间的区别：

"先试着联结自己的感受，然后试着用语言表达出来，这是两件事。我是一个擅长语言表达的人，你知道的，我从事写作。我的丈夫也是能说会道的，但是一旦涉及表达感受，简直难以置信，我们俩都显得非常笨拙。因为我和他的家人都不怎么谈感受……感谢这个课程，它带给我最大的变化，就是让我能够表达自己的感受。因为我以前不了解表达感受的工具——我只知道我的父母发泄情绪的方式是有害的，所以我没有一个好的示范来为自己树立榜样。当我真正感受到什么的时候，P.E.T.给了我一个表达内心需求的工具。"

我们很难用简单的几节课来教大家如何识别真实的感受并找到表达的勇气，但是我们开发了一些教学辅助工具，可以让家长更容易地"与自己建立联结"。

（1）列一张清单，看看你能在一张纸上写下多少不同感受的词汇。通常能列出20种不同的感受就已经相当不错了。邀请你的爱人也这样做，然后你们可以将对方写的都添加到自己的清单中。你会惊讶地发现，自己也经历过这么多的感受。

（2）做一个表格，在第一列，写下十个经常发生的、你不接纳的孩子的行为。想一想，这一列中每一个行为将会剥夺你需要或想要的某样东西。在第二列，在每一个行为之后，都写下"我害怕"这三个字——当然，一共要写十次。最后，在第三列中，写下合适的话语完成整个句子，如下所示：

行为	感受	结尾
波比在客厅里疯跑	我害怕	……他会撞到落地灯，把它们都摔碎了

你是否发现，对于大多数你感到不能接纳的行为，用"我害怕"来表达这些行为带给你的感受都是相当准确的？我猜你发现了。这个简单的练习通常会使父母们相信，孩子让父母产生困扰的行为绝大多数都是那些会让父母产生某种恐惧的事情——通常是害怕自己会被剥夺什么，会失去某些东西，或者因为自己的某些需求得不到满足而感到痛苦。

这并不是说，当你无法接纳孩子的行为时，你唯一的感受就是"我害怕"；但这可能会让你相信，当父母拥有问题时，害怕是一种很常见的反应。如果你记得行为窗口的下半部分，这里是导致你自己的需求没有得到满足的行为区域，这就说得通了。得不到满足，你就会害怕，这很自然——谁又不会呢？

（3）不要花太多时间刻意去寻找最准确或最精致的词来定义你的感受，比如"我感到轻微的焦虑""我心情有些晦涩"或"我难掩失望又痛不可抑"。因为通常这些都不是你最根本的感受，而且话说回来，你的孩子甚至可能都不知道它们究竟是什么意思。经验告诉我，父母们的感受很少会超过这几个基本的类别：如果一个孩子的行为给你造成了身体上的痛苦，你说"这弄疼我了"就足够了；如果他的行为将会影响到你满足需求，你说"我害怕……"就行了；如果他一直缠着你让你去做一件你不喜欢做的事，你说"我觉得太累了（或太忙了）"，就可以把你的意思表达得很清楚了。

对于愤怒，父母们有一些特别的困扰。在我们的采访中，我们听到了下面这样的陈述：

"我必须有意地停止使用'愤怒'这个词来对应所有场景。比如，'我很生气'或者'气死我了'。一开始，我用得太多了。而事实上，人们多久会发一次火呢？在日常生活中你真正感到愤怒的时间只有2%。"

"我-信息对我来说更难，因为我习惯发送一个经过伪装的你-信息，比如'我真的气死了，你就不应该做这个做那个。'真的，那只是在说：'因为你做了这个，所以我很生气。'我总习惯性地用'生气'这个词，而不是去挖掘它背后的感受。"

以上这两位父母都意识到，他们的我-信息变成了一种表达愤怒的工具，而且这种转变的频次远远超过了应有的程度。他们对此的解释是，他们没有触碰到"底层的感受"，也就是我之前所说的"最根本的感受"。从父母的经历中，我们学到了一些关于愤怒的知识，这似乎很重要：当父母对孩子表达愤怒时，他们通常不会表达自己最根本的感受。事实上，大多数愤怒的背后都藏着另一种感受。

比如，10岁的蒂姆用他的车推着小妹妹跑，动作飞快。母亲对蒂姆说："你推她跑得太快，我感到很生气，因为她很可能会被摔得很惨。"事实上，这位母亲最开始的感受可能是"害怕",准确的我-信息应该是这样的:"我看到你把宝宝推得那么快,我很害怕,因为她可能会摔下来,受重伤。"

愤怒是父母在经历了最初的感受后产生的。我现在确信,一条发送愤怒的我-信息就像一条饱含责备的你-信息,对孩子来说,他会感到沮丧和内疚,就跟他听到其他你-信息时的感受一模一样。

为什么父母要发愤怒的我-信息?我认为他们这是有意识地、有目的地惩罚孩子或给他们一个教训,希望他们不再做出那些行为,让父母产生那些最根本的(或最初的)感受,比如感到害怕、尴尬、伤心、失望。如果是这样,那么父母其实是制造了自己的"愤怒"——他们摆出愤怒的姿势,表现出愤怒的行为,由他们扮演愤怒者的角色,是他们自己打开了愤怒的开关。这并不是说他们的愤怒是不真实的,因为每个人都知道愤怒的感觉——浑身战栗,五内俱焚,语不成声。但这些生理反应是在你开始上演愤怒之后才会出现的。

父母怎样才能不愤怒呢?我觉得这也不难。给自己举一面镜子,问自己:"我的真实感受是什么?我最初的感受是什么?孩子的行为带给我什么感受?是害怕、伤心、尴尬、失望吗?"通过联结并沟通自己的真实感受,在大多数情况下,父母会达到自己的目的,让孩子自己去调整他的行为。这样就没有必要"表现"愤怒了。

发送完整我-信息的重要性

当我-信息没能影响孩子促使他们调整那些给父母带来困扰的行为时,通常是因为父母发送了一个或多个不完整的我-信息。一位母亲描述了一个案例,4岁半的苏一直盯着她6岁半的哥哥弗兰克,弄得哥哥很难受,最后号啕大哭。这时,母亲说:"你像这样一直盯着弗兰克,我很烦。你的做法让我很不开心。"

在这条我-信息中缺少了什么?除了母亲表达出的感受("很烦"和"不开心")太过模糊以外,在她的信息中还有一个更严重的问题——她没有确切地告诉苏,她的行为对母亲有什么切实的影响。苏听到这条消息后很可能的反应就是想知道妈妈为什么很烦、不开心。她的行为对父母有什么明确的影响呢?

我们已经说过,一个有效的我-信息需要3个部分。这位母亲的我-信息只有两个部分:

不可接纳行为	感受
你盯着弗兰克看	我很烦,不开心

一条完整的我-信息包括:对不可接纳行为的描述,父母此时经历的感受,对父母产生的明确的、具体的影响(或后果)。这位母亲的我-信息应该是这样的:

不可接纳行为	感受	明确的影响
你盯着弗兰克看	我很烦,不开心	因为他号啕大哭干扰了我正在做的事情

当然,孩子的行为对母亲具体产生了什么实际的、明确的影响,我们只能猜测。可能是她无法忍受苏的不公正行为,也可能是弗兰克来找她哭诉解决问题时,她没有时间去处理。

下面这个例子,一位母亲想让她4岁的儿子比尔试穿他的新衣服,看看是否合身:

母亲:比尔,我们得试穿一下,只有这样,我才能知道它合不合适。
比尔:不,我不想试。
母亲:可是比尔,如果不试穿看看它是否合身,我没办法给你买这套衣服。
比尔:不,我不想试穿衣服。
母亲:我们回到试衣间去,试穿一下,非常快的。
(母亲抱起比尔,把他带到试衣间。)比尔,请你试穿一下好吗?
比尔:不要。
母亲:嗯,我就拿起来在你身上比一下看看是否合身,好吗?
比尔:不,我不要。

母亲： 比尔，我真的很生气！我需要你试穿一下，这样才能知道是否合身。店里那位女士正在外面等我们呢。

最后的结果是：母亲放弃劝说比尔，只能买大一号，希望能合身。

现在，让我们来假设编写一条由三部分组成的我-信息，发送这样的信息也许让比尔更有可能调整自己的行为：

不可接纳行为	感受	明确的影响
你不愿意试穿这件新外套	我不敢买它	因为如果它不合身，我还得开车来城里换。

这条完整的我-信息给比尔描述了事情的全貌——不仅提到了他做的什么事给母亲带来了麻烦，而且还告诉了他母亲对此的感受，以及同样重要的是，解释了为什么这种行为会给母亲带来麻烦。

记住，发送我-信息的全部目的是影响孩子改变他们当时正在进行的任何行为。通常，仅仅描述你不能接纳的行为，并告诉他们你对此感到不安——或者生气，或者沮丧——是不够的。他们需要知道为什么。

让我们换到孩子的角度想一想。现在你是孩子，你正在做的事情是为了满足你的一些需求（或者是为了避免让你不愉快的事情）。这时候，你的父母说："我对你做的事感到不安。"仅仅因为这句话，你会特别积极地去改变自己的行为吗？可能不会。因为你必须听到一个很好的理由才会去改变。

这就是为什么父母需要非常明确孩子的行为对他们产生的"切实和具体的影响"。如果没有把这一点告诉孩子，孩子就没有充足的理由去改变。就像下面这位母亲开始意识到的那样：

"这就是我对孩子的不满。你必须不断地解释为什么，为什么，为什么。如果你告诉他们'请不要那样做'，这对他们来说是远远不够的……我不想让孩子做这样那样的事都是有我的原因的；无缘无故的，我也不会对他说'不要这样做'，对吧？但显然他们想知道原因，是这样吧？"

有时候，不告诉孩子理由会让他感到伤心、被拒绝，因为如果父母不告诉孩子为什么不接纳他们的行为，孩子可能会自己找个理由。下面这个家庭就发生过这种情况：

"有一次，柯克在晚上休息之后又从床上爬起来，我的丈夫卡尔对他说：'见到你我一点也不高兴！'几分钟后，我发现柯克站在黑暗的厨房里，靠在冰箱旁哭泣。我问他怎么了，他抽泣着说：'爸爸不想见我。'柯克从爸爸的话中听到的是对自己的拒绝。"

如果爸爸当时发送了一条完整的由三部分组成的我-信息，结果将会完全不同，比如：

"柯克，你本来已经躺下了，被子也披好了，你又从床上爬起来，我开始担心，因为我害怕这会妨碍我读书（或工作，或独处的时间，或其他事情）。"

发送完整的3部分我-信息，除了给孩子一个具体的理由，告诉他们为什么父母不接纳他们的行为，从而更有机会让孩子有动力去改变自己的行为，这样的我-信息对父母也有重大影响。我们发现，当父母试图表达我-信息中"具体的影响"这部分时，他们通常会意识到其实根本没有什么具体的影响！一位母亲解释了这一现象：

"我发现我-信息最有价值的就是帮助我认识到我对孩子的态度是多么的专断。我试着发送这3个部分的内容，到了需要解释这种行为对我有什么影响的部分时，我就会想：'好吧，我没有充分的理由！'比如，我说：'我受不了你在家里弄出这么大的噪声，'然后该说'因为'这部分了，这时候我就会想，好吧，我其实并没有真的为此烦恼。我会问自己：'我为什么要为此烦恼？'所以我现在养成了这个习惯，如果我想不出这件事对我有什么影响，我就对孩子说：'就当我什么都没说过吧'，因为看起来就是我一直太专断了……当想要发送我-信息时，我发现有一半的场合自己根本找不到理由，这真是太酷了。"

为什么这位母亲觉得自己的发现"太酷了"，她后来是这么解释的：

"我总是很喜欢控制孩子。我认为这是养育一群孩子的好方法——让一切都在掌控之中。但现在看来，那是在增加我的工作，而不是帮我减轻负担，因为我得关注他们所做的每一件小事……现在大多数时候我都会往后退一步，对自己说：'那又怎样呢？'"

然后，她描述了一个具体的事件来说明她是如何实践自己的新态度的：

"卡洛琳经常在浴室里玩水。我准备着要给她发一条我-信息，告诉她这件事对我的影响：'我不想去清理它。'然后我会想：等一下，为什么我认为必须我自己打扫？这太荒谬了。所以我换了措辞，对她说：'如果你想在浴室玩水，你愿意事后把它打扫干净吗？'她回答说：'我愿意。'结果就是这样——那孩子她自己打扫。这是完全不同的方式，完全不同的故事。你能看出我喜欢P.E.T.了吧？（大笑）"

10年前，我大概不会想到，通过教父母发送完整的3部分我-信息，我们能帮助他们发现自己发送我-信息的必要性。我们让父母相信，当他们不接纳某一特定行为时，应该向孩子解释原因。通过这一点，我们也无意中给了父母一种方法，可以让他们在很多情况下，将不可接纳行为变成可接纳行为！

当孩子忽略你的我-信息时

我-信息并不是每次都能影响孩子改变他们的行为，这一点我们一直都明白。然而，我们并不知道所有它们不起作用时的原因。现在我们知道了更多的原因，很大程度上是得益于我们对家长们的采访。许多家长碰到了问题，遭遇了失败——有些是暂时的，有些不是。

"哦，那个我-信息呀！有时候，我-信息不管用因为孩子们不希望它们管用，或者孩子们根本不想听什么我-信息，他们就是做自己想做的事，他们根本不在乎你的感受或关心你必须要做什么。"

"当我给孩子们发送我-信息的时候，有很多次我都觉得，他们对我说的并不太关心，于是也就根本做不到……例如，他们本来可以把脏盘子放进洗碗机，而不是扔在水槽里，我很不喜欢这样。但对他们来说，脏盘子在水槽里没什么问题……他们对此无所谓，所以也就这样了。"

"凯伦会说：'但我真的不想把我的玩具收起来。'"

如果认为我-信息应该每次都起作用，那么持有这个观点是对P.E.T.模型缺乏理解甚至是一种严重偏颇。我-信息只是"我"所知道的，是告诉某人他或她的行为给"我"带来麻烦的最好方式。它还能最大限度地降低让别人感到内疚、难堪和怨恨的程度。但是我-信息从来不能保证对方会出于对你的需求的考虑，立即或自愿地改变自己的行为。人际关系没有那么简单，人心也没有那么容易被预测。

但是，我们已经明确了我-信息成败的影响因素。第一个因素，我已经讲过了，是我-信息本身的结构，特别是它是否传达了孩子的行为对父母产生的明确和具体的影响。其他因素还包括：

（1）当孩子拥有困扰的时候，他或她是否能感受到父母大多都在倾听自己。

（2）我-信息的强度（或内外一致性）。

（3）当孩子对父母的我-信息有所抗拒时，父母如何回应孩子。

（4）我-信息中是否发送了父母的解决方案。

（5）父母求助于权力和权威方式的次数。

这些因素都需要进一步跟大家解释。

◆ 当孩子拥有困扰的时候，你会倾听吗？

如果父母在孩子遇到问题时并不愿意倾听，在这样的家庭中我-信息不起作用。道理很简单：如果你想让孩子听你的话（当你遇到问题的时候），那么孩子需要能感受到你通常也在听他们说话（当他们遇到问题的时候）。这是相互对等的，不偏不倚。你帮我搓背，我也帮你搓背。一切都是公平交换，只要你愿意。

一些家长完成P.E.T.课程学习后，认为他们有了一个新的武器，一个更有效的武器，可以让他们的孩子不再做那些一直给父母带来麻烦的事情。他们回家后就开始四处扔我-信息，然而扔完后就会纳闷为什么这些我-信息不管用。

我-信息必须被看作是一种直接的求助，比如，"这么大的声音让我没办法好好看电视，我真的很想看这个节目。"这样的我-信息是在询问孩子是否愿意帮助你。现在想想看，一个孩子遇到问题的时候，如果习惯听到你的回应是命令、威胁、说教、评判、解释或者其他绊脚石，那么在你遇到困难的时候，他或她是不太可能有心情反过来帮助你的。这也许可以解释为什么在

P.E.T. 课程中我们会先教大家学会积极倾听。我们希望父母在面质孩子，或期望孩子听他们说话之前，先成为有效的倾听者。

◆ **你的我–信息有多强烈？**

我–信息对一些父母来说不管用，是因为他们发送的信息在某种意义上力量太弱了，没办法很好地传递到孩子那里。有一个古老的笑话，讲的是一个人把一头骡子高价卖给他的朋友，声称那头骡子受过特别良好的训练，而且很听话。几周后，他的朋友把那头骡子送回来了，抱怨说它对他的任何命令都不理睬。骡子的前主人拿起一根大棍子，在骡子头上打了一下，说："驾！"骡子马上开始走了。"对不起，"前主人说着，把棍子递了过来，"我忘了告诉你，你得先引起它的注意。"

在某些情况下，要想让我–信息发挥作用，你必须首先引起孩子的注意。当然，不是在他头上打一拳，而是要发送一个语气足够强烈的我–信息来对他产生影响。有些父母很难让他们的我–信息与他们的情感强度相匹配。他们发送一条弱化了的我–信息，轻描淡写就像"没打到靶心"，结果就是：孩子无动于衷。下面这位母亲，丈夫是随军牧师，他们有3个孩子，她谈到了自己习惯性的弱化表达：

"特别让我感到困扰的是我会弱化表达我–信息。我的P.E.T. 老师鼓励我要更加坚定，但当时我想，如果我那样做了，我就会伤害我的孩子或丈夫。我认为如果我太强势，就会侵犯到他们的权利。课堂上的练习帮助我尝试发送更强烈的我–信息，而且我发现他们并不会因此受到伤害。"

另一位家长担心我–信息会让她的孩子感到内疚：

"我对我–信息的了解让我觉得它们可能会让一个孩子产生很多负罪感。我 信息能让你产生强烈的无所不能的感觉，而这样的你会给别人制造内疚或不开心的感受。"

这些家长的担心有道理吗？我并不这么认为。除非父母走向另一个极端开始夸大表达，就是"打过头了"——冲着孩子发送充满强烈愤怒的我–信息，在他面前狂轰滥炸。（还记得我说过，愤怒是一种带惩罚性的你–信息吗？）

显然，最有效的我-信息是真正符合父母所体验到的感受的——既不弱化也不夸大。如果你的孩子把衣服扔在外面让你感觉心烦，你就说"我很心烦"而不是说"我气死了"。但是，如果你6岁的孩子把一把锋利的刀放在小宝宝身边的地板上，而你看到这一幕时吓得要死，你就不要说："我有点担心……"相反，你应该发送一个与你当时情绪骤起心跳加速的状态更接近的信息，比如"我看到刀的时候，都快被吓死了，因为小宝宝可能划到自己，伤得很严重，这真的会让我非常难过"。

家长们经常会问："难道这样的信息不会让孩子感到内疚吗？"这个担忧确实也在情理之中。然而，关于内疚，我逐渐认识到有两种不同的类别。一种是类似这样的："我为我所做的事感到抱歉，因为它伤害了（或可能会伤害）另一个人。"这种内疚似乎是某种特定行为的自然结果。有些行为在某种意义上会产生负疚感——孩子感到抱歉是合乎逻辑的。假设我酒后开车撞伤了某人。我是真心希望自己会感到抱歉的——是的，就是内疚。

但是，通常来说，父母的信息会给孩子带来另一种负疚感，更像是这样的："我很坏，很邪恶，我有罪。"这些是你-信息所传递的严重的评判和强烈的羞辱，比如，"你这个孩子，简直是坏透了""你这是要把我活活逼死啊""你早就该知道了""我等着看，你这么对我，将来你自己的孩子也会这样对你的""老天会惩罚你的所作所为的"，等等，还有很多类似这样的信息。这些让孩子产生负疚感的信息会对他们产生毁灭性的影响，而且往往会持续很长一段时间。一条好的我-信息很少会产生后一种类型的内疚，因为它只会告诉孩子他的行为给你带来怎样的感受，而不是你如何评判他的行为。这个区别对孩子来说是很重要的。

◆ 换挡的重要性

我们能够理解，无论我-信息编写得有多好，没有人会喜欢听到别人给自己发我-信息。谁愿意发现自己的行为是别人不能接纳的呢？当你知道自己给所爱的人造成了麻烦时，你会感到很不舒服。所以即使是最好的我-信息往往也会引起接收者的防御性反应。对于孩子们来说尤其如此，他们中的大多数人更喜欢做自己想做的事，满足自己的需求，而不会遭到父母的反对。以下这位母亲对此心知肚明：

"他们想做自己想做的事，他们不在乎你正在做某事或你必须要做某事时的感受……你知道，他们不在乎——他们有自己的事情要做。"

所以，也就难怪父母们会发现，他们的我-信息会引发下面这样的反应：

"我不愿意。"

"这没碍着你什么事儿。"

"我才不管！无论如何我都要这么做。"

"电视声没你说得那么吵。"

"弄得一团糟的不是我，是苏珊。"

"你会不会尴尬，我不在乎。"

你给孩子发送了一条我-信息，而这条信息现在让他产生了困扰。你的我-信息打断了他正在做的事情，可以是任何一件满足他需求的事情。所以孩子在一定程度上必须处理你的我-信息。

在P.E.T.课堂上，我们跟家长强调，敏锐地倾听我-信息所引发的孩子的抵触情绪是多么重要。我们称之为"换挡"——从面质的立场转变为倾听的姿态。观察父母在以下事件中是如何做到这一点的：

母亲：外面很冷，如果不穿外套出去，你可能会生病，那么结果就是我们得去找布朗医生看病，要花很多钱。

孩子：不！我不会生病的。

母亲：你觉得自己不会生病。

孩子：是的，不会。

这位母亲告诉我们，就在这段对话之后，她的儿子立即跑去衣橱拿他的外套了。

换挡并不总是能产生这样立竿见影的效果，但在很多情况下，父母能够接收并承认孩子们对我-信息的反应，似乎对孩子们很有帮助。这里有一个悖论——事情似乎是，如果孩子们觉得父母能理解自己，知道要改变有多么难，他们反而就会更容易做出改变。

这种积极倾听的使用与当孩子遇到问题时作为协助手段的使用是截然不同的。当你在发送我-信息之后转换为积极倾听时，你的目的仅仅是为了减少孩子的抵触，以满足你自己的需求——这和想要帮助孩子是完全不同的！

◆ 带有解决方案的不是我-信息

一些父母认为他们自己在发送我-信息，而实际上他们是在告诉孩子他们必须做什么，以便让父母摆脱孩子不可接纳行为所造成的困扰。这种信息可以有不同的措辞，但看起来会像是一个命令，或者至少是一个非常强烈的建议或解决方案。

这样带解决方案的信息通常会产生改变的阻力（而不是改变的愿望）。人们不喜欢别人告诉他们该做什么。让我再说一遍，孩子也是人，跟父母一样，不管你是否相信！

一位母亲谈到了她习惯发送带解决方案的信息：

"关于我-信息，现在仔细想一想，我意识到我发送的其实并不是我-信息。我让孩子们知道我的感受以及我想让他们做什么，但后面这部分并不是我-信息该有的内容。比如，'我想让你穿这件，因为我不喜欢你穿现在的衣服去教堂。'……有一天，我把所有的孩子都叫到面前，因为桌子上堆满了他们的作业。我会说：'我想让你们进屋把桌子收拾干净。'"

跟上面的说法相比，更不容易引起孩子抵抗情绪的话可以这么说："桌子上铺满作业，我没法布置晚餐，而且我不想自己收拾这一摊。"这种我-信息不仅减少了孩子抵触的机会；而且它让孩子承担起属于自己的责任，主动帮助母亲解决问题。可以这么说，这给了孩子们一个赢得他人赞赏的机会。而发送带解决方案的信息将剥夺这个机会，因为父母明确地告诉孩子应该做什么。

◆ 求助于权力和权威

当一条我-信息不能产生想要的结果时，父母总是会面临诱惑想要动用家长权威。有些父母会屈服于这种诱惑，就像下面例子中5岁孩子凯里的母亲所描述的：

"对于我-信息,他根本不在乎。他提出了很多抗议。我说:'凯里,你在客厅里又蹦又跳大声尖叫,我真的听不见电视的声音了。真的很难听到电视的声音。'他说了声'哦',然后继续上蹿下跳。直到我说:'凯里,出去。'他就一溜烟跑了。"

尽管母亲的命令使凯里做出改变迅速离开了,但这很可能会让这个孩子以为,在听到我-信息时他根本不必改变自己的行为——只有在母亲生气地命令他改变行为时才需要。

有几位家长承认,当我-信息不管用时,他们会用武力把孩子推开或拽孩子的胳膊。这些家长在使用我-信息方面也普遍不成功。这不奇怪,因为在我-信息不成功后就诉诸家长权力,这种做法就等于对孩子说:"我遇到一个问题,希望你能够帮助我,但如果你不帮忙,我就会强迫你做到!"这种信息是没办法让孩子们产生体谅父母需求的意愿的,对吧?

给父母的一些关于我-信息的指南

(1)父母使用我-信息的有效性取决于整个亲子关系的质量。如果你在孩子拥有问题的时候多倾听他们,那么在你面对问题时,就会增加他们对你的信息做出建设性回应的可能性。提供协助的意愿必须是相互的——它不可能是单向的,即便有也不会持续太久。

(2)练习联结你的真实感受。如果你的我-信息表达的通常是愤怒,你可能不知道当你的孩子带给你困扰时你的真实感受。问问你自己:"我害怕什么?"因为在很多时候,你觉得不可接纳的行为在某种程度上都是让你感到威胁,要失去你所需要的东西。

(3)如果你不告诉孩子这种行为的明确具体影响,不要指望他们会改变他们的行为。给他们真正的理由,因为他们必须相信有一个好的和合乎逻辑的理由,告诉他们为什么应该改变他们的行为。要不然,他们有什么道理被期望改变呢?记住,一条好的我-信息有3个组成部分。

(4)不要期望每条我-信息都会起作用。就像你自己被朋友或配偶面质时，也不会每次都想改变自己的行为。

（5）不要认为你的孩子是脆弱的，容易受伤的。如果你的我-信息不是伪装的你-信息，你可以如实表达你感受到的强烈情绪，而不用担心会对你孩子的心灵造成永久性的伤害。

（6）如果第一条我-信息不起作用，你可以尝试再发第二条，可以更强烈，更符合你被忽视时的感受。

（7）当你面质孩子时，注意多观察，因为他们通常会被激发起抵触情绪，这时候你要换挡到积极倾听。之后你可能需要发送另一条我-信息。

（8）告诉你的孩子，他们为什么会给你带来麻烦，而不是他们应该怎么解决问题。给他们一个帮助你的机会。

（9）我-信息是一种不使用权力而让自己的需求获得满足的方法，所以在发送我-信息之后不要用命令、武力、威胁或惩罚等方式来强制执行，这样反而与我-信息这个强大工具的效果背道而驰。

第 7 章

父母如何通过我-信息受益,改善家庭生活

当父母开始在家庭中使用我-信息时,他们会通过各种方式得到回报。我-信息不仅给孩子带来了行为上的调整,也促进了父母的改变。有些父母变得更有勇气去解决复杂的问题,还有些父母开始认识到他们的需求也很重要。许多父母都表示,他们会更频繁地站出来为自己的权利而争取,同时他们对孩子内心的想法和感受有了更好的理解。许多父母通过使用我-信息大大减少了跟家人的唠叨和分歧。还有父母告诉我们,他们变得更加开放和诚实,不仅是对他们的孩子,对自己的配偶和朋友也是如此。

许多父母还惊讶地发现,一旦孩子被告知他们的父母受到伤害了,他们往往就会表现出帮助父母的意愿。当孩子们知道自己给父母造成了麻烦之后,他们那种找到富有创造性的、适合的解决方法的能力也让父母感到惊喜。

在这一章中,家长们讲述了自己从我-信息中受益的故事,描述了他们如何在我-信息中坚定自己的信心以及在这个过程中获得的丰厚回报。

一个易上手的工具

我们的访谈给我们提供了强有力的证据,证明对于大多数父母来说,学习使用有效的我-信息比学习积极倾听技巧更容易。一位家长将此归因于我-信息的3部分公式(行为、感受、具体影响):

"它确实给了你一个工具——非常基本的工具。我-信息就像一个句式,它的框架非常详细,你去填空就可以了。因为我-信息的3个部分就列在那里，非常清晰，我不需要特别动脑筋，只需跟着去做。所以无论在什么情形下，我都可以用'当……的时候'来开头，然后瞬间后面的信息就都出来了。"

另一位家长解释了类似的经历：

"我-信息是P.E.T.课程中最容易应用的东西。老师教给我们这3个部分……对我来说，将这些部分组合起来形成一个句子要比积极倾听容易得多。我-信息似乎很容易编写，只需要考虑这3个组成部分。"

对下面这位母亲来说，我-信息给了她更多勇气来介入并处理问题：

"我觉得它给了我某种工具，让我有勇气介入并处理我觉得不对的事情。尽管我并不总是能把我-信息说好，但至少我现在可以尝试了。"

"它真的有用！"

这么多父母发现我-信息容易学习，也许另一个原因是他们一开始就及时体验到了发送一条简单的我-信息会产生怎样惊人的效果。这些初期的成功无疑鼓励了父母在以后的情境中继续使用我-信息。

两岁半的孩子凯伊，他不愿意去睡觉。下面是他的母亲跟我们叙述的故事：

"一天晚上，我已经筋疲力尽了，凯伊还很闹腾。她不肯睡觉，就是哭，不愿躺下。她在房间里歇斯底里地哭闹。我把能做的都试了一遍。我开始只是对她说：'来吧，凯伊，该睡觉了，你现在去睡觉吧。好了，现在很晚了，去睡觉吧，没什么好担心的。'可她还是一直哭，我对她的不满情绪也开始飙升。'是的，你现在就要去睡觉；不，你不能去玩！'我拔高了音量，打了她的屁股一下，说：'你要去睡觉，就现在——我已经受够了！'但这并没有奏效。她还在哭。我好绝望，不知道现在该怎么办。然后我想到了，让我们试试P.E.T.吧。于是我走进去，跟她一起坐在床上，轻轻抱着她——但我没有把她从床上抱起来。我说：'爸爸和我在一起的时间不多，我一天的大部分时间都陪着你。我想花点儿时间和爸爸在一起。我们需要在晚上放松一下，聊聊天。有时我们也喜欢早点睡觉。但如果你哭，我们就没法去睡觉。'她说：'好的，妈妈。'这就结束了。我简直不敢相信！虽然她没有马上入睡，但她没有再哭，也没有再发脾气。"

下面是一位父亲在采访中提醒他的妻子，她曾经发送成功的我-信息的故事：

"一天晚上，你告诉大家晚饭准备好了，但没有人来。所以你发送了一条很好的我-信息：'我花了这么多时间准备一顿美味的晚餐，而现在我很沮丧，因为食物都快变凉了，这真的让我很难受。'这条信息清楚地表达了你的意思，而且我觉得听起来真的很自然，能够让我们有所动作——看着孩子们的反应就很有意思。他们明白了她担心的理由，就都来吃饭了。我记得我那时暗暗希望自己也能发送这样的我-信息。她使用我-信息的次数比她自己意识到的还要多。"

一位母亲还在学习P.E.T.的课程中，就有了一次关于我-信息的成功经历：

"在我们开始上P.E.T.课学习我-信息之后不久，我就有机会促成一个我本以为已经不可能发生的改变，而这种改变其实是我一直以来所期待的。我有5个孩子，平时诸事缠身，通常都是为了孩子们奔忙，所以当带孩子出门车里喧闹声不断时，我会感到特别心烦意乱。一个特别艰难的时刻正好发生在我们开车送9岁的孩子去唱诗班练习的路上。我们的教堂离我家有几英里远，要穿过一个商业区和几个校区，而且正好是在下午晚高峰的时候。像大多数母亲一样，我经常大声地呵斥孩子，有时还会骂他们，但这些做法显然只会让事态更加混乱。某一天，那是个值得纪念的日子，我决定表达我真实的感受，而不是大喊大叫。我把车停在路边，熄了火，把车钥匙拔了下来。我们就坐在那里——孩子们刚开始一阵沉默，都不说话，过了一会儿才开始发问。我平静地解释说：'我刚才开车的时候很害怕！车里所有的噪声和动作都让我很紧张，我不敢开车。我真的很害怕我们会出事故，所以我打算冷静一下再开车。'不用说你们都知道，车里很快就平静了，而且一直持续了整个车程。现在，当孩子们太吵闹让我无法安全驾驶时，我就会把车停下，什么都不用说奇迹就会重现。我创造了一个'非语言的我-信息'，连我们最小的宝宝都知道我那么做是在说什么！"

许多家庭都存在的一个共同问题，下面这位母亲通过发送一条优质的我-信息成功地解决了：

"我-信息非常有效。我知道是这样。它会让一个孩子停下来的，我见证过这种情况。如果我直接下命令，它们通常会被公然无视。但如果我给出一条由3部分组成的我-信息，它通常会起作用。例如，'准备晚饭的时候，我不希望在水槽里看见脏盘子，因为那样的话，我必须亲自动手洗盘子。然后，我准备晚饭的时间就被耽误了。这让我很生气'。第二天脏盘子就被放进了洗碗机，但这只持续了两天。"

如果孩子两天之后忘记了，这位家长就得再发一条我-信息来提醒，这种情况并不罕见，尤其是对年纪较小的孩子。他们就是很容易忘记。

对你-信息有了觉察

在学习了我-信息之后，父母们对你-信息的使用变得非常警醒。许多父母都汇报了这种越来越明显的自我意识。

我们采访一位家长时，问到他第一次尝试我-信息时是怎样的。

这位家长大笑道："哦，这么说吧，它们更多的是以我开头的你-信息，比如'我不喜欢清理吧台，所以你来清理它。'"

这位家长还描述了这样一件事：

"我儿子在学开车。我们一起去度假小屋，他开得太快了，我说：'你开得太快了，你开得太快了。'当然，他的抵触情绪就上来了：'哪儿有？我开得一点儿都不快。'然后我想：'哦，不该这么说！'所以车子继续往前时，我说：'车开得太快时，我感到非常紧张，我害怕我们可能会出交通事故，或者另一辆车可能会撞到我们。'这时他放慢了速度——他理解了我为什么感到紧张。"

下面这位父亲，当女儿给他发送你-信息时，他会更加敏锐地意识到这样的信息给他带来的负面情绪：

"我刚刚参加了一场考试，还在复习中，对结果不太满意。于是，我把试卷递给我女儿简看。她坐在那儿，看着卷子说：'第二题你不应该做错'，又说'第六题你错得没有道理'。每次她一说'你'，我的肚子就好像被踢了一脚。我觉得自己好像都要被踩到地缝里去了，我感到很伤心，然后就衍生出后面的情绪——愤怒。我差一点就脱口而出说'该死！'，当时真想用拳头狠狠地砸一下桌子，然后离开房间，但我并没有这么做。我说的是：'亲爱的，这有点不对劲。每次你说话，我都觉得肚子被踢了一脚。'我妻子非常惊讶，她放下报纸，抬起头说：'真的是这样？'然后我们分析了当时的情况，发现了一些我们之前已经知道的事情——你-信息是带有评判意味的，就好像她凌驾于我之上，居高临下地对我发出训示，不断地打击我。"

后来这位父亲谈到，他意识到了自己的你-信息是如何给他11岁的女儿玛吉带来焦虑的：

"玛吉很难赶上校车，也几乎记不住带午饭。所以，有一天早上，我起床后开始跟在她后头催，像个魔鬼似的：'做这个，做这个，做这个，你做这个，你做这个，你还剩5分钟。'就这样催、催、催——结果孩子越来越焦虑，她不能集中精神做事，最后也没赶上校车。所以有一天我对自己说：'我现在是已经把自己逼上了树，然后还要把她逼上墙。'所以我决定改变……我曾经和儿子一起坐在餐桌前，给他发过这样的你-信息：'如果你不小心的话，你会打翻你的牛奶的。'然后，他真的打翻了！你给孩子灌输了多少焦虑，他们内心就会滋生出多少焦虑与之匹配，而我说的话直接把他带到了失败的境地。"

因此，家长在P.E.T. 学习中不仅收获了一项新技能，用我-信息表达，而且当他们退回到使用你-信息的时候会变得更加警醒。在学习新的沟通方式的同时，必须得摒弃一些旧习惯。

"孩子们其实愿意来帮忙"

对于那些习惯于看到自己的孩子抵制或无视父母的命令、威胁以及其他影响形式的父母来说，看到孩子们对一条优质的我-信息有这么不同的反应，会让他们感到震惊。父母们亲眼看到孩子的反应表现出他们真的关心父母的需要和感受。一对父母谈到他们年幼的儿子杰克产生了这样的变化：

父亲：昨晚我和一个朋友聊天，杰克正在另一个房间里敲打一个罐子。我听不清说话声，就是听不见。我周围没有门可以关上隔音，所以我让朋友等一下。然后我去找杰克说："我非常沮丧和生气，因为我真的很想和迪克说话，而你现在正在敲罐子，我听不到他的声音。"他停了下来。你知道吗，他说："好的。"……谈话结束后，我回去告诉他我不用再讲电话了，所以他现在可以敲罐子了。

采访者：那件事让你感受如何？

父亲：这太棒了！

母亲：嗯，感觉孩子也很尊重我们……他会及时地停下来，这让我感觉很好，觉得他爱我、尊重我。

另一位家长回忆起曾给她12岁的女儿凯茜发过一条很好的我-信息，母亲的需求是在自己晚上教完课回来前，女儿把屋子整理干净。

"在发送我-信息之后过了很长一段时间，她什么也没说，这对她来说很不寻常。最后她终于说：'我之前不知道你需要我来做那件事。'"

和凯茜一样，孩子们通常不被告知他们的父母需要什么。相反，他们会被告知必须做什么，应该做什么，或者最好做什么。

我-信息的威力来自这样一个事实：一条由3部分组成的优质的我-信息是从发送者的角度承认他遇到了问题，然后加上一个隐含的求助来解决这个问题。在所有的人际关系中，这种信息都承载着很人的分量——当一个朋友倾诉他遇到问题时，大多数人通常都愿意倾听。但如果那个朋友发送了责备的信息，然后加上"必须""应该"或"当然要"，大多数人就会产生抵触情绪，奋起反抗。没有人喜欢被人指挥做什么，包括所有大大小小的孩子。在接下来的案例中，请注意这个7岁男孩对他父亲发送的我-信息的反应：

"我的儿子那时7岁，已经养成了从铺着地毯的楼梯往下滑的习惯。我动用了家长的权力——所有的做法，包括打屁股。我需要制止这种行为，当时我把我-信息什么的都已经忘到脑后去了。有一天，当他再次从楼梯上滑下来时，我想起了我-信息，于是说：'马克，当你这么躺着滑下楼梯时，我非常恼火，因为我担心楼梯上的地毯会被扯下来，这样大厅这块就会看起来一团糟。'马克转向我，说得特别简单：'我不知道你有这种感觉。'从那天起，他再也没有从楼梯上滑下来。"

我读到一位祖母写的下面这个案例，当听到孩子的回答时，我不禁热泪盈眶：

"最近，我11岁的孙子来看我们，陪我们两口子一起去教堂，我们坐在前排的长凳上。他不断地把手举过头顶，我特别担心他会干扰到我们身后的人。所以我给他写了这条信息：'当我看到你把手举过头顶时，我觉得你打扰了我们身后的人，这让我觉得很尴尬。'他回了信息说：'对不起，奶奶。'然后他把手伸到前面而不是头顶上。后来，他在教堂的纸上画画，他给我写了一张字条：'奶奶，我在纸上写写画画，会让你感到尴尬吗？'看到这个，我回复他说：'当然不会，你能和我们一起坐在教堂里，我很高兴。'"

我现在清楚地看到，我们以前严重低估了孩子取悦他人的渴望和意愿。他们其实很愿意帮助他们的父母。他们确实想为父母做出贡献，让他们的生活更加愉快。而当他们能够做到的时候，他们感到很开心。父母从前低估了孩子们帮助别人的意愿，因为他们向孩子传达的信息很少表示出他们需要帮助。而且这些信息很少会给孩子机会自己去做一些对别人有帮助的事情。

孩子们的创新方案

当父母发送合格的我-信息，里边不带有解决方案——比如，你必须做这个，你应该做这个，你为什么不做这个——这就允许孩子们想出他们自己的方案来帮助解决父母的问题。而那些解决方案往往具有惊人的独创性，往往是他们的父母想不到的。即使是两三岁的孩子也能想出不寻常的解决办法，就像下面这个发生在一位母亲和3岁的孩子马克身上的故事一样。马克害怕很多东西，这让他无法入睡。所以他经常走进父母的卧室，把他们叫醒：

"他曾表达过对房间里某些东西的恐惧。他白天喜欢怪物，可到了晚上就会害怕。他甚至会被我们在万圣节时画的怪物或纸骷髅吓到。他以前常常跑来我们房间睡在我们的床上。我们说：'马克，你知道的，如果你能睡在自己床上，我们会很感激的，因为我们真的需要好好睡觉。你进来把我们叫醒的话，第二天我们就会很累，变得很烦躁。'说了10次他都无动于衷，但最后他终于还是回应了。他害怕的时候会从床上爬起来，播放他的唱片机。然后我们告诉他，唱片机播放的时候也会吵醒我们……然后，他真是太可爱了——他就只是把唱片机打开，听它转动的嗡嗡声。这就让他得到足够的安慰了。大多数时候我们都睡着了听不到那个嗡嗡声。"

一位父亲给我们讲了另一个极具创造力的解决办法，是他儿子加里在毁坏了父亲新种植的草坪后想出的方案：

"我回到家，发现加里的街头曲棍球网超出了车道边缘，就在我新种下的草地中间。草地刚刚冒芽，上面却铺满了脚印。我给他发了一条很强烈的我-信息，说看到新长出来的草被糟蹋了，我是多么难受，因为我不想花时间和精力去重新种植它。他咕哝了一声表示知道了，然后继续做他的事情——看电视。几天后，我回到家，发现有四五个邻居男孩和我儿子正在比赛曲棍球。这次球网固定在车道上，我注意到男孩们不是踩在草地上，而是跳着跨过草地。我问孩子们怎么回事，其中一个男孩站出来说：'我们说好，在草地上每留下一个脚印，就要被罚一个球。'我一直不知道这个方法是如何产生的，但它很有效，这是我自己永远都想不到的。"

孩子们在出谋划策时都很有创造力，因为他们有强烈的需求去做他们想做的事。你几乎可以看到他们的小脑袋在努力转动寻找解决方案，既能满足父母的需要，又不会阻止他们做自己想做的事情。也许这就是蒂姆在下面这个案例中做事的动力。

她是我们P.E.T.课上的一位年轻的母亲，某天她正在擦拭立体音响，准备迎接客人。那天下午，她的两个儿子（一个7岁，一个4岁）想播放他们的唱片，但她担心刚擦好的音响上会印上指纹。她没有直接说："要放唱片让我来。"而是发了一条我-信息："你们打开盖子时，我担心会印上指纹，这样在客人来之前我还得再擦拭一遍。"她7岁的儿子蒂姆想出了他自己的创新办法：他小心翼翼地将套头衫袖子拉长盖住手，然后打开音响，这样果然没有留下任何印痕。

值得重申的是：当孩子有机会施展自己能力的时候，我们往往低估了他们！

"诚实的感觉真好"

当父母开始发送我-信息的时候，他们不仅注意到了孩子的变化，他们自身也经历了重大的改变。我听到不同的词汇来形容这一变化，似乎所有的都在表达一个意思，就是变得更加诚实：

"我不必再假装喜欢和我还没上学的孩子一起玩了。"
"我不再是优柔寡断的了。"
"我变得更言行一致了。"
"我变得更加坦率了"。
"我-信息让我跟别人坦诚相待。"

显然，一种古老的说法"你做怎样的事，就会成为怎样的人"在这里也适用。通过使用一种新的沟通方式，父母们开始感受到他们用我-信息与他人交流时那种发自内心的真诚。我-信息技巧为父母提供了一个联结真实情感的通道，你-信息则完全是反向的。

我们的采访证明，P.E.T. 提供的培训，不仅能让父母变得更自信，还能让他们变得更真诚，就像这位母亲表达的：

"在我看来，在学习P.E.T.之前，我必须扮演某个特定的角色——以某种特定的方式。我现在不认为我必须再那样了。我可以自由做我自己。也许有风险，我可能不能继续被爱、被接纳了，但就算不能，也没关系……这让我丈夫也变得更开放，更愿意跟我谈论事情，而不是刻意地压抑自己的感情……所有要做的事就是发送一条真实的我-信息来表达你的感受……我觉得现在可以对别人说：'我没时间做这个或者我现在做不了。'"

另一位家长——一位父亲，讲述了他是如何改变的：

"现在好多了，因为我觉得我们都不再会许下那些无法兑现的承诺了。这真的让我松了一口气……如果做不到，我们就告诉他们：'不行，也许明天吧，但现在我有更紧迫的事情要做。'"

一位母亲谈到她和丈夫在成长过程中是如何压抑自己的真实感情的：

"接受负面情绪一直是我们最大的困难之一，我们长大的家庭都不接纳这种情绪。我的意思是，我们都被教育应该快乐，对所有事情都应感兴趣，应喜欢工作。那时我们认为，感到无聊或沮丧就是一种糟糕的方式。我觉得通过这个课程，我越来越意识到产生那些负面情绪是可以的，这真的很棒。"

另一位家长觉得我-信息的概念让他获得了"解放"：

"我认为这是一种解放……我能够表达我的感受，不会因为被认为太自我或类似的事情而感到内疚。我认为这也有助于我向孩子们自由传达那些信息。"

我-信息也有宣泄的作用：它们帮助父母疏解他们的情绪，而不是憋在心里，就像这位家长所描述的：

"通过发送我-信息，你不必压抑自己的情感。你已经表达了你的感受，而且你知道有人听到了。不管他们会不会对此采取行动，问题似乎都不再那么严重了。"

当父母用另一种说法来替代通常带有责备或贬低的你-信息时，他们发现与他人坦诚相待变得更容易了。这是因为我-信息没有责备和惩罚的意味，更不容易伤害到对方或破坏彼此的关系。两种说法："我太累了，不想再打扫客厅了"和"你太马虎了，一点都不体谅别人"，很显然，跟别人表达时，前者比后者更安全。一位母亲在以下摘录中阐述了这一点：

"我过去也会表达自己的感受，但我会伪装它们来保护自己……我总是担心别人的感受——担心这会对他们产生怎样的影响。现在我想我把关注点放回自己身上了……因为我没能真实地表达自己的感受，这让我内心累积了许多怨恨。而表达我-信息的公式（3部分）帮助我以积极的方式表达消极的感受，从而避免伤害他人。"

所以，我们从P.E.T.课堂的毕业生那里了解到，我-信息不仅会影响孩子改变他们的行为，也会对父母产生深远的影响。他们开始接纳自己的感受——即使是消极的感受；他们觉得诚实地分享这些感受变得更容易；在与他人的关系中，他们获得了更大的自由去做自己。而之前大多数专业人士一直相信，这种结果只有在大量心理治疗后才会出现——当然不可能从一个24小时的父母培训课程中获得。

父母如何处理他们的愤怒

几乎每个父母都会时不时地生孩子的气。但有些父母给人的印象是，愤怒是他们唯一能体验到的情绪，因为他们的面质信息几乎总是以愤怒的形式表达出来。你应该记得，我们教过家长，**愤怒通常是一种次要感受，是紧跟着某种主要感受而来的，这种最初的主要感受可能是恐惧、伤心、尴尬等。**而且父母只要能联结到他们的主要感受，他们就不需要"变得"愤怒。

这在实践中行得通吗？P.E.T.家长们发现他们自己愤怒的次数变少了吗？我们的研究表明有些人愤怒的频次减少了，但同时也显示有些人会继续发送愤怒的信息。

在以下摘录中，一位母亲，也是军医的妻子，带着3个孩子住在加利福尼亚州的一个军事基地，描述了她是如何成功地使用P.E.T.模型的：

"星期六下午，托尼骑自行车去看演出，他应该在5：30以前回家。这时天开始下雨了。所以我等着他。到了5：30，天已经黑了，下着瓢泼大雨；快到6点钟了，他还没回家。我真的很生气，但我也很害怕，担心他发生了什么可怕的事情。我该怎么办呢？最后，他大约在六点一刻的时候回到家，我对他说的第一句话是：'哇，我真的很担心！发生什么事了吗？'他说：'哦，没有，妈妈。我们当时正在学校里等雨停，后来我们觉得雨一时半会儿停不下来，于是就决定回家了。'……在学习P.E.T.之前，遇到这种情况我估计只剩大发雷霆了。我不知道是否会意识到自己很害怕，但我以前从来没有表达过我害怕他会发生什么事。我以前会说：'小伙子，你刚才在哪儿待着呢？'还会说：'下周六不许你再去看电影了！'"

另一位家长改变了她处理愤怒的方式：

"当我生我丈夫气的时候，他会问：'怎么了？'然后我会说：'哦，没什么。'但我在P.E.T.课上学到的一件事很有帮助，那就是在愤怒之下其实掩盖了某种更深层次的情感，比如沮丧或恐惧……在我上了P.E.T.课之后，我学会了去探寻被愤怒掩盖的感受，试着找出愤怒从何而来。通常我的愤怒都是因为从早到晚都被不断地打扰——各种电话、孩子们的各种状况——我整天都在努力想要完成自己当天的目标，而这种境况让我感到很沮丧。"

有些家长发现，在类似下面这样的案例中，涉及青少年看电影回家晚了这样的事件，要停止发送愤怒的信息更加有难度：

"凌晨1点过10分，听到车门'砰'的一声关上了，我的第一感觉是：'他回来了，我总算松了一口气。'可是我们没有睡觉，等他进了卧室，我们都气急败坏的。我们只是训斥他，抱怨他是多么不懂事，他应该打电话给我们，他是多么让我们担心。他只说了句'嗯，我很抱歉'，就转身下楼去了。然后我们听到他的房门'砰'的一声关上了。我丈夫喊道'晚安'，然后他又狠狠摔了一下门。我躺在那里睡不着，因为我对他很生气。我知道，我们搞砸了。但事实上，我们知道我们搞砸了，这也为时不晚，因为第二天早上，我们鼓励他跟我们聊聊电影，而对前一天晚上的事只字不提。我们没有再提这件事，没有再拿这件事来烦他。"

有些家长的愤怒信息并没有遭遇任何抵抗或怨恨的迹象：

"我感到有些心烦意乱，而孩子们在旁边跑进跑出的，我觉得这真是太无聊了。所以我就直接告诉他们：'我现在感到非常生气和不耐烦，我不想说话，不想给每个人什么果汁，我只想一个人待着。'他们只是看着我说：'好吧，我们去楼上玩。'这一切看起来很简单——太棒了！"

虽然这位母亲确实给出了一些理由（比如想要一个人待着），但很明显，愤怒信息并非一定会导致孩子摔门或自尊心受损。而且愤怒的信息往往还会产生一定的效果。事实上，对父母来说，感到愤怒并把它表达出来，可能比把愤怒藏在心里，然后对孩子心生怨恨要健康得多。

即使父母的我-信息一开始发出的是愤怒，之后再切换到主要感受也还为时不晚。至少这会让孩子知道你有生气的理由。

但是，如果你每天都听到自己在发愤怒的信息，那么很有可能你并没有联结到真正困扰你的东西。也许你可以问问自己：

"我内心深处的感受是什么？"

"我有什么需求没有得到满足？"

"为什么我不能成为一个更快乐的人？"

"到底是什么在困扰我？"

你可能会发现，你不是因为孩子们做了什么而生气，而是因为你没有做什么而生气——是因你自己而生气！

第 8 章

我-信息的新应用

从P.E.T.课堂以及毕业的家长那里收集的数据中，我们获得了一些关于在家庭中使用我-信息的新的想法和见解。虽然一开始我们只是把我-信息作为一种影响孩子改变不可接纳行为的说话方式来教给大家，但如今我-信息的概念已经得到了极大的扩展。我们现在知道，我-信息甚至可以用在婴幼儿身上，即使他们还太小听不懂大人说话。此外，我们发现我-信息还有个重要的用途，当父母特别接纳孩子的行为时，可以用我-信息来表达父母的欣赏与感激。

最后，通过与琳达·亚当斯（Linda Adams）的讨论，我对我-信息的思考得到了极大的扩展。琳达是我们聘请的一名顾问，负责设计一门名为"女性效能训练"（Effectiveness Training for Women）的新课程。她向我介绍了关于坚定表达"我想要"或"我需要"的概念，以防止未来出现不可接纳的行为。

在这一章中，我将解释和说明这些新的观点和应用。

对婴幼儿使用我-信息

因为我-信息是口头表达的，所以可以理解为什么大多数读过第一本P.E.T.书或者参加过P.E.T.课程的家长，把他们的我-信息发送对象限定在能够理解语言信息的孩子身上。

但我们现在有了更多的理解。确实，还不会说话的孩子不能理解通常意义的我-信息，所以这里提出了一种特殊的情况。然而，只要采取正确的方法，婴幼儿的不可接纳行为也是可以很容易改变的。父母可以从以下3种不同的方法中选择。

1. 猜谜游戏

芭芭拉6个月大，半夜开始大声哭闹。她的父母被她的哭声吵醒，当然，孩子此时的行为是他们不可接纳的。但是他们怎样才能让芭芭拉停止哭泣呢？很简单，他们开始猜测。找出她哭泣的原因，以便他们可以解决这个问题，这就像面对一个谜题：

也许她尿湿了，身上觉得冷。我们先检查一下。没有，尿布还是干的。那么，会不会是我们给她拍嗝还不够，让她觉得肚子里有气不舒服？让我们把她抱起来，开始拍嗝。又猜错了——芭芭拉没打嗝。不知道她是不是饿了。她的奶瓶里还有一些牛奶，但瓶子被推到了床那头。我们就再试下这个猜想，把奶瓶塞到她嘴里。成功！芭芭拉吮吸了几分钟就昏昏欲睡了。他们轻轻地把她放回婴儿床，她沉沉地睡着了。她的父母现在可以回去睡觉了，他们自己的需求也得到了满足。

当婴儿哭闹不止的时候，躁动不安、一直缠着父母的时候，无法入睡的时候，或者把食物扔一地的时候，父母就必须频繁对他们使用这种"试错法"。猜谜游戏之所以有效，是因为当婴儿做一些父母不能接纳的事情时都是有原因的——而且通常是一个非常合乎逻辑的原因。当父母开始玩猜谜游戏时，他们就不会再借助惩罚的手段了。

家长有时候觉得这个猜谜游戏很容易，有时候会觉得比较难。"如果一开始你没有成功，那就再试一次。"这句老话是我所知道的最完善的建议。父母可以变得相当擅长这个游戏，因为他们会越来越了解自己的孩子。父母们告诉我，他们最终学会了分辨孩子因为不同原因而哭泣之间的区别，有尿湿哭、饿哭，还有胀气哭。

猜谜游戏其实是一种我-信息。家长发现某些不可接纳行为（比如孩子半夜哭泣），就会采取行动，而不是发出口头的我-信息。这个行动本质上是一种非言语的我-信息：当婴儿哭的时候，你抱起她做些事情，好像在说："我再也受不了你哭了！"此时，你作为父母必须采取主动，而不是把责任留给婴儿来主动改变他哭泣的行为。很显然，婴儿无法自己去拿奶瓶。他也不会说："如果你递给我奶瓶，我就不哭了。"所以，父母势必要帮助孩子执行这个行动过程。因此，猜谜游戏是一种特殊的我-信息，**其中的解决方案由父母来提供**。

2. 我们做个交换吧

婴幼儿的不可接纳行为也可以通过交换来改变：用另一种父母可以接纳的行为来代替不可接纳的行为。

劳拉，你那一岁大的好奇宝宝，翻出了你的一双新尼龙长袜，她觉得拉扯袜子很好玩。你不能接纳这个行为，因为你害怕她会把袜子扯坏了。你走到抽屉那里拿出一双已经破了的、再也不能穿的旧袜子。你把这双旧袜子放在她的手上，轻轻地拿走了那双新的。劳拉不知道其中的区别，她发现这双破旧的袜子拉扯起来也一样好玩。她的需求得到了满足，你的也一样。

戴夫在沙发上跳来跳去，母亲担心他会把茶几上的台灯碰掉。于是，母亲很果断地把戴夫从沙发上轻轻抱下来，接着把沙发上的靠枕放到地上，然后和孩子一起在地面的靠枕上跳着玩耍。

雪莉，18个月大，她开始会爬到她爸爸的膝盖上玩，而某天晚上，这位爸爸正好穿着他新清洗的浅色西装。爸爸注意到雪莉的手上沾满了果酱和花生酱。爸爸轻轻握住雪莉的手让她先别动，自己立刻起身去浴室拿了一块湿毛巾，把她的手擦干净，然后把雪莉抱起来放在他的膝盖上。

交换也是一种特殊类型的我-信息。当我们想要表达"如果你手上有果酱，我不想让你坐在我的腿上"这一信息时，可以采用上述爸爸的做法：爸爸把雪莉的手擦干净，然后将她放在他的腿上。这就是用非语言信息表达："当你的手干净了，我愿意让你坐在我的腿上。"

当父母开始考虑通过交换来消除不可接纳行为时，他们就不会考虑使用权力——体罚、殴打、催逼或其他形式的惩罚。

3. "我会向你展示我的感受"

如果孩子太小还不能理解你用语言表达的感受，你可以试着向他们展示。同样，这也是一种非语言的我-信息，如下所述：

当爸爸抱着小托尼在超市的时候，他开始踢爸爸的肚子，每踢一下就笑。爸爸立刻把托尼放下来，然后继续往前走。（这里的信息是："被踢到肚子我会疼，所以我不想抱着你。"）

妈妈赶时间要开车走，但是朱迪就是磨磨蹭蹭不愿意上车。妈妈用手托着朱迪的臀部，轻轻地，但非常果断地引导她坐到前排座上。（这里的信息是："我需要你马上坐进来，因为我赶时间。"）

这种方法的关键是避免任何会对孩子造成惩罚或痛苦的行为。毕竟，你只想让他知道你的感受。而如果对孩子使用掌掴、敲打、捶击、推搡、拉扯、吼叫、掐捏——所有这些方法都不可避免地告诉孩子：他不好，他错了，他的需求不算什么，他有罪过，他理应受到惩罚。

一个新概念：表达感激的我–信息

在我的第一本书和P.E.T.课程中，我–信息几乎完全被视作一种面质孩子不可接纳行为的有效方法。许多家长对我–信息使用的这种限制感到困惑，他们敏锐地问道："当孩子的行为是可以接纳的时候，为什么不能用我–信息来传达你积极的感受或者感激之情呢？"大家的实践经历触动了我，也影响到许多P.E.T.讲师，促使我们认真考虑如何将这一想法融入P.E.T.模型中。

其实，对于发送包含正面评价的信息，我总是有些犹豫的。很大程度上是因为我坚信，表扬孩子往往带有操控性，有时甚至会破坏亲子关系。我的观点是这样的：

表扬孩子往往是父母出于某种动机，促使孩子做他们已经决定的或者他们认为的对孩子最好的事情。或者与此相对的，父母表扬孩子，希望孩子不要做他们认为不应该做的事情，而要重复父母表扬的那些"好"行为。

毫无疑问，心理学家已经在成千上万的人类和动物实验中证明，在某些行为发生后给予奖励会"强化"该行为——也就是说，增加该行为再次发生的概率。所以适当的奖励确实有用。我们每个人在生活中都会重复那些在过去给我们带来某种回报的行为。这是合乎逻辑的。我们一而再、再而三地做着一些事情，是因为在过去，它们以某种方式给了我们需要或想要的东西——我们得到了奖励。

表扬，当然是一种奖励。至少大多数人是这么认为的。那么，为什么不建立一套体系去表扬孩子的"好"行为呢？而且，既然我们也有证据表明惩罚能消除行为——减少行为重复的可能性，为什么不也惩罚孩子那些"坏"行为呢？只是惩罚并不是我在这里要讨论的。（关于这个我以后会详细阐述。）

在关于亲子如何相处的众多观念中，没有比要表扬孩子的"好"行为更根深蒂固的想法了。对许多家长来说，质疑这一原则实在是骇人听闻。因为大多数关于养育的书籍和文章都推荐表扬孩子；在学校里，大家都知道，表扬和其他奖励在几乎所有的教学理论中都占有至关重要的地位——它们不仅能强化教师在课堂上所认为的恰当行为，而且还能强化学生良好的学习习惯，针对问题给出正确的答案。

然而，那些用表扬（或其他形式的奖励）来塑造孩子行为习惯的父母，他们选择的这条道路却存在着陷阱。首先，要想表扬有效，就必须让孩子感受到这是一种奖励。但是在许多情况下，这种结果并未发生。如果父母表扬孩子做了父母认为"好"的事情，而孩子却并不这么认为，那么这种表扬通常会被孩子拒绝或否认。

吉米画了一幅他祖父的农舍的画。爸爸说："儿子，这是一幅很好的画。"可吉米对他的画非常不满意，于是回答说："我觉得它很糟糕。"爸爸接着说："不是啊——这幅画挺好的。"

这种交谈的潜在影响是：吉米要么认为他父亲的判断是错的，要么开始质疑自己的判断——很可能是后者。谁是正确的？这是一幅好作品还是一张糟糕的破画？如果吉米被灌输这是一幅好画的观点，那么想想他的父亲对吉米的认知标准做了什么。这会对吉米未来的生活产生影响吗？尤其是如果他将来要成为一个年轻的艺术家呢？当然你们也可以反过来试想一下，如果吉米仍然维持自己的高评价标准不受父亲影响，那么这件事又会演变成什么样子呢？

现在，让我们假设吉米也知道他的父亲有个强烈的需求，希望有一个善于绘画的儿子。如果是这样的话，父亲的赞扬可能会让吉米怀疑父亲是否诚实。吉米发现了父亲的意图，其实是让他能坚持画画（因为熟能生巧嘛），那么，此时吉米的回答很可能是："哦，爸爸，你这么说只是为了让我好受一点！你其实并不觉得这幅画好。"

如果我们大致翻译下，这条信息表达的意思其实是这样的："爸爸，你不诚实，我看穿了你表扬的目的。"那么，这个交谈会对父子关系产生什么影响呢？

表扬还会引发另一个问题。女儿简渴望成为网球冠军，她第一次参加锦标赛，但在半决赛中失败了。母亲全程都在关注这场比赛，可想而知，她很想安慰女儿，于是她对女儿说："简，你这场比赛打得不错。"简听了，几乎快哭出来，她知道自己打得不好，于是生气地回答："我打得不好，感觉糟透了！我本来应该可以赢的。"然后母亲只好说："亲爱的，你已经尽力了。"

这种表扬的一个可能的后果是，简会觉得她的母亲不理解自己在失败后有多么失望。母亲对简明显的伤心视而不见，也否认了简对自己打得不好的评价。因此，尽管母亲的本意是想用表扬来宽慰和安抚女儿，但她却错过了一次表达同理的机会。其实，母亲完全可以这样回答："你觉得自己打得不好，没有赢球你感到非常失望。"

父母错误地认为孩子（以及其他所有人）总是喜欢被表扬。事实并非如此！被表扬的人往往会感到不舒服或尴尬，尤其是当有朋友在场时。你是不是见过一个孩子在受到表扬时反而会低下头、不停地蹭脚丫子或用手捂着脸？当孩子不认可别人的表扬时常常会出现这种情绪上的不适反应：

（1）**父母**：你有一头可爱的红头发。
  孩子：我讨厌红头发！
（2）**父母**：你就要变成棒棒的游泳小健将啦。
  孩子：我连劳丽的一半都不如。
（3）**父母**：你为我们做的早餐简直太棒了。
  孩子：才不是——我把鸡蛋给煮老了。

表扬还会产生另一个麻烦的副作用——它会让被表扬的人觉得自己不如对方，低他一等。会出现这样的情况是因为表扬是一种评判，而评判的行为通常意味着评价者比被评价者知道得更多。因此,当一个人受到表扬时,他可能会感觉被施舍了恩惠——顾名思义,就是"对方以一种优越感对待自己"。

如果我对另一个人的成就做出评价,那就意味着我足够专业,知道评判这种表现的标准——也就是说,我知道对那种活动来说什么是好的,什么是不好的——艺术、音乐、写作或者一些体育活动。我通过做出评判来确立我的优越感。我们很少有人喜欢被人施舍恩惠。你还记得吗?孩子也是人,跟我们一样。

近年来,我们的一些P.E.T.讲师在课程中引入了一种可供家长使用的替代表扬的方法,这种方法可以大大减少因表扬而产生负面影响的风险。

人们很自然地会问:"如果我-信息能更有效地激励孩子改变父母不接纳的行为,那么它是否也能更有效地表达积极的感受——欣赏、愉悦、感恩、放松、感谢和幸福?"

通常父母表扬孩子的时候,几乎无一例外地会发出一个你-信息:

"你真是个好孩子!"

"你干得好!"

"你在饭店表现得很好!"

"你在学校的表现好多了!"

在我们的沟通过程图中,我们可以展示一位正在经历积极感受的家长:

对于这种感受的准确编码显然应该是一条我-信息,而不是你-信息:

一条完整的由3部分组成的我–信息包括孩子的行为、父母的感受和对父母的明确影响。假设孩子下午放学回家，做了点心后把厨房打扫干净，让父母很惊喜。父母的我–信息可能是这样的："当我开始准备晚餐的时候，看见厨房被打扫得干干净净，我很感激，因为这样我就不用花时间自己收拾了。"

下面是一些表达肯定的我–信息的例子：

你8岁的女儿打电话告诉你，她放学后在朋友家待一会儿。	"你让我知道你的去向，这样我就放心了，不然我会担心你。"
你12岁的儿子开始每天洗头。	"你的头发每天都很干净，我看到你就很开心。"
你6岁的儿子在你赶时间的时候过来帮忙摆桌子。	"今晚有你帮忙我真的很高兴，要不然晚饭就会推迟，而我就会错过想看的电视节目了。"

下面这位母亲描述了她发送我–信息表达感谢的两种情况：

"现在，当卡罗琳早上自己穿衣服的时候，我会对她说：'哇，你自己穿戴整齐我感觉好棒呀，因为这样我们就有更多的时间聊聊天，一起开心地玩了。'然后她就会绽开一个笑容。"

"今天我们在一个朋友家开复活节派对。在我们离开之前，卡罗琳一个人把所有的复活节篮子和东西都收了起来，放在一个纸袋里，然后拿给我。那一刻，你知道的，我被深深打动了！我说：'你知道吗？你为我节省了很多时间，因为我本来以为我要自己把它们都收起来。我太高兴了——你简直帮了我大忙了！'她听了也乐开了花。"

请注意，这位母亲的信息是以"我"为导向的。她没有对卡罗琳做出评价。那么，这样的信息是否仍然会被卡罗琳解读为操纵和控制——母亲是否在试图"强化"她的"好"行为？我认为没有，因为有两个前提条件：

（1）父母并没有下意识地试图利用这些信息来影响孩子重复他们想要的行为（来改变孩子将来的行为）。

（2）这条信息只是一种沟通工具，用来交流一种发自内心的当下的感受——也就是说，这种感受是真实的，就在此时此地。

我们将这一新概念加入P.E.T.模式中，这样父母在由衷感到感激之情时也有方法可以分享他们的积极感受，从而避免了表扬会带来的风险。以前，当我告诫家长们不要表扬孩子时，家长们恐怕会感到困惑、沮丧，因为没有任何有效的方式来表达他们时常感受到的积极情绪。现在他们有了一种有效的方式来告诉孩子他们的那些正面感受了。

预防性我–信息

最近，我发现了P.E.T.模式的另一个重大遗漏。**一个可以坚定表达自己的家长，不需要局限于在孩子已经给你造成麻烦之后才发送表达面质的我–信息。** 当你和孩子的互动没有任何问题时（此时亲子关系是在无问题区），你也可能想要发送一个信息，以防止在未来出现不可接纳行为。

例如，你的家人正在计划一次旅行，你知道你们很多时候需要在一个空间里待着，通常在车里或汽车旅馆的房间里。你会想要一些私人时间，一个人独处，或者和你的爱人一对一不受干扰。在出发之前，你想要和你的孩子们沟通这种需求，希望这会影响他们，让他们知道你需要"独处的时间"。你表达自己的信息可能是这样的："有时候我喜欢独处，我也需要有时间和妈妈在一起。我们下周去旅行的时候，我真的很希望能偶尔有这样的机会。"

这样的我–信息可以称为我–想要或我–需要信息。它的目的是提前告诉你的孩子你想要什么，需要什么，或者喜欢什么。

"从一点钟到两点钟，我需要房间里保持安静，这样我能睡个午觉。"

"我想知道放学后你会在哪里。"

"全国篮球决赛下周末全天在电视上转播。我知道周六早上的少儿频道会上演一些游戏节目。但我真的不想错过任何一场比赛。"

"我希望我们能利用晚餐时间谈谈对我们每个人都重要的事情。"

"下星期奶奶来的时候，我希望客厅一直保持干净，不要弄得乱七八糟。"

这些表达自我的信息当然不能保证让父母总是得到他们想要的东西，但是让你的孩子提前知道你的想法，要比等到他们因为不知道你的需求而做出不可接纳行为的情形要好得多。一条及时的我-想要信息可能会避免9条面质信息。

预防性我-信息的另一个效果，尽管可能不太明显，但它确实能让孩子们知道他们的父母也是普通人：他们有需求、有想要的东西、有偏好还有愿望，就像其他人一样。当然，我-想要信息能给孩子们一个机会，让他们在没有被告知要做什么的情况下，好好表现从而让父母为此高兴。

一位母亲独自抚养3个十几岁的儿子，她描述了她是如何给儿子唐发送关于家校联谊会的我-想要信息的：

"我觉得唐跟我更亲近了——我可以跟他分享我的感受。有一天晚上，我要去参加一个家校联谊会，他会在那里弹吉他唱歌。他想让我去，但我之前没参加过，我觉得我不想被一个人扔在那里，孤零零的，不认识任何人。于是我说：'唐，我以前从没参加过你学校的联谊会，你知道的，我有点害怕。我希望你在那里能照顾我一下，而不是丢下我不管。'他后来真的这么做了！他带我进去，把我介绍给一群我不认识的人，然后还给我端来一杯茶。他真的很照顾我！"

我-信息是如何解决问题的

当一条我-信息不能立即改变孩子的行为时，一些父母就会感到失望或不满并放弃继续使用。他们忘记了我-信息有时候只是解决问题或冲突的前奏。我-信息告诉孩子为什么你不接纳他的行为，但孩子可能有强烈的需求要继续这么做，原因你当时并不知道。所以，如果他不调整他的行为，你们之间就产生了冲突——你不喜欢他的行为，但是他喜欢！即使你发出第二条更强烈的我-信息，他可能也不会改变。

这当然不是要求你放弃（或向孩子妥协）。你的需求仍然没有得到满足，你仍然拥有困扰。你的工作是开始解决问题，这意味着：界定冲突（你的需求是什么，孩子的需求是什么）；产生可能的解决方案；评估每个解决方案；最后在你和孩子都能接受的解决方案上达成一致（做出共同的决定）。

下面这位母亲来自亚利桑那州，也是P.E.T.讲师，她描述了这个过程：

"我们有一个非常棒的游乐场，所以邻居的孩子都会来我们家玩。我的困扰是，我不想让他们在周日早上来，因为那个时间我不想看护孩子——而是有自己安静的时间，闲坐着，喝点咖啡，读读报纸。所以我说：'如果你们能在中午之后再到我家来，我将非常感激，因为我想有时间一个人待着，喝咖啡，看报纸！'但这丝毫不起作用。因为他们每隔15分钟就来按一次门铃，问我是不是到中午了。看来我之前的我-信息不管用。所以我决定和孩子们一起解决问题，看看我们能想出什么办法，因为我真的很喜欢那些孩子们，希望他们过得愉快，同时我也需要独处的时间。最后我们想出了一个解决办法，到中午的时候，我会在门前挂一面旗子，正好我们的门廊上有个可以插旗的地方。所以，当他们看到旗子时，就像接收到了信号，表示他们可以到院子里来了。但在旗子没挂起来之前，他们都不能来敲门。星期天我们第一次这样执行了，当我到外面去插旗子时，我看到在房子前面的人行道上，小孩子们排着队等着，他们的眼睛都牢牢地盯着房子，看什么时候旗子会挂出来。这确实解决了我们的问题……我甚至不记得是谁做出的这个决定——方案就是这样不断地改进，最后它奏效了，并且成功地解决了问题。"

在接下来的章节中，我们将更全面地讨论解决问题的方法。我在这里要表明的是：当我-信息不起作用时，父母可能需要转向冲突解决流程，以便找到既能满足他们的需求，又能满足孩子的需求的解决方案。

第 9 章

亲子冲突：
谁赢，谁输

当然，用一条我-信息来面质孩子，即使是一条优质的我-信息，也并非总是能让孩子改变他的行为。这个孩子可能有强烈的需求要继续做他正在做的事情，尽管他知道这会给他的父母带来困扰，他也不会改变他的行为。我们称这种情况叫"冲突"——父母和孩子之间有冲突，所以此时是这段关系拥有问题，因为父母和孩子的需求都受到了影响。

我们把行为窗口的最下方划为引起冲突的行为区域。这里需要注意的是，孩子的不可接纳行为有些已经通过发送我-信息消除了。还有一些不可接纳行为仍然存在，因为我-信息并非总是有效，而接下来就引发了亲子关系的冲突。

当你和孩子的关系出现冲突时，你应该如何面对并解决这个冲突呢？我们现在必须采用解决冲突的方法。在P.E.T.中，我们教给家长一种叫作"没有输家"的冲突解决方法。

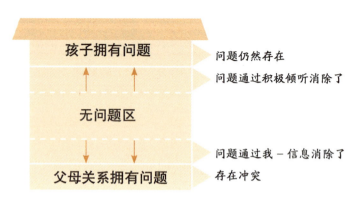

下面，我将回顾一下"没有输家"冲突解决办法的要素，跟其他两种几乎被家长们普遍使用的解决冲突的方法进行对比，并且讨论家长们不容易接

受这种新方法的一些原因。然后，我会提供一些新的观点，帮助父母更容易理解和接受这种"没有输家"的冲突解决办法。

接受"没有输家"的解决方法遇到的几个障碍

大多数父母很快就明白，学习成为更好的倾听者，对他们而言，百利而无一害。家长们也逐渐喜欢使用我-信息技巧，期望通过它来提高自己的效能，让孩子能够听到家长的需求并改变那些给家长带来困扰的行为；但是"没有输家"的解决冲突的理念却并未受到家长们的普遍欢迎。事实上，许多父母一开始怀疑这种解决亲子矛盾的新方法需要他们放弃一些东西——他们的影响力、权威、权力、"父母特权"。

因此，"没有输家"的解决方法对家长的一些非常基本和传统的观念构成了威胁。更重要的是，父母们对这个方法并不熟悉。我们很少见到这样的家长，他们自己的父母跟他们使用过"没有输家"的解决冲突方法。因此，家长在处理他们生活中的重要关系时——比如老板和下属、老师和学生、夫妻之间以及其他关系——我们发现几乎没有人有过"没有输家"解决方法的第一手经验。

然而，"没有输家"的理念是P.E.T.模式的核心及其哲学根本，这对于解决冲突至关重要。否则，就很可能会破坏亲子关系，损害孩子责任感的培养。而且，即便家长们学会了更有效的倾听技巧，如果他们继续采用输赢法来解决冲突，那么他们的技巧也将无用武之地。如果那些家庭总是困在传统的输赢理念里或以权力为基础的解决冲突方法中，那么他们也不太会开启开放和坦诚的沟通。孩子们畏惧父母时是不会轻易跟他们敞开心扉的。

因此，在P.E.T.中我们也面临了一个两难的困境：在我们教的所有方法中，我们认为父母最需要的那个往往是他们最不想听的那个，因为几乎所有的父母在解决亲子冲突时，都热衷于要么使用"权威法"，要么使用"纵容法"。

解决冲突的3种方法

几乎无一例外，成千上万参加P.E.T.学习的家长们之前处理不可避免的亲子冲突时，都只在以下两种方式中做出选择：严厉或宽容。我们称这两种方法为第一法和第二法。这二者都是输赢法——有人赢，有人输。冲突被当作一种权力的斗争，一种意志的较量，一种胜利的争夺。我们以下对这两种方法的梳理将有助于读者理解其中的原因。

◆ 以下是第一法的操作过程：

当父母和孩子之间发生冲突时，父母决定解决方案，希望孩子能够接受。如果孩子反抗，父母将威胁使用（或实际已经使用）权力和权威来强迫孩子顺从。（此时，父母赢，孩子输。）

◆ 以下是第二法的操作过程：

当父母和孩子之间发生冲突时，父母通常首先努力说服孩子接受父母的解决方案。当孩子反抗时，父母就会放弃或做出让步，允许孩子继续为所欲为。（此时，孩子赢，父母输。）

在这两种方法中，父母和孩子的态度都是，"我想按照我的方式来，而且我会动用我的权力去实现"或者"我要让我的需求得到满足，即使别人没有得到满足"。在这两种情况下，都有一方会产生挫败感，而且通常会因为另一方的胜利而愤愤不平或心怀怨恨。

而不同于以上的第三种方法，只有一小部分家长知道。在这种方法中，父母和孩子一起寻找一个能满足双方需求的解决方案——没有人会输，双方都会赢。因此，我们命名为"没有输家"的冲突解决方法，即第三法。

◆ 以下是第三法的操作过程：

当父母和孩子之间发生冲突时，父母邀请孩子共同寻找双方都能接受的解决方案。任何一方都可以提出可能的解决方案，并进行评估，最终选出最佳的解决方案，然后再他们确定如何实施该方案。在这个过程中不需要强迫，因此也不需要使用权力。（此时，父母和孩子没有人输。）

我们用下面的例子给大家展示以上3种方法各自在现实中都是如何操作的。这是一位母亲和她4岁半的儿子埃里克之间的冲突。埃里克不吃蔬菜，妈妈对此感到不安和担心。

第一法：

母亲：你不吃蔬菜，我真的很担心，因为我害怕你不能摄取身体所需的维生素，而你需要各种维生素来成长，变得更强壮、更健康。

埃里克：我不喜欢蔬菜——我讨厌它们。

母亲：这个我不管。我给你做的蔬菜，你至少要吃几口。如果你不吃蔬菜，那么你也别想吃其他爱吃的食物。

第二法：

母亲：你不吃蔬菜，我真的很担心，因为我害怕你不能摄取身体所需的维生素，而你需要各种维生素来成长，变得更强壮、更健康。

埃里克：我不喜欢吃蔬菜——我讨厌它们。

母亲：我真不知道该拿你怎么办！你自己知道需要吃蔬菜。如果你不吃，受罪的反正是你自己。我不管了。就这样吧，糟蹋自己的身体，你将来会后悔的。

第三法（来自这位P.E.T.毕业学员提交的案例）：

一天早晨，早餐后，我叫4岁半的埃里克跟我一起坐在餐桌旁。这正是讨论和尝试用第三法来解决问题的合适时机，因为埃里克最爱的电视节目（"芝麻街"）要在一个小时以后才开始。我向埃里克简单描述了我们接下来要做什么，以及我们要讨论的问题是什么。

母亲：你不吃蔬菜，我真的很担心，因为我害怕你不能摄取身体所需的维生素。（我以前跟他谈过维生素对成长的重要性。）

埃里克：哦。

母亲：我和爸爸不停地告诉你要吃蔬菜，而你就是不吃，把它们扔到盘子里，我们还得罚你。我们俩都很烦，不想一直这么做。

埃里克：我知道，但是我不喜欢吃蔬菜——我讨厌它们。

母亲：你真的很讨厌吃蔬菜！

埃里克：就是啊！

母亲：你看，这正是问题所在，我们想做点什么，这样我们就不会再对你生气了。你能想到我们可以做些什么吗？

埃里克：我可以把自己关在房间里，那几天都不和其他小朋友玩。

母亲：那是在惩罚你，我们不想那样做。

埃里克：那我就不知道可以做什么了。

母亲：我有一些想法，我把它们写下来，这样我们就可以看看它们是什么。也许我们，你和我，可以决定哪个做法可能对咱俩都合适。

埃里克：好的。

母亲：我把你喜欢吃的蔬菜和你不喜欢吃的蔬菜都各自列一个清单，怎么样？

埃里克：好呀，列一个！

母亲：你觉得这是个好主意。

埃里克：是的！

母亲：好吧，告诉我你喜欢什么，我把它们都写下来。

埃里克：嗯嗯，（然后他跑到餐橱里拿出几个蔬菜罐头）就是这些，妈妈！

母亲：好的，让我们看看它们是什么——青豆、玉米、奶油玉米，是吗？

埃里克：嗯，我还喜欢把玉米串在棍子上。

母亲：你是说玉米棒子吗？

埃里克：是的，玉米棒。我喜欢沙拉和什锦蔬菜。我也喜欢往沙拉里放黄瓜和洋葱。（当他提到这些时，我又重复了一遍给他听。）

母亲：好的，还有别的吗？

埃里克：是的，我喜欢生吃胡萝卜和卷心菜。

母亲：好呀，你再列一份生吃蔬菜的清单怎么样？

埃里克：好的！

母亲：好嘞，你同意了。

埃里克：列另一张表——我不喜欢吃什么（然后他用手指着那一页），妈妈（这时他开始口述让我写），写下"埃里克不喜欢豌豆，各种豌豆和胡萝卜"。

母亲：好的。（然后我向他重复了一遍所有清单，他也确认了清单是对的）。

埃里克：妈妈，写下（他又开始口述让我写），"妈妈不会忘记埃里克喜欢什么，不喜欢什么"。（我一字不落地写下了所有的东西，然后又复述给他听。）

母亲：好嘞，那么，埃里克会吃这张喜欢吃的蔬菜清单上的东西，而不用妈妈和爸爸催促着你吃。你同意吗？

埃里克：什么叫"同意"？

母亲："同意"就是意味着你明白我说的意思了，而且你觉得可以这么做。

埃里克：好的，我同意！

母亲：我们应该把蔬菜清单放在哪里呢？

埃里克：贴在上面（指了指餐柜），你每天都能看到的地方。

母亲：好的（然后，我让埃里克把它贴了上去）。

埃里克：好主意，妈妈！

然后，我们对视一笑，他高兴地跑去看他的节目了。

"没有输家"方法与第一法和第二法不同，它是一个"解决问题"的过程，通常需要6个独立的步骤，就像之前提到过的：

第一步，界定问题。
第二步，提出可能的解决方案。
第三步，评估可能的解决方案。
第四步，决定选出最适合的解决方案。
第五步，执行决策。
第六步，后续评估。

有效使用"没有输家"的方法的关键是确保要有以上这6个步骤。并不一定非按这个顺序来，但重要的是父母和孩子要完成这些步骤，尤其是前5步。

"没有输家"的方法也可以解决兄弟姐妹之间的冲突，还有夫妻之间的矛盾。事实上，它是解决所有人际关系冲突的普适方法——不论是个体之间还是团队之间，甚至是不同国家之间。

在P.E.T.中，父母不仅会听到第三法的成功应用案例，他们还有机会在课堂中模拟冲突场景来练习使用这个方法。通常他们还会录下自己在家里解决问题的步骤或者写下实际的对话，然后再带回课堂上。老师和同学们将一起对这些案例进行梳理和评价。

十几年的P.E.T.教学经验让我们更加理解家长使用第三法所遇到的困难——包括接纳这种理念并且在家庭中付诸实践。

解决家庭冲突的新视角

我们已经知道了为什么家长们会抵制"不使用权力""无输家"的观念。父母对"家长权威"及其在家庭中的作用感到困惑，而我们对此也有了新的认知。父母们表现了他们是如何被困在第一法或第二法当中的同时我们也能更好地理解，当父母们开始考虑放弃第一法时，他们心中所经历的那些典型的恐惧。最近，我们也对"没有输家"的方法做了进一步的思考，从而促成了P.E.T.模式中的一些改进和完善。

◆ **管教的困境**

如果你问100位父母"孩子应该管教吗"，会有99位毫不犹豫地回答"当然要管"。父母应该管教他们的子女，这一观点已被父母们广泛认同（并得到了强有力的捍卫），因此，质疑这一观点的有效性似乎是偏激或愚蠢的。然而，据我所知，正是这个信念给父母带来了最多的麻烦。事实上，我已经能够确信这是一种非常危险的信念，它使父母和孩子之间变得更加疏远，在很大程度上让亲子关系更加恶化。

大多数父母管教孩子都是出于他们为人父母的最大善意。他们希望自己的孩子是负责任的、可靠的、体贴的、有礼貌的、有能力的，等等。父母们只是不知道还有其他方法来实现他们的美好愿望，所以他们只能管教孩子。而当他们发现当前的管教不太有效时，他们往往会决定必须采取更严格的管教措施。父母就这样管教孩子，直到他们反抗、报复或离家出走。

父母们觉得他们必须要使用的这种管教究竟是什么呢？它意味着什么呢？《韦伯斯特词典》对"管教"一词的定义是：由当权者进行的惩罚，特别是出于纠正或训练的目的。"管教"这个术语的关键是其中权力或权威的概念——通过权力来获得他人的服从或让他人去执行命令——即使用惩罚或给予奖励。

军官管教下属，动物训练师在驯兽营地训练小狗，老师管教学生，家长管教孩子。但是这些人的权力是从哪里来的呢？

一个人能够获得权力，是因为他拥有了另一个人迫切需要的东西，这个东西我们称之为"奖励"，如老师会给学生宣布考试成绩，训狗师会给饥饿的小狗提供食物。当一个人拥有手段来给他人施加痛苦或不适的时候，权力就会出现，此时这个手段我们称之为"惩罚"，如老师可以让学生放学后留下来或者把他们送到校长办公室；训狗师可以猛拉小狗的项圈勒紧它的脖子。

奖惩和惩罚赋予人们权力，而权力是人凌驾于他人之上的基础。所以当父母说他们使用权威来管教孩子时，他们的意思是说对孩子使用了奖惩。他们提供（或承诺）奖励以让孩子们做出他们想要的行为，并施加（或威胁施加）惩罚以摆脱他们不想要的行为。听起来很简单，不是吗？

实际上，通过奖惩来管教孩子并不像听起来那么容易。这对父母来说是有隐患的，而且有些奖惩措施是相当危险的，对亲子关系具有破坏性。

首先，父母不可避免地会失去权力。当孩子还很小的时候，父母对他们有很大的权力。父母最初拥有许多行之有效的奖励方法，也有不少让孩子言听计从的惩罚手段。然而，随着孩子逐渐长大，父母们渐渐用光了所有能发挥作用的奖励和惩罚。曾经管用的奖励现在对孩子都没有吸引力了。而面对往常的惩罚，孩子们开始产生抵制或反抗。当孩子们长到十几岁时，父母们手里已经没有可用的奖惩了。

一位父亲在P.E.T.课上这样说：

"我儿子现在15岁半了，我能对他用的权力就只剩下一把车钥匙了。而且，也就能再管6个月，因为到时候他就会有自己的车了。"

一位14岁女孩的母亲跟我们承认说："雪莉对我通过送礼物和给好处来控制她的大部分尝试都已经无感了。'谁还需要它？'她说，然后她继续做她高兴的事。"

那些在孩子很小的时候，就严重依赖权力管教的父母，当孩子进入青春期时，他们会沮丧地发现自己已经丧失了管教的权力。他们会发现自己没有其他的方法来影响自己的孩子。这就是为什么在孩子青春期时大多数家庭氛围都是沮丧的、紧张的，终日暴风骤雨。

父母当然希望自己的孩子变得有责任心、体贴他人、乐于合作、快乐健康。但是大多数父母除了实施管教，都不知道用其他方法来培养孩子的这些品质，这样就变成了，管教孩子必须建立在使用父母权力的基础上，而从来不是靠父母的影响力；管教只能迫使孩子按照规定的方式行事。通过管教迫使或阻止孩子做某事，通常孩子是不情愿的、不服气的、不主动的。事实上，一旦父母的权力消除了（或撤销了），孩子们往往会回到原来的行为模式，因为他们的需求和渴望在被强迫的情况下是不会改变的。

大多数父母不愿意放弃他们管教的权力，因为他们以为如果不管教，那么剩下唯一的选择就是纵容了。很少有父母愿意自己的孩子变得不体贴、难以管教或者不负责任，而这些正是纵容会产生的结果。

除了权力管教（第一法）或纵容（第二法）以外，"没有输家"的方法可以是我们的选择。"没有输家"的方法并不强制孩子，但它影响孩子：它会影响孩子改变不可接纳行为；它影响孩子体谅他人的需求；它影响孩子做出承诺并坚持践行……这些我将在后面的章节中说明。就像我-信息也没有强迫孩子做什么，但它们确实会影响孩子改变那些干扰父母权利的行为，这是同一个道理。

当父母明白越是不使用权力就越有影响力时，他们对放弃权力的抗拒就会大大降低。

◆ 不要为温和地使用权威找借口

很多次，我听到家长们在P.E.T.课上为他们使用权力辩护，理由如下：

"我总是明智地使用我的权力。"

"我们是坚定而公正的。"

"该出手管教就会出手，但会用宽容有爱的方式循序渐进。"

"父母可以成为既仁慈又严厉的管教者。"

也许历史上所有的独裁者和专制者都真心觉得，他们是在明智地使用自己的权力来造福人民。虽然他们的意图可能是仁慈的，但重要的不是独裁者对此的自我认定，而是他所掌握的权力给接受者带来的感受到底如何。我的经历让我相信，无论是大人还是孩子，被别人强迫的时候，没有人会甘之如饴。

父母可以一边使用权力，一边用爱来软化权力带来的影响吗？我开始相信，这也是一个神话——这无非是父母为合理使用权力寻找的借口。有人能"爱"他所强迫的人吗？我对此表示怀疑。此外，在父母以打败孩子为代价赢得胜利的时候，我从未见过一个孩子在此时会感到被爱。

我在第一法或第二法中几乎看不出爱的可能性。在第一法里，孩子不会去爱父母；在第二法里，父母不会去爱孩子。

◆ 关于权威的两个不同概念

我们了解到，许多家长拒绝放弃使用他们的权威，部分原因是这个词本身有两个意思，而家长们总是将二者混淆。

权威1：指专业知识、经验、能力。（例句：他是他所在领域的权威；他们咨询了一位权威人士；他说的话具有权威性。）

权威2：指对违反行为进行控制、命令和惩罚的权力。（例句：老板对下属有权威；他动用了自己的权威力量；她反抗她父母的权威。）

第一种权威涉及施加影响力；而第二种权威是通过操纵奖惩来行使权力。这么一来，如果父母决定放弃行使权力（即权威2），当然并不意味着他们必须放弃施加影响力。可想而知，所有的父母都希望通过他们从长期经验中获得的知识、智慧和判断来影响他们的孩子。而且，他们确实应该这样做，孩子们经常需要这种帮助。事实上，如果父母没有使用权力（即权威2）来破坏自己与孩子的关系，那么孩子们会更愿意听父母分享他们的知识和判断。

人际关系的另一个悖论是：**如果在一段关系中你动用了权力，你的影响力反而会被减弱。**

在P.E.T.中，我们教给家长不使用权力来解决冲突的方法，从长远来看，这种方法将创造出一种亲子关系，让孩子更容易接受父母的影响。

◆ 权力的特殊语言

我们了解到，那些严重依赖第一法的父母在谈及他们的角色和方法时都会用到一种表达方式，我们称之为"权力的语言"。这种权力的语言的常见词汇和短语是：

父母权威	坚定而公平
父母职责	父母比你有经验
设置限制	行为规范
严格要求	管教
父母管控	服从
惩罚	限制
建立规则	执行规则
要求	尊重权威
剥夺	敲打
为了孩子好	顺从

那么，采用第二法或纵容法的父母说的是另一种语言吗？也不完全是。我们现在对纵容型父母的了解几乎完全改变了我早期的许多信念和观点。我们发现真正纵容型的家长其实并不多——这与我在专业培训中所接受的信息不一样，甚至大多数权威人士目前所持的观点也正与此相反。一部分父母对孩子纵容并不是出于自己的选择。大多数初看起来像是纵容孩子的父母似乎都可以归入以下几种情况：

（1）当孩子还小的时候（当父母对孩子还拥有有效权力的时候），父母使用第一法，但当孩子长大，父母权力用尽的时候，他们不得不放弃第一法。("他们小时候忌惮我们的权威,但现在,我们根本无法控制他们了。")

(2)父母在每次冲突中都采用第一法,但在孩子的强烈抵制下被迫改成第二法。("好吧,我试过了。我放弃,你赢了。我想你会得到教训的。")

(3)只要冲突的问题不是太严重或太紧要,父母就会采取比较宽容的方法(一般采用第二法);一旦冲突涉及父母觉得特别难以接纳的行为或者严重威胁到他们的价值观时,他们就会切换到第一法。("在这个问题上,我绝不会让步。你只要按照我的意思来就可以了,其他的一律免谈!")

这些发现阐明的意义,虽然一开始令人吃惊,但现在看来似乎是合理有效的:大多数父母(可能占所有父母中非常高的比例)信赖第一法来解决冲突或者会在形势严峻、风险很高的时候使用它。在解决自己与孩子的冲突时,很少有父母会希望结果是父母输、孩子赢。如果结果变成这样,并不完全是因为父母选择了第二法,也不意味着他们愿意接受所产生的结果。

许多权威人士和公众人物把青少年的问题归咎于父母过于纵容,他们的判断缺乏正确和充分的数据。

此前,我曾经提到了采用第一法的父母所使用的"权力的语言"。我还指出,纵容型父母使用的语言与此并无二致。现在我们可以进一步探讨这个问题了。

我相信大多数纵容型的父母也会从输赢或权力斗争的角度来考虑问题。不同的是,他们的姿态是失败或沮丧,所以他们使用"丧失权力的语言":

失控	我们的需求没得到满足
疏于管教	我们遭受痛苦
让步	被打败了
放弃	我们输了
孩子们当家作主	孩子们有权力
不服从	叛逆的孩子
自由散漫的状态	丧失领导力
管不住的孩子	不尊重权威

所以，权威型的父母和纵容型的父母其实是一个模子出来的——他们在态度、信仰或价值观上并没有真正的不同。他们都使用权力的语言！只有一个方面他们有所不同：权威型父母坚持希望父母的权威仍然有效，纵容型父母已经发现这是行不通的。

◆ "没有输家"与纵容两种方法的混淆

父母太习惯于从非输即赢的角度来思考问题了，以至于他们总是忍不住认为，"没有输家"的方法是某种形式的纵容法。事实上，却不是这样。"没有输家"的方法要求父母也必须真正接受最后的解决方案，而不仅仅只是让孩子满意。当P.E.T.家长们开始使用第三法时，需要经常提醒他们，在解决问题的过程中，他们必须确保最终的解决方案也能满足自己的需求。他们要持续进行这个解决问题的过程，直到达成了一个可以接受的决定，否则他们会觉得自己输了。

当父母终于理解了这个基本原则后，他们对第三法的抗拒就会消失：当第三法帮助你的孩子满足了他的需求时，第三法必须同时也满足了你的需求。这个原则帮助了被困在第一法里的父母，因为除了第一法，他们以前能看到的唯一替代方法就只有第二法，而第二法的状态是父母在亲子关系中所不想要的。

◆ "孩子们难道不需要限制吗？"

孩子们当然需要有限制。父母所犯的错误是利用这个不争的事实来为他们使用权力而辩护。他们的观点是这样的：孩子们需要被限制，而父母必须使用他们的权威来设定这些限制。这种观点站不住脚的原因在于，孩子们讨厌父母单方面告诉他们什么是不能做的；他们通常会被动地或主动地抵制或反抗父母的权力。我从来没有见过一个孩子希望父母给他的行为设限——比如下面这些例子：

"你不能去看篮球比赛，因为今天不是周末。"

"我不允许你开车去参加聚会。"

"太阳下山后，你就不能在外面玩了。"

"就一块糖果——这是我的极限。"

关于限制孩子的行为,我们从P.E.T.模式中得出了一个更好的原则:孩子们需要从父母那里得到信息,告诉他们自己的行为是可接纳的还是不可接纳的。如果不可接纳,孩子们可能会想要做出任何必要的改变来让他们的行为被接纳——他们宁愿自己限制自己的行为。在发生冲突的情况下,孩子们想参与解决问题,这样协商出来的限制他们行为的决定是他们可以接受的。

是的,孩子的行为需要限制,但这个限制不是强加在他们身上的;相反,这个限制是他们自己选择的或与父母双方共同设置的。放弃使用第一法并不意味着这个家就没有任何限制了。相反,这通常意味着更多的限制和规则——而且这些限制和规则更容易被家人遵守!一旦父母明白了这一点,他们就不会那么固执己见地要保留父母的权力了。

父母权力的真相

尽管父母们强烈反对放弃父母的权力和权威去选择"没有输家"的冲突解决方法,但他们也承认了一些在此过程中令他们惊讶的事实:

"不管怎样,第一法确实从来都没有管用过。"

"当我动用权力的时候,我讨厌我自己。"

"惩罚孩子们总是让我感到很内疚。"

"我不敢放弃我的权威,即使它不起作用。"

父母们一方面在极力捍卫权力和权威,但另一方面,又很快就发表了这样的言论,这确实令人费解。有一对父母,法兰和卡尔,他们是这么说的:

法兰: 卡尔第一次去学习P.E.T.的时候,非常不喜欢这个课程。他说得很清楚,孩子就是要打骂才可以。

卡尔: 和本在一起的时候,你知道的,我冲他说话声音大点就会让他感到伤心。我真的可以伤他的心,对他来说,这比打他一顿还糟糕。但马克恰恰相反——他宁愿挨打。他总是说:"好吧,爸爸,你打我一顿好了,反正我还是要做我想做的事。如果打一顿能让你满意的话，那就来吧。"

法兰：那天晚上他不知道10个单词的拼写，记得吗？他说："你想说什么就说什么，但我是不会拼写单词的。"你后来打他了吗，我怎么不记得了？

卡尔：是的，打了。

法兰：于是，他坐在那里写了一个小时，然后去学校，结果10个单词只拼对了一个。

卡尔：是的。只拼对了一个！当我们在第二周的P.E.T.课堂上报告这件事时，家长们都哄堂大笑。

还有一位母亲，她的丈夫极力要求她使用第一法：

"我丈夫一直对我说：'他家庭作业能否完成得靠你盯着了。他应该每天在房间里学习两个小时。如果你是个好妈妈，你就应该看紧他。'然后，我做了一切努力——比如要求他半年都不看电视，这一点他从来都没法遵守。我发现这么做，根本就不管用。我会让他待在他的房间里，但他只会坐在那里盯着地板发呆。他很不高兴，我们也很不高兴。"

另一位母亲承认她的权力失效了：

"我不允许贝蒂去搭别人的便车。她会表面上答应不做这件事。但是唯一的问题就是这实际上不管用，因为'你不要这么做'对她来说意味着她会偷偷摸摸地做，而我也知道她确实这么做了。"

下面这位母亲谈到她有多讨厌自己对家里还没上学的孩子使用权力：

"我仍然会使用权力。我无法解决孩子绑鞋带的问题。在日常生活中，父母对孩子发号施令很容易。但要每5分钟就下一次命令，就不容易了，因为孩子根本听不进去。你知道，我就是唠叨他，不停地唠叨，唠叨，唠叨！我讨厌那样！我讨厌那样做。我其实是挑了个最简单的办法，就是给那孩子下了个命令，希望能够解决问题。但是它没有。我想，要不吼大点声儿？可还是行不通。"

还有一些家长告诉我们，当他们使用权力时，他们会感到非常内疚，尤其是当他们诉诸某种身体暴力时，比如打屁股、扇耳光、打孩子、掐孩子。在我看来，大多数父母伤害比自己弱小的人并不能从中得到满足。事实上，给他们所爱的人带来痛苦会让他们也感到痛苦。年龄较大孩子的父母也不会因为拒绝孩子做他们非常想做的事情而感到高兴。很少有父母愿意扮演专横的独裁者或惩罚者的角色——无论他们如何努力，从理智和逻辑上为自己使用武力而辩护。

作为一名心理学家，在我的研究生学习中，我学到了关于"权威人格"的知识，这很大程度上得益于一本巨著——《权威人格》，是通过大量调查研究汇编而来的。我曾经推断，这个世界充满了生来就倾向于使用权力和权威的人。所以当我刚开始P.E.T.课程的时候，我预计会有大量的父母是这种权威人格类型。确实，大多数报名参加P.E.T.的父母都使用第一法来管教他们的孩子。然而，除了少数例外，大多数人也都愿意接受新的选择。大多数人都表示得到一种解脱，不必再因为要惩罚孩子而产生负罪感。许多人后来承认他们的权力和权威其实都不怎么起作用。

现在我提出一个假设，那就是很大一部分父母可能被归为"权威型"，但他们并没有"权威人格"。他们这样做只是因为除了权威法，他们看到的唯一选择就是纵容法。没有人喜欢一直纵容别人——在任何关系中都一样。给这些所谓的威权型家长展示第三种方式——一种不使用权力，没有输家的方式，来让他们的需求也得到满足——这样他们就会松一口气，并且心存感激（至少在最初的不相信和怀疑之后）。

如果我是对的，那么我们都可以更加乐观，相信从我们的社会中消除今天如此普遍的暴力、故意破坏、报复和暴行是大有可能的。如果我们能教更多的人使用这种更符合人道的方法来解决人与人之间的冲突，那么那些被我们称为"不人道的暴行"可能会大大减少。

在接下来的章节中，你将来到那些父母尝试使用第三法的家庭中，你会看到他们的成功和奋斗。那么我的乐观是否合理，你不妨自行判断一下。

第 10 章

使用"没有输家"的冲突解决方法:困扰与对策

"没有输家"的冲突解决方法不仅在理论上很难被一些家长接受,而且我们也认识到,在我们研究的许多家庭中,这种方法要成功地付诸实践也并不容易。显然,在P.E.T.课后的实践中,父母想让"没有输家"的方法发挥作用,要比他们运用倾听和面质技巧困难得多。这并不是说所有的父母在实践该方法时都遇到了问题——我们也和那些能够有效和成功地使用"没有输家"方法的家长进行了交谈,他们取得的效果往往也是非常显著的。

在这一章中,我将着重分析那些失败的、尚未成功的案例,并提出针对性的建议,以帮助其他家庭避免类似的问题。在下一章中,我将展示另外那些父母是如何成功地使用第三法并在家庭生活中获得了丰富的回报。

我们发现家长在尝试使用"没有输家"方法时遇到了各种各样的问题,但我们从访谈和问卷调查中也发现了一些共同的话题和模式。在一些家庭中,时间压力会影响"没有输家"方法解决问题的效率。许多父母发现他们很容易就会回到用权力和权威来控制孩子的老习惯中去——在某些情况下,甚至还会重新采用原来打骂孩子的暴力强制做法。还有一些父母没能按步骤完成,没有找到方法来教导他们的孩子遵守他们和父母达成的约定。还有一些家长无法抗拒对孩子发号施令和设置限制的诱惑,尤其是面对非常年幼的孩子。最后,一小部分家长对用第三法解决冲突的尝试感到灰心丧气,在绝望中放弃了。

正如其中一位家长所说:"这可真是一团糟——简直是一败涂地!"

时间的压力和干扰

显然，解决问题需要一定的时间，而有些家长没有足够的时间来有效地使用"没有输家"的方法，就像下面这位父亲所坦诚的：

"我们的家庭小会开得不够多——来做那些解决冲突的事情。因为每个人都很忙。我对此感到内疚。我总不在家，拼命地在外面工作，维持我们的日常生活。我儿子有自己的活动，一门心思都扑在里边，我的小女儿也一样。所以要让大家在不忙、放松的时候聚在一起是很困难的。"

一位母亲没能说服孩子一起参加解决冲突的过程，她告诉我们说：

"他们不想就任何具体日期达成一致——他们就是不想谈论这个问题。其中一个正在看书——现在我意识到了，在那个时候提起这件事可真不合适。另一个孩子说：'你为什么现在提这茬呢？'所以这种情况可能真是没选好时机。但是，即便他们都无所事事的时候，我们也很难找到一个合适的时间。"

一位父亲谈到了关于时间的压力：

"我儿子加里也抱怨这个解决冲突的过程太长。孩子们都有某种迫切的需要，比如必须在某个时间点离开，也许冲突出现的时候正好是我们马上就要出门的时候。此刻就有一种时间压力。而这个冲突如果要等到我们再约个时间去解决，就已经错过了需要解决的那个点，变得无所谓了。"

很多父母找不到时间让孩子参加解决问题或冲突的会议，这一点也不奇怪。首先，孩子们（也包括成年人）一想到下面这样的过程很少会心生向往：冲突发生了，接下来常常需要经历痛苦的被质问的过程，努力找到解决方案，并承诺改变他们的行为。大多数人倾向于绕开冲突。对他们来说，读读书、看看电视，这样会更轻松、更舒适，不然就将问题暂时拖一拖或者遮掩过去，祈祷它会自行消失。

所以，如果父母想让他们的孩子参加解决冲突的过程，他们必须发送非常强烈的我-信息：

"我需要马上解决这个问题，因为我不愿意我的需求被忽视太久。"

"这个问题必须马上解决，因为我已经非常不高兴了！"

"我知道你现在很忙，但我希望你一忙完我们就开始解决这个问题。你大概什么时候可以呢？"

"我知道你不想谈这个，但我得谈！我不想让这个问题延续下去。"

我们采访的一些家长分享了他们防止第三法过程被打断的技巧：把电话话筒拿起来放到一边避免接听来电，确保没有朋友会突然到访，约好后续评估的具体时间，选择错开所有人最喜欢的电视节目时间，诸如此类。

一位家长给我们提供了一个明显的线索，为什么她的孩子通常拒绝参加解决问题的过程。看看你是否也能从下面的描述中发现这个原因：

"我说：'孩子，当我告诉你要锁门的时候，我的理解是你会去做这件事，如果我还要每天晚上提醒你，那对我来说就是个问题。这个责任还是由我在承担，而我希望你能为此负责……此外，还有家庭纪律的问题——当我要求你做某事时，你都不理我。'所以他说：'嗯，我不知道该怎么办……你想让我注意，而我没做到。'我说：'没错。我想告诉你一些需要做的事，而且我要知道你会完成这些事。'"

这份报告清楚地揭示了为什么这个家庭的孩子在解决问题过程中表现不积极。因为这位母亲仍然用"权威的语言"说话——她希望儿子顺从，希望他"注意"，当她告诉他需要做什么时，她想知道"事情会完成的"。这些态度与"没有输家"的方法理念是不一致的。

原则：当父母的意图是"我赢、你输"时，"没有输家"的方法就不会有效果。

运用"没有输家"方法解决冲突需要一定的时间，这也是那些有效使用该方法的人所承认的事实——包括管理人员、行政人员以及家长们。但他们也从自己的经验中明白，从长远来看，这实际上会为他们节省时间。为何如此？因为当人们之间的问题或冲突得到解决时，双方的需求得到了满足，双方都接受了这个解决方案，那么这个问题再次出现的机会将会大大减少。当问题的解决方法能让双方都满意，那么每个人就都有动力去执行这个解决方案。

"对孩子真的不管用"

与积极倾听和我-信息不同，一些家长批评"没有输家"方法是一种根本不起作用的技巧。也许是因为他们对孩子缺乏信任，也许是因为这种方法在他们看来与自己的家庭生活格格不入，有些父母从一开始就是不愿意尝试：

"到了开始解决问题的时候，我想：'哦，不，这太可笑了——我没办法沉下心来真正地去做这件事的。'我不能让自己用这种方式和孩子们打交道。他们不会听我的，也不会在意我说的。他们还是会按自己的方式行事，而那将是唯一的方式……我会感到彻底的失败。我会想：'噢，这永远都不会成功的。'"

另一位家长觉得自己完全没有准备好来尝试这种新方法：

"我们不让她天黑后骑车出门，但有时她会。而且她还会瞒着我们，挨家挨户地去玩儿……这是个问题。我知道我们应该坐下来讨论一下，但是……我记得我在课堂上用过这个方法，一切看起来都很简洁明了。但在现实生活中却不是这样。当然，我得承认我还没试过……这就是为什么我必须再读一遍书。因为我真的糊涂了。我学的东西已经忘记一半了。"

一位父亲将他在工作中解决问题的感受与在家里使用这种方法的感受进行了对比：

"这需要很多努力，很多时间。在工作中，我可以去参加会议，积极倾听别人，并告诉他们我的感受，但在家里就完全不一样……我没有任何耐心和毅力坚持做完这一连串的事情。"

毫无疑问，对一些父母来说，在家里使用"没有输家"的方法似乎是陌生的，甚至是不可能的，因为他们小时候在自己家里从来没有机会体验这种方法。他们评价说"孩子们不会关心的"或"孩子们想要他们自己的方式"，肯定是来自他们儿时在自己家里那种非赢即输的氛围中的感受。这些如今已经做了父母的人，怎样才能帮助他们鼓起勇气去打破这种固有的模式呢？

对于这个问题，我没有确定的答案。但是，我有一些可行性建议。

首先，从那些不是此时此刻立马爆发的冲突开始尝试使用"没有输家"的冲突解决方法——此时没有诸如愤怒、挫败或怨恨等强烈的情绪。比如"国庆长假我们全家怎么一起度过呢？""当你的朋友艾米下周来玩时，我们需要约定什么，让我们彼此都过得愉快呢？""我每天早上要叫你三四次才能让你起床按时上学，我们怎么解决这个问题呢？"

从这种"预防性冲突解决"的情况开始，不仅让这种方法看起来不那么复杂，而且，父母们也有机会看到孩子们是多么乐意接受某种解决方案来帮助自己的父母（当然，前提是孩子们的需求也得到满足）。

其次，选择一个让孩子不开心的问题，因为他或她在这个问题中的需求过去没有得到满足。当这样的问题得以解决时，孩子确实能从中有所收获。例如"你讨厌妈妈或爸爸告诉你每天晚上什么时候该睡觉。让我们看看能否找到一些你和我们都乐于接受的解决办法。""你不是很喜欢吃鸡蛋，我也讨厌每天早上对你唠叨。我希望你和我能找到解决问题的办法，这样我们俩都会很高兴。"

一旦孩子有了一些经验，知道他们能从解决问题中收获良多。那么当遇到父母需求未能得到满足的情况时，他们会更愿意参与解决问题的过程。

当孩子们中途离开问题解决的过程时

一些家长报告说，他们的孩子在"没有输家"问题解决过程中会表现得焦躁不安、厌倦无聊，或者干脆中途开小差走开了：

"我记得我们第一次协商家务问题时，孩子们中途感到厌倦了，他们说：'我们现在受够了。'……工作还没有完成，但他们已经打算出去玩了。我们只好晚点继续，草草地结束了讨论。"

下面这位母亲也有类似的经历，她需要从孩子那里得到帮助，她试图使用这种解决方法：

"我说我希望能有什么办法让家人帮我做家务，因为我不可能一个人什么都做。我说：'我在教堂有工作要做，所以我真的很需要帮助——我不知道该怎么办，我们能想出一些解决办法吗？'他们没有接茬——他们当时不想谈论这件事。他们说：'我们以后再谈吧。'所以我回答说：'也好，你们想什么时候谈？'其中一个说：'永远不。'另一个说：'我讨厌我们这样的小谈话。'"

在这种情况下，父母可以尝试几种做法。我建议首先使用"换挡"来积极倾听，主要是为了更好地理解为什么他们想要逃避。你可能会发现为什么他们觉得解决问题的过程很无聊或不愉快，这样你就可以采取相应的纠正措施了。

其次，如果你真的能接受延期，那么就跟他们约好以后再谈的时间。如果你不能接受延期，你可以发送强烈的我-信息，比如"当我遇到问题时，你们这些孩子忽视我或想要走开，我真的感到伤心，觉得你们不关心我。"坦诚表达，不要害怕。大多数孩子更乐于维持舒适的现状，而不是必须做出承诺来改变他们的行为。谁又不是这样呢？解决问题需要付出努力（孩子们听到自己的行为让父母不高兴，这本身很难令人愉快）。因此，你需要让他们知道这个问题对你来说有多严重。

在这里提醒大家：如果你允许孩子对你解决问题的请求置之不理，那么他们很快就会学会用同样的逃避方式来处理你之后尝试解决问题的努力。

一位身为学校教师的母亲总结了她感受到的与孩子一起解决问题的重要性：

"这有点儿像结婚，因为如果你想拥有一段良好的关系，你就得一直努力经营。如果你想让它变好，你就永远要坦诚面对，去解决问题。除非发生了什么事，有人不愿意分享他们的感受，要不然，这种解决问题的方式总是成功的，你能找到解决问题的办法。"

当孩子们不遵守约定时

虽然"没有输家"的方法极大地增加了孩子们履行承诺的可能性，但它当然不能保证万无一失。父母很快就意识到了这一点，尤其是面对年幼的孩子。我们采访了许多这样的真实例子，其中有不少父母提出了许多独特而有创意的解决方案。

一位母亲描述了她的两个女儿中有一个完全没有履行自己的承诺，她为我们提供的这个案例，说明了家长为何不应该插手处理这类问题：

"芭比同意要保持她的浴室清洁——她这间浴室通常是跟客人共用的。但这里经常是一团糟！苏说她会收拾房子里零散的报纸。但是就在接下来的一个星期，当苏每次都完成她那部分任务时，芭比却没有抽出时间来做她的工作。她也不是故意的，只是她这周很忙——学校里有很多事情要做。到了周末，情况就很明显了，再这样下去是行不通的。没过多久，苏也不干了。我会跟她这样说：'这些报纸还落在外面。'或者'你能把这些报纸收起来吗？'或者我索性就自己动手收拾。我大概就是这么做的。所以，我必须承认，这是一次失败的经历。"

事实上，这位母亲的做法无意中给芭比和苏传递的信息是，如果你们同意了一个决定或做出了一个承诺（约定、协议），你们不必真的坚持执行，因为最终妈妈会替你们去实现它。然而，如果母亲发出了一条强烈的我-信息，准确地表达了女孩违背她们的诺言时自己作为母亲的感受，那么这两个女孩就会学到完全不同的一课——比如，母亲说："我们一起约好了的事情而你们不能遵守，结果我没有得到我所需要的帮助，我觉得很不满。"

有些父母陷入了重回第一法的陷阱，动用自己的权力来解决不履行第三法承诺的这个问题，就像下面这个例子：

"早上，孩子们会打开冰箱拿吃的，常常扑过来一下就掏空了。问题是现在我们靠福利食品券生活，食品只配给一周的量。于是，我们使用冲突解决方法，做出了一个共同的决定：在冰箱里放一个'叫醒箱'——一个鞋盒，里面装着水果、零食、花生酱、三明治和一些小惊喜。盒子里的东西他们都能吃——就这一盒。我当时觉得这个主意很棒，他们也觉得不错。可是第二天早上，冰箱里有一包热狗不见了——昨天的讨论似乎都白折腾了，好像问题原封不动地又回来了……想想事后我们的应对方法，我甚至都觉得难以启齿：我们给孩子们的房门上了锁，这样直到我们起床他们才能走出自己的房间。"

"没有输家"的方法解决问题的目的是让孩子变得更负责任、更自律,而在孩子违背承诺时动用权力惩罚与该目的却是背道而驰的。此外,当父母给孩子的门上锁时,他们实际上是在惩罚孩子,那么就要面临惩罚带来的所有风险:孩子的怨恨、敌意、报复、欺骗等。

在这种情况下,我再次建议家长们尝试发送一条强烈的我-信息,而不是重新动用父母的权力。

也许让父母们回忆一下他们自己的童年生活会对他们有所帮助——孩子们要做到信守承诺是多么困难的事情,而如果自己没能遵守约定,他们又多么希望父母能不跟自己计较。学会负责任和值得信赖不是一蹴而就的——这需要练习,就像学习弹钢琴或打网球一样。

但是父母仍然有很多选择来加快这种学习的过程,比如:

- 发送一条我-信息。
- 换挡,然后积极倾听。
- 发送一条更强烈的我-信息。
- 再次进行解决问题的过程,看看能否找到更好的解决方案。
- 针对孩子不能遵守承诺的原因,再次尝试解决问题的方法。

即便有了以上这些选择,家长们可能仍然会问:"如果什么都不奏效怎么办?"在我们所有的采访中,只有一个案例报道了孩子没有遵守约定,父母并未对她使用权力的方式,而是多次尝试影响她改变,但她仍然是我行我素。这是一个18岁的女孩,她同意如果父母给她买一匹马,她会负责保持马厩的干净。但她食言了。父母一给她发送面质信息,她就说她愿意清理马的粪便。可日子一天天过去,马厩还是没有打扫干净。父母发送了更多的面质,跟之前一样,孩子承诺她会改进。下面是这位女孩的父亲——一位口才极好的医生,描述的当时的情况:

"最后,我实在无法忍受了,就把马从马厩移了出来。三个月后,她请求让马回到马厩里。然后,同样的事情又发生了。她没有履行我们的约定。你能拿她怎么办呢?这样的事情,你如何重新协商?如果我要不断和这样的人打交道，我也会被磨得提不起兴致。我会觉得他们真的不关心我，也不在乎我们之间的关系，否则他们不会这样对我……你知道，人际关系中的信任是生活的全部本质。我想，这也是年轻人需要学习的。有时候，这个学习会付出惨痛的教训。如果我们的孩子现在能学会这些，他们长大后会更有效地生活和工作，也会变得更快乐……最后，我告诉她：'多蒂，我对你的接纳已经到极限了。关于你的马，我已经反复跟你说过了，如果你不好好打理马厩，你的马就得送走。你没有做到，对不起，你的马得送走了。星期五之前，我会让这匹马离开咱们家。'到了星期五，那匹马被送走了……我觉得，这个女孩已经18岁了，如果到这个年龄还不能自己负责任，那就太糟糕了。这对她来说真是太糟糕了。她真能从中学到什么吗？当然，她在慢慢地学。这涉及她的价值观体系与别人的价值观体系相对应的问题，她必须开始正视这个问题。"

可能绝大多数父母都会同意这个父亲的观点。根据他所描述的道理，我觉得我似乎也同意。然而，经验告诫我，在不知道多蒂真实想法的情况下，不要妄下结论。或许这里边还有更深层次的问题——一个隐藏的话题。我们仅凭采访的文字记录无法定论。然而，我知道的是，如果谈判双方有一方一再拒绝履行协议，那么这个协议是根本行不通的（例如，在两国之间或劳资双方之间）。"没有输家"的解决方法是双向的，它确实需要双方的需求都得到满足。

来自孩子的不切实际的解决方案

在解决问题的过程中，如果孩子们同意采取的解决方案根本不现实或对他们来说太难执行，遇到这种情况，原本严肃的事情就会变得有些轻松好笑。在解决问题的温暖氛围中，孩子们提出了不可能做到的方案并承诺要去执行，而父母从经验得知，这些方案永远无法实现。比如一个5岁的孩子，带着他最大的善意，自豪地答应会每晚清理桌子和洗碗，而这件事即便是成年人也都会觉得不太容易。再比如你12岁的孩子同意每周六帮你们洗两辆车，诸如此类。

下面是一个5岁孩子的故事。她答应晚上7点半上床睡觉，而她之前已经习惯了每晚要等到9点或9点半才上床。

"我告诉简，早上我把她叫醒时，她说她不想去上学，因为她实在是太累了。我说：'老是要进来帮你穿衣服，这让我很沮丧。这占用了我穿衣服的时间，还有你吃早餐的时间。'不管怎样，我的意思她还是听懂了，于是我们坐下来讨论这件事。她说她早上真的很累。她不会写字，但她却说：'好吧，让我把我的建议写下来。'这样子太可爱了。接着她马上说：'我可以看完电视节目就去睡觉，或者等你给我讲完故事。'好吧，如果是这样，才晚上7点半，而她之前一直打算9点或9点半睡觉。要调成这个时间是不可能的——一个非常不现实的解决方案……所以，那天晚上她7点半爬上床，但5分钟后，她说她想要放一张唱片。放完唱片，5分钟后她又跑出来说：'我觉得这不是一个很好的办法。'"

母亲对此表示理解，并同意第二天再来解决问题。"这个方案要开始实施其实很不现实，但当时对她来说似乎很简单直接，所以她就同意了。但是到晚上她才回过味儿来。"

当简提出她的激进方案时，我很佩服这位母亲可以忍住不发表意见，没有横加干涉。而事实上，她还有另一种选择。她可以说："亲爱的，你确定那是你想做的吗？对于一个习惯9点半上床的女孩来说，这听起来太早了。"然后，简可能会重新考虑她提出的第一个解决方案。发送这样的信息的一个好处是，孩子会非常确信母亲对自己的需求是在意的。

请记住：年幼的孩子缺乏经验，无法想象一项任务有多容易或有多困难，所以，父母不要草率地要求他们必须履行最初的承诺。

另一类解决方案需要注意，它们出自那种我们眼中很难坚持自己想法的孩子，他们典型的做法是为了取悦别人而否定自己的需求，比如下面例子中的蒂姆：

"蒂姆和吉娜推着这个小车在客厅里转，弄出很大的噪声，干扰了我和一个朋友的谈话。我叫他们过来一起快速解决问题。发完我-信息后，我说：'我们需要想出一个好主意，这样我们两边都会高兴。'而蒂姆说：'我们不会再玩这个玩具了。'这是蒂姆会说的典型的话：努力去满足大人，不论是谁。然后我说：'不玩这个玩具你会高兴吗？这对你来说是个好办法吗？'吉娜赶紧插话说：'不，不，不，蒂姆，你别说话，让我来处理。'她把他推到一边，然后对我说：'我们没法在厨房里玩，因为有垃圾碍事。'我回答说：'好吧，如果我把垃圾拿出去，你们能在厨房里玩吗？'她同意了。蒂姆也说：'好的。'我把垃圾拿出去，他们后来就再也没跑到客厅里来。"

这件事教给我们的是，有些孩子可能太轻易让步，接受了一个不满足他们需求的解决方案。姐姐吉娜在这次事件中帮助了蒂姆，但父母们可能还是必须对这种解决方法保持警惕，需要反复核对，以确定它是否只是因为孩子过于顺从和不自信而同意的。

权力和惩罚是正当的吗

在我们的研究中，一些家长报告了他们是如何出于各种原因选择（或被驱使）使用权力或惩罚的。他们的访谈或问卷调查提供了大量信息，表明他们何时使用权力以及为什么他们认为有必要使用权力。有时权力给他们带来了预期的结果，正如人们所预料的那样，但有时它又事与愿违，我们对此也毫不意外。一些家长后悔使用权力，会感到内疚；一些家长为使用权力而辩护，认为这是合理的。

下面这位父亲是一名医生，他清楚地知道使用权力的陷阱及其破坏性影响，但当他孩子的健康出现问题时，他却认为使用权力是合理的：

"如果在一种充满权威、命令和控制的氛围中养育孩子，到头来你将会失去他们……这改变了我的思考方式——试着不去控制他们的生活……P.E.T.让我放下控制，这让我感觉好多了……我想，就寝时间这件事基本上是我的困扰。他们可以有自己的感受，我会倾听他们的感受，但总是到了某个特定的时间点，我会忍不住指挥他们，这是为了他们能好好休息、健康成长……作为一名医生，我知道孩子身体需要休息的时间，这是身体会完成大部分生长的时间——也就是该睡觉的时候……有时候，使用命令或给出具体的建议是绝对必要的。"

虽然这位父亲的逻辑很清晰、动机也很好，但我不禁想知道他是否可以通过让孩子参与一个问题解决过程，讨论关于就寝以及获得充足睡眠的问题，从而更有效地实现他的目标。当然，到时候他的特殊医学知识可以作为必要的数据传达给他的孩子们，供他们参考。

所以有些父母使用权力或惩罚，不是因为"没有输家"的方法解决不了问题，而是因为他们选择了用权力来代替。另一个采访到的例子是这样的：

"有时候，我就是会对他们炫耀我的权力——不管你们怎么想、感觉有多糟糕，我们就是要这么做！我使用权力是因为我觉得我的需求比他们的强烈得多……我告诉他们：'一件东西你玩好了之后就把它收拾起来。'有时候，比如周六，当我一整天都过得很不顺的时候，我会说：'好吧，你们没有按照我说的做。'有时候克里斯会嘴上答应收拾，但实际却不动手，所以我会说：'好吧，我要惩罚你们。'然后我就会没收他们手头的任何东西，此后两三天都不让他们碰。"

这个例子也一样，家长甚至没有尝试启动任何解决问题的过程。这位母亲从一开始就选择了使用权力和威胁惩罚（最后是真的实施了惩罚）。这似乎是一个小问题，但这也是关键的问题，值得大家思考：一些父母甚至在冲突出现之前就使用权力或威胁使用权力。

相同的情况如果发生在另一种关系中，比如丈夫和妻子之间，就会变得很荒唐。假设我对我的爱人说："亲爱的，我希望你今天把衣服送到洗衣店去——因为要开会，我没有时间。"到目前为止，一切都很好，但我接着说："不管你怎么想、感觉有多糟糕，你都要这么做！"

我确定她不会心甘情愿地把衣服送到洗衣店的。如果我对她这样耀武扬威，她会很生气的。我们的关系会受到伤害。可想而知，孩子们也会有相同的反应。

许多家长告诉我们，遇到一些危险情况，他们觉得有必要使用自己的权力来保护孩子，就像下面说的：

"我仍然认为，把一支22口径的步枪带出家门并运送到射击场，这类情况需要有具体的规则和条例，必须像军规一样坚决执行。否则，就会有人受伤。可能在路上会发生事故，这就是我担心的问题。我10岁的孩子要用一把22口径的步枪，我要为他负责……如果我不能用我-信息快速地引导他，那么我会立即恢复到强制命令。"

这位父亲在使用他的权力吗？一些P.E.T.学员认为是这样的。因为他们经常提出类似的情况来反驳P.E.T.教学内容的有效性，或者更准确地说，他们反驳的其实是他们自己对我们所教内容的解读。真正的P.E.T.模式倡导的行为和家长在以上现实生活案例中看似恰当的行为，这二者之间的区别，很显然，一些家长并未分清。

下面我来分析一下22口径步枪的案例。比方说，这个10岁的儿子被他的父亲看到带着装了子弹的步枪上了车，没有调整安全阀做保护措施——这显然是一个非常危险的行为，当然是他父亲所不能接纳的。此时，父亲的行为窗口是这样的：

不可接纳行为　　★　◀••• 儿子端着一支上了膛的步枪

我们建议使用我-信息来改变不可接纳行为，而不是使用12个绊脚石中的任何一个。父亲觉得有必要也有理由使用命令这个绊脚石，但P.E.T.理论与此不同，我们会发送一条我-信息，比如："你端着支上了膛的步枪，没调好安全阀，我真的很害怕——它可能会走火，误杀别人！"

我相信类似这样的信息会跟以下的命令一样有效："你马上把步枪安全阀调到位！"

然而，即使父亲发出了这个命令，我也不会认定他在使用权力。我想说的是，这位父亲只是发出了一条强烈的你-信息，但从经验来看，我相信这样的你-信息更有可能引发儿子的反抗，伤害他与儿子的关系。因此，我们更倾向于使用我-信息。

现在,假设这条我-信息没有让孩子按照父亲所期望的纠正自己的行为。儿子可能会说:"我不会冲任何人开枪,我知道如何安全地使用步枪!"这时,矛盾出现了,父亲有3种方法可以选择:

(1)第一法:"调好安全阀,否则就别想去射击场。"或者"把枪递给我,马上!"

(2)第二法:"那好吧,但你千万要小心。"

(3)第三法:"你觉得安全,但我觉得还不够。我觉得不安全,除非安全阀调好了。出发之前,我们必须解决这个问题。"

虽然我确信第三法在这里会起作用——而且不太可能损害亲子关系——但我当然不会责怪在这种情况下选择使用第一法这种更严厉手段的父母,尤其是我自己对枪本身就心存畏惧。但是第二法我会觉得很难苟同。

如果在这种情况下,父亲使用了命令,那么我强烈建议,当儿子把步枪调到安全位置后,父亲可以对他的儿子说:"对不起,我大声吼你了,但是我当时真的很害怕,顾不上跟你讨论了。"父亲这样表达,大多数孩子会很容易理解。

其他家长也描述了类似的事件,但这些原理都是一样的。一位家长对孩子说:"好了,孩子们,你们一系好安全带,我就发动汽车出发。"她以为自己在使用权力。正如你所料的,此时没有冲突发生;所有的孩子都迅速地系上了安全带。作为司机的家长没有必要使用三种方法中的任何一种来解决冲突。

那么动用武力呢?这是动用权力吗?我们来看下面这个事件:

一个9个月的婴儿得了中耳炎。医生开了青霉素滴剂,但孩子一点儿也不吃。母亲把它和草莓冰激凌混合在一起,但是孩子还是拒绝吃。药剂师给了他们一个塑料小针管,可以把药送到婴儿的嘴里,然后吞下去。只有当母亲把婴儿背在背上,然后握住她的胳膊和腿的时候,这种方法才奏效。孩子把药都吃下去了,但是表现出非常生气和不安的样子。

这是在使用父母权力吗?这里有冲突吗?是的,两个问题的回答都是肯定的。那么,父母权力(第一法)是合理的吗?我认为是的,尤其是父母首先尝试了他们能想到的所有方法，而那个过程就是第三法。考虑到感染的严重性，我敢肯定大多数父母都会动用他们的权力让孩子把药喝进去。

打孩子合理吗

在我们的研究中，有少数父母告诉我们他们打孩子的事情。坦率地说，完成了P.E.T.课程的家长还会打孩子，这确实让我感到惊讶。同时这也让我很好奇，想知道原因，尤其是P.E.T.已经给家长们提供了这么多不同的选择，来避免对孩子实施身体暴力。我知道对于不同社会经济阶层的父母，打孩子都是很普遍的事情。我跟父母们交谈的时候，大概都会被问到类似这样的问题："戈登博士，你肯定主张父母应该打孩子，对吧？"

几乎所有的家长都不相信，会有人质疑在家里和学校体罚孩子的普遍做法。大多数父母都担心，如果有人剥夺了他们打孩子的自由，他们的孩子最终会变得难以管教，像野蛮人一样无法相处，注定会走上犯罪的道路。我们采访的一位P.E.T.家长对打孩子是这么认为的：

"要么是P.E.T.课本身，要么是上这门课的学生，都在明里暗里地告诉我们，你不应该打孩子。如果这是真的，那么我认为这就大错特错了。事实上，我们已经因为对孩子太宽容而陷入了严重的困境。我们家差点就失控了。"

说句题外话，我们只能猜测为什么在我们的课堂上，支持打孩子的家长中，父亲比母亲多。在上面的摘录中，这位父亲表现出他对失控的恐惧，暗示了掌控孩子的唯一选择就是进行体罚。然而，P.E.T.的价值就在于它带给家长很多选择，通过实施影响力来防止失控，比如：维系一种温暖有爱的关系的技巧；通过我-信息告诉孩子，他们的父母也有权利、有需求、有感受；通过冲突解决技巧找到解决方案，使父母和孩子的需求都得到尊重；通过在家庭中制定规则的方法来维持家庭秩序，防止混乱和放纵的行为。这些方法和技巧同样都适用于所有人际关系中来防止"失控"。

从采访中，我们获得了一些关键的想法。首先，我了解到一些父母有一个误解，认为我们提供积极倾听是用来代替打骂或其他形式的惩罚。这种混淆在下面这位父亲说的话中表现得很明显：

"也许孩子要长大一点，才会感激父母在积极倾听他时所给予的尊重。因为对我们两岁的孩子来说，积极倾听毫无意义。比如，他正在用蜡笔在墙上写字，我说：'吉米，你想在墙上写字。'这么说对他不管用，因为他的年纪实在太小了。"

这位父亲没有掌握一条基本原则——当孩子做出不可接纳行为时，父母不应该使用积极倾听。这里应该用的技能是我-信息。

这就难怪他会抱怨积极倾听不起作用！对于父亲的积极倾听（"你想在墙上写字"），吉米的回应会是重复父亲的话："是的，我想！"现在我们就可以理解为什么这位父亲觉得需要用别的方法来阻止吉米在墙上写字了。他主张为此打孩子；而P.E.T.提倡使用我-信息。

我想，如果他的父亲发送了我-信息，吉米可能已经停止在墙上写字了。比如，父亲说："嘿，你在墙上写字，我害怕我们擦不掉，而我讨厌墙被弄脏！"也许我需要补充一点，吉米的父亲也可能已经给了孩子一些大的纸来画画（即调整环境）。

一位母亲在P.E.T.课堂上讲述了她第一次打6岁的女儿梅兰妮的事情。她的理由很有意思：

"有一天，我动手打了梅兰妮，这是她出生以来第一次。她那时只有6岁。班上每个人都感到很惊讶。但是我意识到，我抚养老大和老二时用的是第一法，到了老三和老四的时候，包括梅兰妮，又是用的第二法。所以一直以来的纵容让我对她的怨恨越积越深，直到我在P.E.T.课上了解到孩子对大人使用权力，这让我对梅兰妮非常愤怒，我直接动手打了她……通过打她，我实际上是在对她说：'我再也不愿意让你为所欲为了。'我不想再被人虐待了。"

这种特别的打孩子事件，对这位母亲意义重大，也似乎不太可能再次发生。她可能只是需要一次机会，来发泄她6年来因为纵容孩子所积累的愤怒。

另一位家长说，她曾打过自己4岁的孩子托德，因为他拒绝接受如厕训练：

"我无法想象一个4岁的孩子，马上就要上幼儿园了，却还没有学会上厕所。在上P.E.T.课之前，我们会骂他，没收他的东西，打他，惩罚他，还答应他，如果他开始在厕所里大便，我们就给他一个喜欢的玩偶。但是这些都不管用……P.E.T.课对如厕训练这件事也没有帮助。有一天，我丈夫克拉克对托德很不满意，他在三四个小时内换了六七次裤子。托德是故意憋着不上厕所的，你知道，他憋不住的时候就会漏出来一点点弄脏裤子，然后克拉克就会给他换裤子，然后他又会尿出来一点儿。这真的很糟糕。克拉克暴怒，打了他一顿，打得挺狠的——真是暴打一顿。从那以后，他再也没有这样做过。之前怎么倾听和理解都没有用。"

虽然还不清楚托德"再也没有这样做过"什么，但这位父亲在那种情况下的困境确实令人同情。但是我们从案例中仍然没有得到答案，托德对如厕训练的持续抗拒是否可以通过"没有输家"的冲突解决方法来克服。这位母亲已经承认了，辱骂、剥夺、惩罚和承诺奖励都不起作用。为什么他们不尝试用第三法解决问题呢？显然，家长尝试了"倾听和理解"，但此时他们需要用的应该是冲突解决方法，因为是家长开始拥有了困扰，而不是托德。我们只能推测，假如父母使用了第三法，结果会是怎样的，比如我们这么开始："托德，我们有个问题。由于某种原因，你还没有学会上厕所，但妈妈和我已经厌倦了总是给你换裤子。我们讨厌这么做，那气味实在让人受不了。这真的对我们所有人来说都是个问题。让我们看看，你能不能找到办法解决这个问题，这样不但你会高兴，我们也会高兴。"

在许多家庭中，父母跟4岁的孩子——甚至是2岁的孩子——一起用冲突解决办法都取得了显著的成功。我不认为这种方法在托德身上有行不通的理由，如果他们尝试过的话。

父母为什么要打孩子？据我所知，从未有人调查研究过这一点。根据我跟家长们在P.E.T.课堂一起工作学习的经验，我的假设是，当家长对孩子动用武力时，有3个因素在起作用：

（1）他们自己的父母曾经也对他们施以体罚。

（2）他们不知道除了体罚还有别的、不使用选择的权利。

（3）他们使用这些方法是由于极度的绝望、恐慌、沮丧——他们确实已经无计可施了。

一位母亲分析了她打孩子的细节：

"我以前动不动就会打孩子，这就是我被养大的方式……我和我丈夫都是在管教非常严格的家庭中长大的，打孩子就是管教的唯一方式……我知道我不想用体罚，但我还没有找到其他方法……所以我上了P.E.T.课，但那没有立竿见影的效果。我花了很长时间才克服了打孩子的冲动，而且我做到了——现在她已经12岁了。以前我倾向于强行介入，在我被各种情况激怒的时候，如果我打了她，过后我又希望我没有这样做……这个孩子和我的关系从一开始就闹得很僵。现在我对自己有了信心，但是孩子两岁半的时候，我们经常发生争吵，这让我感到很恐慌，她要么被关到自己的房间，要么被打屁股……我在P.E.T.中学得最快的东西是我-信息。这对我很有效。我可以站在大厅里对她大叫：'我现在真的想打你——你真的在烦我'——然后就能控制住打她的冲动。我只是说说而已，而不是真的去打孩子……我花了大约5年的时间才把它融入我的生活中。"

另一位母亲谈到了一些相同的观点：

"和4岁的安在一起，我们真的相处得很好，唯有一点，她会发牢骚，这让我们很烦。一个爱发牢骚的孩子是会把你逼疯的。我会对她说：'你还是回你的房间去吧，什么时候你不发牢骚了，什么时候再出来。我们实在受不了你发牢骚了！'这种情况经常发生在晚饭时间——这时我累了，她也累了……学习P.E.T.之后最大的不同是，我找到了一种抒发愤怒的方式，用语言来表达我的愤怒，而不是用一种更有害的方式对她发泄。"

请注意下面例子中的这位母亲，在参加P.E.T.课之前，她已经在极度绝望中挣扎多年：

"我怀保罗的时候，吉恩才一岁半。他开始在夜里频频惊醒，哭声凄厉，令人钻心地难受。我会去看他，尽我所能地去满足他的需求。他什么也不会说，也没有什么能阻止他大声的哭喊。起初，他一晚哭两次，后来一晚四次。家里其他人都筋疲力尽打算放弃了。我当时非常绝望，离预产期越来越近了，我还要这样半夜起来折腾。最后，我打了他一顿，但我觉得这样做很不对。"

尽管P.E.T.学员报告了一些打孩子的例子，但令我感到鼓舞的是，许多家长确实也发现P.E.T.提供了许多可以替代体罚的选择。许多人打破了自己父母建立的模式，许多人愿意使用我-信息和"没有输家"的冲突解决方法，来代替他们不喜欢的体罚；即便是那些没有停止打孩子的父母，也只是在孩子的健康受到威胁的情况下才会这么做。

第 11 章

父母如何让"没有输家"的冲突解决方法发挥作用

我们对P.E.T.学员的后续研究充分证明父母们可以让"没有输家"的冲突解决方法发挥作用。父母们报告了很多种与孩子发生冲突的情况，都是通过"没有输家"的方法成功解决的。其中，有些案例简单快速；另外一些更复杂，花费的时间更长。有些涉及父母一方和孩子之间的冲突；还有一些需要全家人都参与问题解决的过程。尽管大多数父母一开始认为第三法只适用于年龄较大、语言能力较强的孩子，但很多父母也告诉我们，他们如何跟蹒跚学步的孩子一起使用这种方法，有时甚至是跟婴儿。

我们还收集了"没有输家"方法用于解决兄弟姐妹之间冲突的案例，在这些案例中，父母扮演的角色类似于中立的仲裁协调者。在一些家庭中，我们知道了他们如何使用第三法来做预防——做一些决定或制定某些规则，以防止将来发生冲突。

本章我们将重点讨论有效使用"没有输家"方法所必须注意的事项，而该方法在家庭中的实际应用案例将为此提供帮助。毕竟，解决冲突达成双赢需要一个过程——一个循序渐进的过程，父母必须遵循特定的步骤。比如，我会跟大家强调，做好准备，让孩子们愿意参与解决问题的过程是多么重要。我还会谈到，为什么父母需要发送非责备的我-信息而不是带评判的你-信息，后者会让孩子抵制使用冲突解决方法。我将向大家展示，想出大量备选解决方案这一步骤的重要性。我会给家长们一些新的观点和建议，帮助他们躲避一些常见的陷阱。

为"没有输家"冲突解决方法做好准备

多年来我们学到了很重要的一点是,那些在家庭中使用"没有输家"的方法获得最多成功的父母(特别是孩子已经比较年长,以前习惯了第一法或第二法的家庭),都会在正式使用前,特意好好跟家人解释这个新方法。

有些人详细地解释了这种方法与第一法和第二法的区别,以及第一法和第二法为何都没有效果。有些人甚至画出每种方法的示意图来帮助孩子们理解。一位母亲描述了他们是如何在解决孩子不吃饭的问题时,向他们介绍第三法的:

"吃过晚饭,桌子收拾干净后,我们都坐下了……我们说我们想尝试用冲突解决法来处理我们的吃饭问题。首先我们把问题列在一起。我们搬了块黑板,把它竖在那里。我说:'爸爸和我感觉最近有些事情闹得不太愉快,我们所有人都被搞得心烦意乱,我们想知道是否可以做些什么来改变这种情况。'然后我说:'我们想试试我和爸爸在课上学的一个新方法。首先,每个人都有机会说出他们想解决的问题。'我接着说:'我会把所有待解决的问题都列在黑板上。然后,我们将决定如何解决这些问题……我们希望这么做能让我们当中没有人会输——这样就没有人会为此感到难过……如果一个解决方案并不是每个人都喜欢,那我就不认为这个方案对我们有帮助。'"

对于之前不了解"没有输家"解决方法的孩子,"让我们来解决问题"这样简单的说法并不足以让他们愿意参与。对于他们来说,解决问题在以前就意味着:父母赢,孩子输。所以,由父母来解释新方法的基本规则是非常重要的。要强调,没有人会输。每个人都必须对解决方案感到满意。我们既要满足自己的需求,也要找到符合对方需求的解决方案。

一位父亲讲述了他十几岁的儿子第一次尝试"没有输家"的冲突解决法时的反应,当时父母没有跟孩子充分解释这个新方法:

"当我们建议跟儿子一起实施冲突解决法时,他说:'你们现在又学到了什么新的心理学技巧,跟我这里试,好让你们得偿所愿?'"

除了确保孩子们真正理解第三法是什么，父母们还必须确定要用我-信息而不是你-信息开始。理由就是：你-信息将责任指向孩子，所以他很自然地预判解决问题的结果无非就是让他必须做出改变；毕竟，他的父母已经觉得是"他的过错"了。

我们在采访中报告了如何用我-信息有效地表述需要解决的问题：

"在教堂做礼拜时你扭来扭去的，这让我感到很不安，使我无法集中注意力。"

"现在，我们全家住在漂亮宽敞的房子里。我正努力地收拾楼上的起居区域，让这里看起来整洁干净。可是我往楼下看的时候，一眼就能瞧见你房间的桌子和写字台上堆满了玩具。你每天都这样，真让我感到心烦。"

"在客厅玩接球游戏，我担心台灯会被碰到地上摔坏。"

"孩子们，我很发愁，在吃饭的时候你们要看电视，而我特别想跟你们聊聊我们彼此白天过得怎么样。不能跟你们谈谈心，让我有点难过。"

当你开始用这些信息来启动解决问题的过程时，你就大大增加了孩子们参与的可能性，而且他们也会觉得自己有机会赢。

当需求明确时，解决方案就会出现

当遇到冲突时，如果家长们认为解决矛盾的唯一办法就是让一方放弃自己的做法，按照另一方的方式行事，那么他们往往很难相信"没有输家"的冲突解决法会起作用。比如：爸爸今晚要用车，但马克也指望着开这辆车来完成和女孩的第一次重要约会；妈妈早上要去上班，但邦妮拒绝去上学；朱迪不愿穿雨衣去学校，因为她讨厌雨衣的颜色，但妈妈坚持要她在雨天穿雨衣；父母都希望孩子和他们一起在餐桌吃晚饭，但孩子们想要观看他们喜欢的电视节目。

想想这些冲突的例子，父母们通常会说"要么按我的方式做，要么按孩子的方式"，或者"不可能有解决方案能让父母和孩子都接受；肯定有人**得妥协**"。看起来似乎就是这样，非此即彼。但人们之所以会这么想，是因为大多数人太习惯于只在**解决方案的冲突**这个层面思考，而不是去了解**需求层面的冲突**。

当你把雨衣问题看作是两个对立的解决方案的冲突时，很自然的，似乎只有两个解决方案存在——她被迫穿雨衣或者她被允许不穿。很显然这是非赢即输的局面。然而，当你把这个问题看成是需求层面的冲突——比如你发现，朱迪不想穿这件雨衣，是因为她不喜欢那个颜色；而你的需求是防止朱迪被淋湿而生病——那么，在你们面前就会呈现许多不同的解决方案：朱迪可以带把伞，她可以买件她喜欢的颜色的雨衣，也许可以给雨衣染个新颜色，也许她可以跟朋友交换一件新的雨衣，等等。

我们从那些成功使用第三法的家庭那里了解到，当需求被清楚地识别和表达时，第三法是有效的；但如果父母和孩子只是狭隘地从"非此即彼"的角度思考时，第三法往往会失败。这一点在下面这个案例中表现得淋漓尽致，这是一位有两个孩子的父亲，孩子分别是7岁和9岁。

电视干扰了晚餐时间。孩子们要么拿着盘子跑到电视机前，要么就磨蹭地迟迟不到餐桌旁来。为这事我们有过很多争论。在一次家庭冲突解决会议上，我提出了这个问题。我和妻子表达了我-信息：你们看电视这件事让我们感到困扰，是因为：

（1）我喜欢在晚饭时和孩子们聊天——听听他们白天过得如何，也分享一下我当天的生活。没办法这么做的时候，我挺伤心的。

（2）对我妻子来说，准备晚餐会是个麻烦——因为她要让大家吃到热的饭菜，所以她需要知道什么时候可以上菜。

（3）如果我们强迫他们在餐桌上吃饭，会与孩子爆发争吵，伤害感情，然后没人享受这顿饭；如果他们在电视机前吃东西，餐盘就会摆在那里，我和妻子都会感到难受，因为这样我们就不能跟他们一起共度晚餐时光了。

而作为回应，孩子们也表达了他们的需求：

（1）最适合他们这个年龄的电视节目的播出时间是晚上6点到7点。

（2）他们刚开始看一个节目，看得正津津有味的时候，我们突然叫他们来吃饭，他们觉得这是不公平的。如果知道每天的晚餐都固定在那个时间，那么他们也就不会事先跑去看半截电视了。

我们开始寻找解决方案：

（1）晚餐可以更有规律，安排在一个固定的时间。这对我妻子来说是可以接受的。那么，在晚餐时间，孩子们就不看电视节目。

（2）通常每周有两个晚上我会加班工作。我的妻子说，我不在家的时候，如果他们在晚饭时间看电视，她可以接受，我也觉得没问题。

（3）孩子们自愿提出周一到周五都不看电视。我当时特别吃惊。我和妻子回应说，这个方法在我们看来不可行，因为这个要求有点太过了。这个提议他们可能根本无法做到。他们回答说，他们将限制自己从周日到周四每天晚上只看一个电视节目。这条我们都同意的——特殊情况再说。

结果：我们家关于电视问题的争论真的结束了。孩子们仔细地挑选节目，并坚持只看一个节目。这样的约定是我们从未预料到的——然而，它真的是太美好了。这样我们晚上有时间玩家庭游戏，孩子们有时间做作业，而且，他们的就寝时间也提前了。这个计划大概持续了一年半到两年。这个时候习惯已经形成了，孩子们也长大了，不需要再通过规则来约束他们了。问题已经不复存在了，尽管我们家里的电视机仍在它的岗位上继续工作。

另一个是4岁的斯坦和他的父亲进行的冲突解决案例，说明了理解孩子的需求，避免在对立的解决方案上陷入纠缠是多么重要。斯坦和父亲俩人在家。母亲和两岁的孩子周末出门度假去了。第一天斯坦和爸爸花了很多时间一起做事情。但现在爸爸开始因为没能完成自己的工作而感到紧张和沮丧。

斯坦：爸爸，你现在可以和我一起盖房子吗？

爸爸：我真的觉得我现在需要做自己的工作了。

斯坦：求你了，就再盖一栋房子，好吗？

爸爸：你还没准备好一个人玩，是吗？

斯坦：（噘嘴）嗯。

爸爸：你还是希望我陪着你。

斯坦：是的。

爸爸：但我现在真的不想再继续玩了。

斯坦：好吧，也许你可以在我的房间里工作。

爸爸：嗯，我想在客厅工作，我所有的书和文件都在这里，还有我舒适的椅子。

斯坦：（停顿）你能帮我把我的积木都搬到这里来吗？

爸爸：你想在我工作的时候和我待在一个房间里。

斯坦：是的。

爸爸：好的。我们一块儿去拿积木吧。

斯坦玩了一个小时左右的积木。这段时间爸爸可以完成他的一大块工作，这让他们感觉心情都很好，可以在当天晚些时候继续一起玩。

在接下来的对话中，请注意女儿安的需求是如何被逐步识别出来的，而这个过程又是如何激发出更多的解决方案的：

妈妈：看你在教堂里扭来扭去的，我心里很烦，这样我没办法集中注意力。

安：我不喜欢待在教堂。

妈妈：在教堂待着让你不开心。

安：嗯，不开心，我没办法那么长时间都坐着一动不动。

妈妈：你坐累了。

安：是的。不是我不喜欢听讲。只是要跪下、起来又跪下的，把我弄疼了。

妈妈：在这么小的空间里活动，对你来说实在是太难了。

安：还不算太糟。大多数时候，我就是太热了。

妈妈：你能想到做些什么来解决这个问题吗？

安：我们可以把外套放到外面。

妈妈：好。让我们试一试。还有别的吗？

安：嗯，有时候，我看不懂大家都在做什么。

妈妈：要不，我们早一点儿到那儿，事先读一下所有的东西？

安：好的。也许你能帮我在祈祷书上做个注释，就像你书上的一样。

妈妈：好的。那就带你自己的书去教堂吧，省得要带两本书。

安： 好的。你看这样没问题吧，妈妈？

问题通常有不止一个解决方案

如果你认为在解决人际关系中的矛盾时只有一种解决方案，那么没有什么比这个态度更能导致第三法的失败了（或者甚至根本就不愿开始尝试）。这种冻结在"唯一方案"的想法最大的危险是它诱使父母操纵孩子去接受一个预先设想好的"正确的"解决方案——并且如果孩子不接受这个解决方案，父母就会放弃使用这种解决问题的方法。我们试着教导父母们要打开思路，意识到每一个问题都有很多可能的解决办法。父母的任务是确保冲突界定之后，能够生成各种解决方案。

以下是实现这一目标的指导原则：

（1）在你提供任何解决方案之前，先允许孩子提出一个或几个方案。

（2）别指望孩子能想出所有的解决办法。在解决冲突的过程中，也涉及你自己的利益，所以你也要坦诚表达自己的想法。对于年龄较小的孩子，父母通常得提供更多的方案。

（3）在生成足够多的解决方案之前，父母不要评估任何建议的方案。评估会扼杀创造力，阻碍孩子们提出自己的想法。

（4）鼓励你的孩子提出任何想到的解决方案，不论这个方案听起来多么愚蠢或不切实际。我们需要足够数量的方案。这被称为"头脑风暴"，是一种在工商业领域中广泛使用的解决问题的技巧。

在下面的案例中，孩子最终接受了一个方案。注意看在那之前一共生成了多少个解决方案。

"一个温暖的下午，丹尼和另外两个孩子在邻居的院子里玩。邻居母亲问他们所有人要不要吃冰棒。丹尼对她说了一些冒傻气的话，听起来是他不想要，所以她没有给他冰棒。丹尼跑回家，哭着说他想要一根冰棒，并要求我去邻居那里弄一根。我当时的反应是想说：'这将给你一个教训，不要再这样自作聪明地回答别人！'但是我没有说出口，我决定使用冲突解决方法。一开始这并不是我的困扰,但当丹尼要求我去找邻居要一根冰棒时,这就成了我的困扰。我列出了可能的解决方案:按他说的我去拿冰棒;他自己可以向她要一根冰棒;我们可以用果汁自制冰棒;下次我们去便利店时,他可以买到一根冰棒;他可以在家吃饼干。当我告诉丹尼,我无法接受第一种方法时,他马上选择了自制冰棒。"

一对20多岁的夫妻,他们有一个2岁的孩子。他们发现,在不同的人际关系中,P.E.T.技巧也同样适用。他们谈到了冲突解决过程是如何培养创造性思维的:

父亲:这是我有过的最奇怪的感觉,因为我参加冲突解决会议时,希望他能够改变。结果发现,最好的解决办法恰恰相反——要改变的人是我。

母亲:我认为P.E.T.为你打开了一个全新的解决方案的世界。这是一个过程,在你确定了问题是什么之后,现在你需要解决方案。而我们有成千上万个不同的解决方案。这不是非黑即白的。突然之间,一切都变了。我们变得更有创造力了。这真的是更有创意的解决方案。

在连续多次的采访中,家长们都表示,孩子们想出绝妙主意的那种创造性能力着实令人惊讶。我们在这方面低估了孩子,因为我们很少给他们机会来展示他们的创造性思维能力。原因显而易见:第一法不给孩子们机会去参与解决方案的产生过程——方案是由父母决定的。在下面的案例中,你可以感受到这位母亲的惊讶:

"我们遇到的一个问题是,孩子们会满脚都是泥地从后门跑进来。一开始,我们让他们绕着房子外面走,然后从车库出来。对,那是我的解决办法。但他们反驳说,他们又冷又湿,而且要走很长一段路,能不能让他们在后门廊上脱掉鞋子,然后他们将鞋子放到专门存放脏鞋的盒里……这不是我能想到的解决办法。以前一旦我告诉了他们我的解决办法,那就板上钉钉必须被遵守,就像法律一样……现在,这就像在我眼前开启了一个全新的世界。我得到了我想要的,尽管这不是我本来认定的那个解决方案……孩子们比我年轻,经历要少得多。以前我认为自己应该是更智慧的,更知道正确的答案。而在这件事中,他们有了一个绝妙的好主意。他们因此得到了他们想要的,我也得到了我想要的……这不再是件麻烦事了。"

另一位家长谈到,解决问题的过程让她的女儿看起来特别足智多谋:

"这件事让我们夫妻俩和4岁的女儿玛丽·安都明白,她总能想出一些好主意。在此之前,我们只会说一句'不,你不能那样做'。现在,她会提供新的想法。我认为这让我们意识到,孩子也是人,他们有和我们一样的权利……很多时候,她会想出一些好点子。我记得有一次,她想给我们后院花盆里的每一株植物浇水。我解释说,对于一些植物来说,水太多沤着它们会死的。于是,她想出了一个主意,让我告诉她哪些植物可以浇水。我们最终解决了这个问题——有些植物她可以想浇多少就浇多少,有些她不能。在那之前,我们大概只会说'不,你不能浇水'。那势必又会引发一场哭闹,弄得每个人都不开心。"

还有一位母亲用第三法解决了5岁孩子从不吃蔬菜的问题。从下面的对话中,可以明显看出他们解决方案的创造性:

"当我们学到了冲突解决方法后,我决定用这个方法来解决一直困扰了我们5年来的问题——让杰伊吃蔬菜。芭芭拉什么都吃,吃得很开心,而杰伊跟芭芭拉不同,从他还是婴儿的时候,从第一口蔬菜开始,就一直不愿意吃。其他的食物他都吃得很好,而且不太在意——但是蔬菜,他就不吃了!我们用尽了一切方法,从哄骗、冷落到威胁,都毫无效果。那时我威胁他,如果不吃蔬菜,那其他什么都别吃,他真的就会什么都不吃。他可以为了不吃蔬菜,忍受其他所有事。"

很明显,这是一个P.E.T.解决冲突的案例。一天吃晚饭时,杰伊像往常一样拒绝吃豌豆。他的母亲说想和他谈谈这件事。晚饭后,他们走进游戏室。开始了以下的对话:

母亲:你还记得我在晚餐的时候说关于你吃蔬菜的这件事吧?
杰伊:是啊,我不喜欢吃。
母亲:我想我现在已经知道了。杰伊,这是我们需要一起解决的问题。你不喜欢吃蔬菜,但是我想让你吃,因为蔬菜含有你身体需要的特定维生素。关于这个问题我们该怎么做，你有什么想法吗？或者有什么建议？

杰伊：没有。

母亲：试一下，想想看，你有什么好主意吗？

杰伊：（有点抱怨）不，我什么都想不出来。

母亲：好的，杰伊。我要提一个方案，然后你告诉我你的想法。除非我们双方都同意，否则我们不会做任何决定。好吗？

杰伊：（有点怀疑）好吧。

母亲：你觉得这个怎么样？你愿意每顿饭至少吃一口蔬菜吗？如果你不喜欢那个味道，那么你就不必再吃了。

杰伊：不要。

母亲：不要？

杰伊：我不喜欢这个主意。我想，我不会那样做的。

母亲：你不认为这是个好主意吗？好吧。那你来出一个主意。

杰伊：我做不到。

母亲：嗯，那么……呃，杰伊，你有喜欢吃的蔬菜吗？

杰伊：有，我喜欢吃生胡萝卜。

母亲：还有别的吗？

杰伊：芹菜秆。

母亲：还有？

杰伊：还有豆子。不是从花园里摘的豆子，而是罐头里的豆子。

母亲：还有呢？

杰伊：没有了，我全说完了。

母亲：我明白了。现在我想知道我们能做些什么。

杰伊：你能每次都只帮我挑选其中的一种蔬菜吗？

母亲：（慢慢地）是的，我想我可以。你吃哪一种蔬菜对我来说真的无所谓。我只是关心你要吃些蔬菜。是的，我想我同意按你说的做。

杰伊：（轻轻地）好的。

母亲：那么，还有一件事。有时你也不喜欢吃主菜。

杰伊：是的，如果里面有洋葱的话。

母亲：嗯，那我们能为此做些什么呢？

杰伊：我不知道。

母亲：嗯，你愿意尝一口主菜吗？

杰伊：但是如果我不喜欢呢？

母亲：如果你不喜欢，你能做什么？

杰伊：我可以做个三明治吃。

母亲：一个三明治？是的，我想你可以。这样至少你可以吃点东西。所以你至少要尝一口，如果你觉得不喜欢，你可以做一个三明治吃。好的，这听起来很不错。你认为我们应该把这个约定写下来吗？

杰伊：是的，我们做个牌子，挂在桌子旁边，这样你就能记住了。

这位母亲告诉我们招牌上的内容：

要解决的问题：杰伊不喜欢吃蔬菜，有时也不喜欢吃主菜。

解决办法：杰伊会生吃胡萝卜、芹菜或青豆。妈妈每天晚上都会挑一种杰伊喜欢吃的蔬菜给他做晚饭。杰伊将试尝主菜，如果他不喜欢，他就给自己做个三明治吃。

"我们俩都在纸上签了名字。我对我们解决问题的尝试感觉很好。虽然这个过程并不算完美，但我觉得，最后我们双方都赢了。我们的解决办法可能不会被其他家庭所接受，但对我们来说是合适的。我对合理饮食的担心被顾及了，而杰伊显然觉得他的选择自由也得到了尊重。现在我们只需等待，看看整个事情是否会成功。

"第二天晚上，我递给大家一盘胡萝卜条，杰伊不声不响地拿了一根。第三天晚上，盘子传到他面前时，他说：'不了，谢谢。'然后把盘子传给下一个人。我忘记了我应该扮演的角色，恢复了以前的指手画脚，我提醒他我们之间的约定。他很不情愿地拿了一根胡萝卜。

"后来，我意识到我的错误，并决心在未来遇到这种情况时发送一条适当的我-信息。下次再发生同样事情的时候，我对他说：'我很失望，杰伊。我以为我们已经说好要吃生胡萝卜了。'杰伊对此做出了积极的回应。

"几天后的晚上，我做了一道主菜，杰伊以怀疑的目光打量着这道菜。

他勇敢地尝了一口，说这实在是太难吃了。然后，好像他突然想起了我们的约定，他从桌子上跳起来，兴高采烈地跑去拿面包、果酱和花生酱，开始给自己做三明治。

"他开心得毫不掩饰，我被逗乐了。对他来说，能够拥有这种自主权意义重大。我开始能理解他过去压抑的感受，我意识到，尽管我们的意图是好的，但我们真的让他感到相当压抑。"

这位母亲又在后面加了一段有趣的话：

"'吃蔬菜'这部剧的结局是皆大欢喜的。我们已经不再完全按最初的约定执行了——这个约定已经达到了它的目的，帮助我们度过了困难时期。现在大部分时间，杰伊都能吃一小份蔬菜，不用我们督促了。"

修改最初的决定

不是所有的"没有输家"冲突解决方法所做的决定都能达到预期的效果，因为这个第三法也很难保证每次都有一个完美的解决方案。当你发现最初的解决方案不合适之后，问题往往需要重新来解决。这不仅是在家庭中，在公司和企业中也是如此。不管出于什么原因，父母都不应该犯这样的错误——在已经看到决定的方案不管用的证据之后仍然固执地坚持执行家庭约定。下面这个故事说明了父母需要召集另一次解决问题的会议来找到更好的解决方案：

"我的两个女儿，吉娜和劳瑞，曾经和我一起解决了一个冲突，关于每天晚上清理和摆好餐桌的问题。我们通过第三法彼此约定，她们每周轮流打扫桌子，一个清理桌子，另一个摆餐具。第一个星期，这个约定进行得很顺利。后来，只要轮到4岁的吉娜擦桌子的时候，她就磨磨蹭蹭、不断抱怨。但在摆餐具的时候，她是挺积极的。所以，我们又在家庭娱乐室召开了一次家庭会议，在一个挂板上粘了一大张白报纸来记录……我了解到，吉娜现在个子还小，她很难够到桌子、把盘子拿下来，所以她担心她会在取盘子并送去洗碗池的时候摔坏盘子。还有，她并不介意擦桌子，但她不喜欢一个人在厨房里擦桌子。于是，全家人决定帮助她解决这个问题。下面就是我们写在纸上的内容，最后我们做出了一个新的决定，女孩们像以前一样轮流收拾，但轮到吉娜的时候，爸爸会帮她清理盘子，她也会像往常一样擦桌子。那是4个多月前的事了，自那以后就没有任何问题了。"

我们一起来看看他们大概的会议记录：

要解决的问题：每天如何摆好桌子，清理收拾，并把桌子擦拭干净。

需求：

劳瑞	妈妈	吉娜	爸爸
不被吉娜缠着要跟自己交换轮到的家务活	家务需要有人帮忙	劳瑞不再冲我喊	需要女儿们参与家务劳动
需要得到劳务报酬来买东西	不需要花时间催促别人做她们的家务活	我最喜欢摆餐具不喜欢收拾桌子	不希望因为有人不收拾餐桌而不得不争吵、吼叫，听孩子哭，心烦意乱
	希望桌子尽快收拾干净，这样不用站着干等	（后两条其实不是需求，但我们还是记在了那里。）	

解决方案（从女儿们的开始）：

（1）劳瑞让吉娜今晚摆餐桌。

（2）吉娜总是负责摆餐桌，劳丽总是负责清理收拾。

（3）按天轮流，而不是按星期。

（4）摆餐桌的人也负责擦桌子。

（5）轮到吉娜收拾时，爸爸会帮忙清理餐桌。轮到劳瑞收拾的时候，爸爸就帮忙擦桌子。

深入挖掘真正的问题

通常，我们看到的问题（或者冲突）事实上只是一个最初的"表象问题"，并不是真正的问题。在冲突解决方法的第一步，父母需要做很多积极倾听，这样孩子才会更加开放，才会有更多的交流，家长们就能得到更多的信息来帮助孩子们找出真正困扰他们的事情。一位母亲描述了一个冲突场景，表面上似乎是由于她7岁的孩子讨厌学校引起的：

"我儿子早上没办法开开心心地去上学。他气呼呼地说他讨厌学校，质问我们他为什么非要去，每天早上都哭到很晚才走。这一幕让家里每个人都很难受，尤其是我。经过倾听解码，我理解了他说的'我讨厌上学'其实是'我很烦做上学前的那些准备'。于是我重新检视了一遍早上的日常安排。之前我会在床上拖到最后一分钟，然后去叫醒他。到那时，他必须马上起床，立即决定穿什么衣服。他不肯起床，也不肯挑衣服——我给他选的衣服都被否决了。接下来的时间就越发紧张了，只能匆忙地吃饭、刷牙、系鞋带、梳头，直到哭着出门。针对这种情形，我们想出的解决办法是：我们在他晚上睡觉前挑选他第二天要穿的衣服。这是他一天中最快乐的时刻，我选衣柜里任意一件衣服他都表示同意。闹钟时间设好，留出提前量，这样闹钟响了之后他还可以在床上再躺一会儿。结果你猜怎么着？闹钟还没响他就醒了，我还没起床，他就已经穿好衣服了。他为自己感到自豪，还到厨房帮我干活；去门口拿牛奶，还帮忙喂狗。他的状态跟以往截然不同，这让我们在早晨都能度过愉快、幸福的时光。"

正如以上这个案例所展示的，一旦界定了真正的问题，接下来其他步骤通常会完成得相当迅速。而<u>在界定问题这第一步中，使用大量积极倾听的重要性</u>真是再怎么强调也不为过。

下面的案例揭示了如何运用积极倾听"表象问题"来帮助一个蹒跚学步的孩子发现真正的问题所在：

"这真是太糟糕了，想想看，凌晨3:30左右，摩尔从自己床上起来，爬到大人床上，跟我们挤在一起睡。这种情况不能再继续了。他告诉我们，他不喜欢睡在自己的床上。但是，他以前很喜欢他的床。他刚有自己的那张床时，兴奋得不得了。'嗯，我不喜欢我的床，我想和爸爸妈妈一起睡。'所以我们积极倾听他，发现问题其实是，他的小弟弟格雷格把他给吵醒了——而不是他不喜欢自己的床。所以我们说：'如果你睡在我们的床上，真的太挤了，我们就睡不着了。'我们问他可以做什么来解决这个问题。他说：

'嗯,我们可以把格雷格留在楼下的婴儿床里,这样就不会有问题了。'我们回答说:'但是,如果格雷格醒来时浑身又湿又冷,他哭了,我们听不见怎么办?'摩尔说:'这对我来说无所谓。'当然,约翰和我都认为这是个问题……摩尔又建议睡在我们房间的地板上,我们觉得那样不好,因为他可能会着凉感冒。我们考虑了其他可以睡觉的床,最终我们同意他可以睡在客房的双人床上。"

孩子们也能如此通情达理

我们收集的许多案例不断证明,当最终解决方案跟孩子们最初想要的不同,甚至远远不如他们最初期望的那样对自己有利时,他们也可以非常理性地接受。父母通常很难相信孩子会愿意接受那些解决方案,因为在家长看来孩子应该完全不会同意的。

第三法对孩子们做了一件很不寻常的事情,这似乎让他们摆脱了"我必须按照我的方式行事,否则就什么都不做"的姿态。当孩子们看到父母愿意放松姿态、坐下来商谈,并且认真考虑自己的需求时,他们也就有了一种商谈的心情。那种"非赢即输"的思维定式逐渐松动了,"你我针锋相对"的态度也消失了。"输赢"的动机没有了,取而代之的是对父母需求真诚的关心。

在以下的冲突解决过程中,你可以体会到这个孩子想在街上骑自行车的强烈需求,同时也能感受到他后来接受了一个解决方案,虽然非他首选,但也心甘情愿:

"我儿子想在我们居住的街道上骑自行车。在观察了他骑车的状态以及他对交通和变化情况的反应后,我和丈夫认为,对他来说,在街上骑车是不安全的。我们告诉儿子我们的感受,他感到非常难过。对他来说,能在坚硬的路面上骑自行车是令人兴奋的——那太刺激了!我们倾听了他,他明白了我们不反对他骑车,然后我们重申了我们对他在街上骑车的担心。我们3个人开始解决问题流程,我们的儿子最后决定他可以在他学校操场的柏油路面上骑车。这是他的建议,我们也欣然同意。我们约好的是,他会推着自行车到学校操场，然后在柏油路面上骑，那里没有车辆来往。这样他很高兴，我们也很满意。这样的状态持续了几个星期，直到他掌握了在街上安全骑行所需要的技能和信心。"

下面这个场景是我们对一位母亲开始采访前几分钟在她家里发生的：

"就在你来之前几分钟，兰迪想玩万圣节游戏。他把房子里所有的窗帘都拉上了。我不想让你和我坐在这里的时候，房间里是漆黑一片的，但他强烈地希望一切都是黑的。我告诉他：'几分钟后有个客人要来，我想如果坐在黑暗中对我们不好。我们看不见对方，也插不上录音机。'他说：'我真的很想玩万圣节游戏。'然后我们讨论了一会儿。他同意在厨房里玩，因为从这个房间看不见厨房。采访一结束，他就可以进来，把一切都弄暗。这件事他表现得非常善解人意。"

与婴儿一起解决冲突

婴幼儿父母经常评论说，因为孩子太小，他们在P.E.T.课中学到的技能对他们来说不如像大一点孩子的父母那样适用。他们认为特别是"没有输家"的冲突解决方法，尤其需要孩子这一方有相对比较高的语言表达能力。所以家长和P.E.T.讲师通常认为，在孩子三四岁之前，第三法不可能被广泛使用。然而，我们现在知道了，父母可以用这种方法来对待婴儿和尚未学会说话的幼儿。跟婴幼儿一起解决问题的过程同样也需要经过6个步骤，只是这个过程基本上是通过非语言信息，而不是口头表达的。在以下这个家长提交的案例中，我们可以清楚地识别出这六个步骤：

"我的孩子在婴儿围栏里又哭又闹，把板条弄得格格作响，动静很大，好像很想出去似的。我没有把他带在身边，因为我必须在朋友到来之前，把房子打扫干净。（第一步：界定冲突。）我想我要尝试第三法，所以我开始思考不同的解决方案。首先，我给他装了半瓶牛奶（第二步：生成解决方案。）但他把瓶子扔在地上，哭得更大声了。（第三步：评估解决方案。）然后，我试着把一个拨浪鼓放在围栏里（第二步），但他不理会，一直哭闹,把围栏的一边弄得格格作响(第三步)。最后,我想起了我不久前买的一个彩色小饰品。我把它从壁橱里拿出来,装在一个缎带盒子里递给他(第二步)。他立刻停止了哭泣,开始玩盒子,并试图把彩带弄下来。(第四步:选择解决方案。)他高兴地玩了半小时,而我趁机忙完了家务。(第五步:执行解决方案。)每次我回到房间去看他的时候,他都在摆弄那个小饰品。(第六步:检查结果。)"

母亲没有输,孩子也没有输——双方都赢了!这一切都是用非语言方式来完成的。

下面另一位母亲详细描述了她和宝宝之间发生的故事:

"14个月大的鲍比非常喜欢他的奶瓶。当他吮吸奶瓶的时候,就像电池在充电那样,十分沉迷,享受其中。他吮吸了一会儿,然后就去做另一件事,把奶瓶随意扔在某个地方。那么,问题来了:瓶子是满的,倒在一边,牛奶会顺着奶嘴滴下来,最后弄脏了我们昂贵的新地毯。一开始,我试着调整我自己。我暗暗发誓,等鲍比长大了不需要奶瓶了,我会让人把地毯清洗干净的。但几个月过去了,地毯看起来越来越糟。我无法忍受我们的新地毯变得这么难看,每次一看到它,我就开始感到不舒服。我的下一步是把所有的奶嘴都换成新的,因为我觉得旧奶嘴上的小孔已经磨损了,这是它们漏出来的原因。但这并没有起作用,因为新的奶嘴和旧的一样会漏出来。我的第三次尝试是使用一种新的奶瓶,鲍比以前没用过,但它不会漏。但是,鲍比不喜欢这个主意,因为他不能以他最喜欢的姿势喝奶了:奶瓶直立在地板上,鲍比坐在那里,下巴靠在奶嘴上,一边吮吸着,一边看地板、看手指或者看一本书等。当我把这个新瓶子递给鲍比时,他哭了。他把瓶子还给了我,自己走到冰箱前,他知道我把以前那些瓶子放在里边了。我的下一个想法最后成功了。我重新审视了我的需求:①我刚刚花了好几个小时擦洗地毯上的牛奶污渍,我不想地毯再被弄脏。②我很多时间都在客厅里度过,我真的很喜欢看到漂亮干净的地毯。你可以说它几乎使我感到审美上的愉悦。鲍比的需求是显而易见的——在任何他需要的时间、地点、方式来吮吸他的奶瓶。所以我决定在楼下的时候把他的瓶子装满水,在楼上的时候给他牛奶,因为我并不介意楼上的地毯被弄脏。我试了这个方法,他也从不抱怨。对他来说重要的是瓶子，而不是瓶子里装的什么。我不介意水滴在地毯上，因为那些小点儿干了之后，通常不会留下污渍。我想我们对这个结果都感到满意。我很看重P.E.T.理念强调的，鲍比的需求需要得到尊重，就像我自己的需求也需要得到尊重一样。而这件事长远的影响是，我希望鲍比在成长过程中会感到他是一个重要的人，他有权利满足自己的需求，而我也一样，有同样的权利。"

这位母亲的态度表达得非常明确："我有自己合理的需求，也有权利得到满足，但我尊重鲍比的需求。他也是一个重要的人，他也有权满足自己的需求。"

父母可以跟婴幼儿一起使用"没有输家"的冲突解决方法，这一发现对防止虐待儿童具有深远的意义。只有在最近几年，公众才意识到社会上有多少孩子是父母暴力的受害者。而这些受害者中婴儿的比例非常高。可以如下面这样解释吗？因为婴儿显然不能通过语言交流来影响（比如威胁惩罚、恐吓命令和警告），而这些语言信息是大多数父母会对年龄较大的孩子使用的，所以婴儿的父母就会采取非语言的权力行为（比如打孩子耳光、屁股、身体，甚至引火烧孩子）。如果这是真的，那么父母可以学习使用非语言的第三法，这样虐待儿童的情况可能会大大减少。这当然值得一试。

使用"没有输家"的方法解决兄弟姐妹之间的冲突

这种"没有输家"的方法用来解决孩子之间的冲突也非常有效，和解决亲子之间的冲突一样。这个过程涉及相同的六个步骤。唯一的区别是，父母不是冲突的一方，而是在此扮演着不同的角色。在兄弟姐妹的冲突解决中，父母应该试着让孩子们来完成解决问题的6个步骤，因为此时是孩子们拥有问题，而不是父母。

一位父亲成功地使用了"没有输家"的冲突解决方法，当时他的两个儿子，7岁的加里和11岁的史蒂文，为了棒球卡发生了争执：

史蒂文有一些棒球卡，加里想把这些卡带到学校去向自己二年级的同学

"炫耀"。史蒂文认为,加里会把它们弄坏了或者是丢失了。

加里:(哭着)史蒂文拿走了我的卡片。

史蒂文:卡片是我的,他从我房间拿出来的。

加里:让史蒂文把卡片还给我。

史蒂文:卡片是我的。让他不要碰卡片。

爸爸:(搂着两个孩子)你们俩真的很难过。(孩子们又开始了,一个不停地指责,另一个不停地哭)加里,你哭得这么大声肯定特别伤心,可是我听不清你在说什么。

加里:(现在说得比较清楚了,解释了他是如何想要拿卡片去分享的。)

史蒂文:(出声打断并指责加里会弄丢他的卡片。)

爸爸:史蒂文,你真的很担心你最喜欢的牌会被弄丢。加里,不能把卡片带到你的班上,你很难过。你感到特别伤心,因为你不能跟同学分享一些东西。加里,你想拿到一些卡片,对此你有什么办法吗?史蒂文,你知道加里怎么做,才可以得到卡片吗?

加里:我有15美分。我可以从史蒂文那里买。

史蒂文:那好呀。我可以用15美分去买新卡和口香糖。

爸爸:加里,史蒂文觉得他可以去买新卡,把口香糖留着,然后把卡给你。

加里:我也要口香糖。

史蒂文:加里,因为我要骑自行车到市区去买口香糖和卡片,我留下两片口香糖作为我跑这一趟的酬劳,而你可以拿一片口香糖和这些卡片。

加里:我今天可以拿走卡片吗?

史蒂文:可以,如果你现在给我15美分。

上面的对话中,你是否注意到父亲大量使用了积极倾听?还有,你有没有意识到这段谈话是如何逐步变成兄弟俩之间的直接对话的?虽然父亲的积极倾听促进了解决问题的过程,但他并没有介入讨论,也没有偏袒哪一方。结果,男孩们自己接管完成了整个过程。

在下面的案例中,第三法解决了3个孩子之间发生的两个相当严重的问题：

"现在是4月，我学习P.E.T.课程已经过去8个月了。冲突解决过程对我和我的家人来说是最难的。我的3个孩子现在分别是4岁半、6岁和8岁；就在前几天发生了一件事，让我意识到，尽管我们在尝试解决冲突的过程中遭受了许多挫折，但事实上我们已经取得了很大的进展——更不用说，其实在过去的6个月中我们夫妻俩一直在准备离婚。

"有两个明显的问题在逐步升温，其中一个是：孩子们几乎都要经过一番剧烈争吵、打闹之后才能上床睡觉。另一个是：这3个孩子之间有着越来越频繁的身体冲突和言语攻击。因此，有一天一大早，（当每个人都精神焕发、很放松，彼此之间能友好互动的时候），我提出了我对这两个问题的担忧。我8岁的女儿建议我们用上黑板，试着列一些解决方案。几个月来，他们已经熟悉了'解决方案'这个概念，轮流提出建议，他们也知道我们需要找到一个'我们都同意'的解决方案。

"我们先把'就寝时间'这个问题列在黑板上，然后在下面写下每个人的建议。就连我4岁的孩子也有好几个想法，之前他很容易就被他那爱说话的姐姐和专横的哥哥给吓得不敢说话。他们都欣然接受了这样一个事实，在提出解决方案的过程中，我们不会对方案进行评判。接下来，我们简短地讨论了每一个方案，最后在两个主意之间达成了一致——每个人都将搬回各自的卧室；他们可以共用一个游戏室，只要他们可以在游戏室里各自拥有一块地方存放自己的特殊物品。

"接下来，我们开始处理他们之间打闹的问题，他们还细化了这个问题，分类贴了标签，称为：骂人问题、取笑问题、打人问题、踢人问题、抱怨问题。顺便说一句，男孩们不满足于只讨论处理那些看起来更明显的肢体上的冲突。因为我女儿很少跟他们有肢体冲突，但她会用更隐蔽更微妙的方式。因此，孩子们的标签里包含了骂人问题和抱怨问题。我很高兴，因为这个问题确实涉及我们所有人，如果有人觉得自己跟这个问题无关，那么他们在解决方案中就不会感觉到受益了。

"不管怎样，用黑板进行同样的过程，我们得出了一些结论。他们觉得他们需要有一些'疯玩'的时候，只要是为了好玩，他们可以在户外这么做。当他们吵架了或有了上述任何一种标签的行为时，他们就要分开，各自回到自己的房间去'冷静下来'。他们不能再谩骂或抱怨，而是要练习说出我-信息——说出真正让他们心烦的事情——而不是谩骂或不恰当地抱怨。

"我们把讨论的结果做成图表，现在就挂在游戏室里，我们经常对照着看。我不能假装说自此以后再也没有什么麻烦了，但事实是情况确实有了很大的改善。我确信，这是因为我们分享了这个过程，而不是由妈妈给孩子下最后通牒。

"我希望我们大家都能继续使用这个流程，直到它成为我们所有人的'第二天性'，并最终应用到与朋友、配偶、公司等关系问题上。

"顺便说一句，使用黑板似乎非常有效，尤其是对我的孩子们。他们可以看到每一个步骤，而不是试图通过听觉来理解。尽管黑板上的单词他们还认不全。"

下面这个家庭中的母亲，她的"两个孩子"之间发生了严重的冲突，一个是6岁的杰克，另一个是34岁的约翰（她的丈夫），她不得不介入并跟他们一起使用第三法：

"他们为了看电视而发生了真正的争执。尤其是每周一'周一足球之夜'节目的时候。他俩打架、哭泣、尖叫，最后约翰就是那个坏人，因为最终总是他如愿以偿，因为他会说：'是我挣的钱买了电视。'那时杰克就坐在罗比（另一个孩子）旁边，他拳头紧紧攥着，气得咬牙切齿的，还踢了罗比几下。罗比气得摔门而出，回他自己的房间了。所以，我走过去说：'好吧，现在弄成这样真的让我很烦。'我开始提出了我们的冲突问题：'杰克想看他喜欢的儿童节目，而约翰想看足球。可是我们只有一台电视机，我们买不起第二台。我们可以怎么办？'于是我们开始思考解决办法。最后，约翰同意只在周一晚上看一场足球比赛，周二到周五都不看足球或篮球，除非有特别的事情，杰克同意了。这么一来，杰克就可以观看他喜欢的儿童节目，而不用担心约翰进来之后会切换到他想看的节目。这个约定进行得很顺利。所以这个问题只持续了一个半月就解决了。"

定期安排解决冲突的会议

一些家庭学会定期安排解决冲突问题的家庭会议，跟公司中的员工会议很相似。下面这位母亲描述了他们的实践经历：

"我第一次上完P.E.T.课程之后，在接下来的两年中，我们都把议程表贴在橱柜门上，每个人都可以看到我们要解决的问题。我们每周开一次会，我会把要讨论的事情写在清单上，这样每个人都可以事先思考这些问题。我还邀请孩子们也在清单上添加事项，这样他们会觉得自己也参与到了其中。我们总是写下我们的解决方案，并把每个问题的记录都保留在一个文件夹里，然后找时间回顾一下，看看是否仍然对我们有效。这有助于重启孩子们的记忆——这是一种强化。"

定期安排解决问题会议的好处是显而易见的，这里有一些指导方针，能使它们变得更有效：

（1）会议时间不要太长。记住，孩子们很快就会感到疲倦和烦躁。

（2）有些冲突需要当场解决，所以定期会议不应该取代那些解决紧急冲突的会议。

（3）只有当问题和冲突涉及所有孩子时，我们才召开家庭会议。如果孩子们来开会却把时间花在了父母和其中一个孩子之间的冲突解决上，其他孩子在会议中会感到无聊。

（4）如果待解决的问题清单很长，家庭所有成员需要一起决定哪些问题具有最高的优先级，并最先处理这些问题。优先级低的事项可以留到下次会议时再讨论。

预防性地解决问题

有些家庭成功地使用第三法举行家庭会议来预防冲突，他们为日常的愉快生活以及未来的特别活动制定规则和约定。

以下是一个家庭举行的计划会议：

"我的叔叔和婶婶星期三晚上乘飞机来看我妈妈。他们星期四晚上来我家吃晚饭。我决定跟我的两个儿子表达我的需求，就是我想在客人来之前让房子保持最好的状态。蒂姆已经12岁了。他很谨慎，做任何事之前都十二万分的小心。他还很善于观察，他说他知道我什么时候在'积极倾听'，因为我说话的声音变了。马文8岁，他活力十足，做事从不瞻前顾后，总是先完成再说。我向他们解释说，我的P.E.T. 老师米勒先生建议我和他们讨论一下我的需求，并征求他们的意见。他们对此很高兴，因为我不是告诉他们我想做什么，而是跟他们一起讨论。"

以下是那天的这位母亲和孩子的对话。

蒂姆：你可以拼命干活。

母亲：是的，我要拼命干。

马文：你打扫完房子后，别让我们任何人进来！

蒂姆：我们可以进来！

马文：我可以帮你打扫房子。你来打扫3个房间，剩下的由我们来打扫，怎么样？

母亲：好。我可以打扫客厅。

蒂姆：噢，不！客厅是最容易扫的——我们可以干这个。

母亲：那么，我来打扫餐厅、书房和厨房，怎么样？

马文：噢，不！厨房是最容易扫的。（我想那时，我大概是扬起了眉毛）好吧，你来打扫厨房吧。

蒂姆：我想你的意思是我们应该打扫自己的房间。

马文：我可以让杰夫（他的朋友）帮我打扫房间。他对我房间里的东西不太感兴趣，所以我们不会因为玩起来而耽误干活的。

蒂姆：好吧，我会清理我的书桌，但我只能清理一半窗台的位置。（窗台大约有8英尺长，上面摆满了孩子的宝贝，比如一些模型的半成品和成品、装有彩色颜料的墨水瓶、一个蔓越莓汁罐头、铅笔、大理石块等）。

母亲：难道不能想办法都清理吗？

马文：那他那些东西能放到哪里去呢？

蒂姆：哦，马文！

母亲：他的火车桌子周围都是架子。

蒂姆：我还是只想清理掉一半窗台的位置。离星期四还有很长时间呢。

马文：我们周一把剩下的事情都做完吧。

蒂姆：好的。如果我有时间，我就在星期一做这件事。（停顿）你总是在星期二把房子彻底打扫干净，所以我们只要一直这样保持到星期四就可以了。

母亲：那我们能说好，周二以后就不能在房子里玩了吗？

马文：噢，（恐怖）不能玩？

母亲：这一天半时间里，你可以待在杰夫家。

马文：嗯。好吧。

母亲：米勒先生提醒说，我们都应该仔细阅读约定，然后像签合同一样签字。这样我就不需要提醒你们，免得很唠叨。

马文：噢！不——你就不能提醒我一丢丢吗？

"接着马文又说了些话，但我记不太清楚了。只记得我们结束谈话离开房间的时候心里都暖暖的，能感受到彼此的关爱。蒂姆临走时说：'现在，我要和你的童子军开始滑冰之旅了，你要不要积极倾听我一下呢？'上周一我去上课的时候，马文还没有收拾完他的房间。但当我到家的时候，他已经做完了。蒂姆放学后也整理了他的房间，并且把所有窗台的位置都收拾好了。马文对自己的房间非常满意，他把纸剪成脚步的形状，用胶带把它们贴在卧室门口，好让海伦阿姨和比尔叔叔看看那里有多么整洁。这是一次有趣而有意义的经历。"

下面这个家庭制定了一些规则和约定，为假期出游做准备。

"去年夏天，我们决定和4个孩子（分别是9岁、8岁、4岁和2岁）去多伦多参加一年一度的大型活动——加拿大国家展。我们住的地方离目的地不远，但做这个决定时我还是有点犹豫。因为我和丈夫戴夫不知道我们是否真的愿意面对出行可能出现的一系列问题：成千上万的人、4个疲惫的孩子、想要花很多钱的诱惑、各种抱怨等。但是，我们还是决定在出门前一天坐下来，和最大的3个孩子表达我们的担忧，一起来解决问题。

"通过第三法，我们尽可能地了解了每个人的需求，甚至包括了每个人想在展览上看什么、做什么，以及我们可以如何抵制诱惑，避免超预算花钱。我们都同意每人每天花费定额5美元用来购买食物、游乐设施门票和纪念品。每个人可以自行决定如何花自己的5美元。（例如，如果一个孩子选择把钱都花在游乐设施上而忘记留出当天吃饭的钱，这也是可以的。）丽萨（9岁）和詹妮弗（8岁）自己带钱，自己管理；戴夫和我帮两个小的孩子管理他们的5美元。让我们非常惊讶和高兴的是，我们在那里待了11个小时（包括路上单程各1小时），孩子们没有发生任何争吵或打闹！每个人都看了并做了他们之前在家庭会议中表达的感兴趣的事情，我们待的时间比预期的要长，而且我们都很享受在那里共度的时光。这真是太棒了！"

第 12 章

帮助父母处理价值观冲突

"作为家长,我感到很沮丧。"一位父亲写道,"难道我就只能袖手旁观,让他自己去解决他的问题吗?可是他根本不觉得自己有问题!一个例子足以说明这一点。他喜欢为校队打网球比赛,但不愿意通过练习来提高自己的水平。他只会沮丧地回家,因为他输了一场比赛……我很爱他,但我找不到合适的方法来帮他。"

另一位家长,我们采访时已经是她学习P.E.T.之后6年了,她表达了完全的绝望:"我认为每个上P.E.T.课的人都知道,当你和你的孩子有不同的价值观的时候,P.E.T.是行不通的,我想在我们家已经发现它不管用了。当父母与孩子价值观不同时,什么都没有用。"

很显然,这两位家长都几乎没有从他们的P.E.T.实践经验中收获到什么,用来帮助他们处理亲子关系中不可避免的价值观冲突。他们都觉得没有任何方法可以帮助自己应对那些信仰和价值观与父母冲突的孩子。

事实上,尽管有许多家长确实获得了比以前更有效处理价值观冲突的技能,这部分我将在本章的后面部分展开说明。但是,P.E.T.在价值观冲突时所倡导的立场确实也让一些家长感到困惑和失望。关于价值观冲突,我们鼓励父母怎么做呢?我先简单回顾一下这点,之后再分析家长们哪里做错了。好的,那我开始说明处理价值观冲突的有效方法。

为什么价值观冲突处理是不同的

在P.E.T. 课程发展的早期（同时在我的第一本P.E.T. 书里），我意识到"没有输家"的冲突解决方法在某些亲子冲突问题上很难奏效，比如价值观、生活方式、对衣服的品位、交友选择、审美偏好、道德、政治信仰、人生目标、个人习惯等。许多孩子认为，在这些场景中没有改变行为的理由——即便他们同意使用第三法跟父母开始了协商过程——因为他们觉得在这些特殊的冲突中（我们后来称之为"价值观冲突"）自己的行为并没有对他们父母的生活产生明确而具体的影响。

他们对父母说："我们为什么要改变我们的信仰或价值观呢？它没有切实地妨碍到你，或对你造成任何伤害。"

孩子们留长发因为他们喜欢这样，他们不会仅仅因为父母喜欢短发就被说服去剪短；他们的头发留多长都不关他们父母的事。还有，他们对朋友的选择、他们的穿着方式、他们听的音乐类型、她们化妆的程度、她们的裙子穿得有多短——或者他们的裤子有多紧，这些都是如此。这样就不难理解为什么在这些问题上，父母们给孩子发送我-信息或者试图邀请孩子一起第三法解决冲突时，会遭到孩子们最强烈的抵制。孩子们对于所有他们看重的或相信的东西都不会做出任何妥协——毕竟，他们的行为并没有妨碍父母的需求。所以，孩子们会为维护自己的权利而争取。

在这里发挥作用的是一条非常重要的原则，虽然对父母来说很难接受：只有当孩子们清楚地知道他们的行为已经明确而具体地（关键概念）干扰了父母满足他们的需求，他们通常才会愿意进行"没有输家"的冲突解决流程。

还记得我特别强调了我-信息的第三部分："具体而明确的影响"。为了激励人们去改变行为，他们必须确信自己的行为对他人的妨碍是真实的（可信的）。我们在P.E.T. 课上的经验表明，在大多数价值观冲突的情况下，父母很难发送3个部分的我-信息；他们想不出一个真实的（明确而具体的）"影响"，或者至少是一个足以让孩子们相信的"影响"去激励他们改变行为。

您可以尝试将下面的例子补充完整。

如果你穿耳洞的话，	——不可接纳的行为
我感觉很不安，	——感受
因为_____。	——具体影响
当你穿那条旧牛仔裤时，	——不可接纳的行为
我感到很恼火，	——感受
因为_____。	——具体

像大多数父母一样，你可能想不出任何符合情理的影响——至少没有一项足以让孩子改变他们的行为。

孩子们的某些不可接纳行为仍然会持续下去，即使在你发送我-信息和进行第三法之后。现在我们用行为窗口表示这种情况。

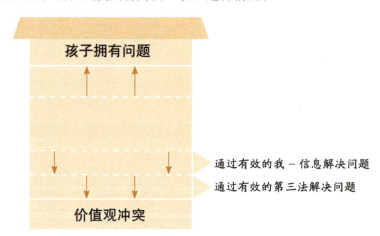

应对价值观冲突，父母需要一些另外的技能。

不愿放弃的父母

尽管我们试图劝阻大家不要使用那些很有可能失败的方法，但有些父母还是不愿放弃。以下是一位母亲和她丈夫的讨论，关于管教儿子让他不要把懒人座椅当玩具的事情。

母亲：金姆有一个懒人座椅，花了差不多30美元，对我来说是很多钱了。孩子在上面打滚嬉闹。尽管我知道这是买给他的，是用很结实的材料制成的，他可以在上面玩得很开心，但我就是不愿意接受这一点。我的意思是，我做过这种事，很多次我走进他的房间，跟他解释说它是用来坐的。

父亲：对你来说，它是一把椅子，因为你和装潢师想要一把椅子，但孩子并不这么看。对他来说，这就是一个有趣的玩具。

母亲：我很难接受，在这件事上是我拥有问题，而不是他。

父亲：我在P.E.T.课上学过这个，此时是你有困扰，而我们的儿子没有困扰。孩子看待懒人座椅的价值和你的想法不一样……

母亲：这和打理好自己的着装是一回事——看到有人穿着脏衣服在我面前晃悠我就很难接受。我不能接纳那样的价值观。我希望儿子养成正确的价值观……我们把自己的价值观传递给他，因为我们觉得那些是对的……如果他不接受，那对我来说很难受。

一位母亲说，她试图让自己5岁的儿子托德不再受他朋友的影响，儿子的朋友比他大好几岁：

"我可以告诉托德，丹做错了，他妈妈也会对他生气的。我会说：'你像丹那样做的话，我会不高兴。丹是一个非常刻薄的小男孩，人们不喜欢刻薄的小男孩。他们喜欢善良的小男孩。'托德的回答是：'但丹是我的朋友。'然后我会说：'他其实不算你的朋友。'于是托德说：'是，他是！'我不知道可以说什么让他相信丹不是他的朋友。"

父母可能会发现，当涉及学校作业和学习的价值观冲突时，他们很难不对孩子有所管教。下面这位高度重视孩子学校表现的家长描述的事件，恰恰说明了这一点：

"我们会说：'好吧，你应该在学校努力学习，因为你很聪明。我们测过你的智商，很高。你有一个好的头脑，这是你使用它的机会。这就是你要接受的正规教育。'他会说：'好吧，但我不确定正规教育是不是一个人真正需要的教育方式。'我回答说：'你可能不同意，但显然整个社会都是这样认为的。'于是他说：'嗯，我不确定自己是否真的要那么融入这个社会。'我问：'那你要做什么？'他说：'我不知道，也许住在森林里跟树待在一起。'"

下面这位母亲试图推动孩子们改变他们的价值观，而她对自己孩子们的评价，正是这整个问题的核心：

"在和孩子们相处的过程中，特别是跟大儿子，我发现他的消极抵抗本事比圣雄甘地还厉害。他会说：'好吧，听到了，不过我不太明白你的意思。'或者他会想方设法暂时搁置争论或躲开冲突。这孩子就像泥鳅一样滑手，抓都抓不住。"

是的，当父母试图改变孩子的行为，而那些行为又对父母没有具体而明确的影响时，孩子们就会像泥鳅一样滑手，让父母无可奈何。此时，我-信息几乎不会有效。然后，当父母改为讲道理、说教、教导、羞辱或使用其他形式的管教方式时，他们还是会遇到类似的抵制。

最后父母在沮丧和绝望中拿出他们最重要的武器——权力和权威，这时最痛苦的战斗拉开了序幕，而最悲惨的结果即将发生。父母们威胁，剥夺，惩罚。作为报复，孩子们不再与父母交谈，他们变得孤僻，开始撒谎，甚至有时离家出走。

我们的经验表明，价值观之争在家庭中产生的破坏性影响最大：关系恶化、沟通中断、家庭破裂。父母固执地想要赢得价值观的胜利，最终他们却成了战争的输家——他们的孩子和他们脱离了关系。可以预见的是，孩子们会在任何事情上都将拒绝跟父母一起采用第三法来解决问题——即使是那些通常能够使用"没有输家"方法解决的冲突。

处理价值观冲突的有效方法

前面提到有位母亲得出的结论是"当你和你的孩子有不同的价值观的时候，P.E.T.是行不通的。"与此恰恰相反，我们也知道许多家长成功地应用了P.E.T.，使得他们的价值观冲突处理变得更加有效。要实现这一点，一个重要的态度转变是非常必要的，正如下面这位父亲所描述的：

"通过留长发和着装这些事儿，我开始意识到，我们总在告诉他们该怎么做，是为了让他们能够符合我们这一代人的标准。当我把他们介绍给我认识的商界人士时，我希望他们看起来是得体的。但那不是他们的同龄人。孩子们也是人，他们有权利跟他们的同龄人一样行为处事，就像我在我的同辈圈子中一样。这个认知对我来说是来之不易的，我认为有些人不会接受这一点。我也不确定自己是否一直都能接受这一点，但至少我愿意调整我的一些价值观，以便被他们这一代人所接受。"

一位母亲描述了她对留长发态度的转变：

"我的感觉是我喜欢他剪短头发，但我对他说：'这是你的头发，如果你需要留长，我想我能接受。'……也许我以前害怕的是失去对孩子们的最后一点控制——这太可怕了。"

下面这位父亲开始更加接受这样的事实：孩子们可能需要自己经历，并总结经验教训：

"这是父母们的老生常谈——他们希望孩子接受大人的建议。但是孩子们必须自己学习。所以，当你不能把自己的伟大经验传授给孩子时，你会感到很沮丧。……我要强调的是，我想孩子已经足够大了，从现在开始，这就是他学习的方式。"

随着这种基本态度的转变，父母们将更有能力停止与孩子们争吵，转而使用我们在P.E.T.中教授的方法来有效处理价值观冲突。

◆ 有效的榜样

我现在很清楚，在塑造和影响孩子的价值观和信仰方面，榜样的力量是非常强大的，而在之前的P.E.T.课程中，这一点我们跟家长传达得还不够。事实上，我们告诉父母们，孩子们一定会通过观察父母的所作所为和倾听他们的言论谈吐来学习父母的一些价值观。我们说，父母实际上会通过践行自己的价值观来达到传授的目的。我们还提醒大家，如果父母要求孩子只是"听其言"，而不是"观其行"，那么这种做法显然是不合适的。

不幸的是，父母总是不太相信这个过程。他们担心自己的孩子可能不会认同所看到的父母践行的价值观。我们需要强调的是，<u>只有当孩子和父母拥</u>

有良好的关系时，他们才更有可能将父母当作学习的榜样。孩子很少模仿那些他们不喜欢或害怕的成年人。孩子接受他们所崇拜、尊敬和爱的人的价值观——这些人也是孩子们想要成为的人。这是完全合情合理的！

因此，为了确保父母的榜样作用能带来最大的效果，父母们应该好好学习我们在P.E.T.中教授的所有技能，因为它们是改善关系的技能——培养和维持一种关系所需要的技能。在这种关系中，孩子可以成长为一个完整的人，而父母也一样。

正如P.E.T.信条所描述的："因此，我们的关系可以永远是健康的，因为关系中的双方都满意。我们每个人都可以成为我们能够成为的人，我们可以继续带着彼此的尊重和关爱，在友谊与和平中相处。"

通过学习P.E.T.技能，父母们将尽其所能（至少据我所知）地培养一种跟孩子相互尊重和关爱的关系，并因此增加孩子接受父母价值观的可能性。

下面这位5岁孩子的母亲报告的事件展示了父母榜样的力量：

"因为感觉不太舒服，我躺在了沙发上。孩子们大概是忘了我在那儿。有个来我家玩的孩子，我们总担心她会对我们的孩子造成不良影响，她说：'让我们假装，这个人跟那个人的妻子在偷情。'听到这句话我大吃一惊，因为我女儿沙琳只有5岁。对一个5岁的孩子来说，这个游戏太古怪了。我躺在那里愣了一会儿。后来，我听到沙琳说：'不，我们就假装他们要去开会吧。'她换了完全不同的主题。……我总是担心别人家的孩子会影响我们的孩子，但事实也许正好相反，是我们的孩子在影响别人的孩子。"

下面这位母亲感到很满足，当她看到自己的孩子是如何对待其他孩子的时候：

"当你看到你的孩子尊重其他孩子时，你就知道你一直对待孩子的方式是正确的。在他们和其他孩子相处的过程中，我就看到了这一点。当他们交谈时，我在门口安静地听，我能听到我的孩子在积极倾听。一个孩子说：'我不喜欢这个玩具。'我听到我儿子说：'听起来，你真的不喜欢它。'他们自己就开始使用积极倾听了。"

另一位家长也有类似的看法：

"最有趣的事情是我听到莎伦和乔伊互相发送我-信息……他们在这方

面之前做了大量的模仿，他们发送了很多非常清晰的我-信息。现在对他们来说，这样做似乎是很自然的事。"

虽然榜样的效果只有随着时间的推移才会逐渐显现，但是如果你们拥有良好的亲子关系，那么你的孩子从你身上学到的价值观将远远比你想象的还要多。但是即使是在最好的亲子关系中，也不要指望你的孩子会采纳你所有的价值观，因为有些价值观可能会让他们觉得不可接受、不合适或者与他们看待生活的方式不匹配。

◆ 成为一名有效的顾问

人们的价值观和信仰，以及他们根据自己的价值观和信仰所做出的行为，毫无疑问是可以改变的。人们不会保持一成不变——价值观、信仰和行为模式不是浇筑的钢筋混凝土不可撼动。而且，正如大家所知道的，当人们被那些掌握知识和事实或拥有大量经验、智慧和能力的人所影响时，他们身上就会发生显著的变化。

如果一个人要想成为这样一个有效的改变推动者，就必须遵循某些经过验证的原则和实践。在P.E.T.中，我们说一个有效的改变推动者是一个学会了如何成为一个好"顾问"的人，因为成功的顾问比其他任何群体都更能遵循这些原则和实践。这也是他们能够成功地改变他人的原因。

所以，如果父母想影响孩子的价值观、信仰和行为，他们应该向成功的顾问学习。

1. 准备好事实和信息

成功的顾问在工作时充分准备好与他们专业知识相关的令人信服的数据。他们不会试图告诉"客户"他应该相信什么或者他应该怎么做，他们会收集证据和相关知识来说服客户，让他们知道改变会带来更好的结果。

父母往往试图在没有充分事实依据的情况下来影响孩子——比如吸烟的问题、朋友的选择、服装的风格或音乐的品位。我们的建议是：除非你掌握了丰富的经验和令人信服的事实，否则，你就不要尝试去做顾问。例如，如果你想让你的孩子不要吸烟，你可以去看卫生局局长的报告、收集权威的文章、咨询你的家庭医生等——总之，要做好一切准备。人们只有被说服了才会开始改变。记住，孩子跟父母一样，也同样是人！

2. 首先受聘成为顾问

成功的顾问要确保他们的客户已经准备好并且愿意雇佣他们为顾问——客户有合适的心情并且有空闲的时间。同样，父母可以向成功的顾问学习以下几点：

（1）询问你的孩子是否有兴趣听你的事实和观点。

（2）请他们约定一个对他们和你都方便的时间。

（3）告诉他们你有一些你认为有价值的数据，他们可能会觉得有用。

3. 把责任留给你的客户

成功的顾问只提供他们的经验和专业知识，把是否接受的决定权留给客户，**这是至关重要的**。成功的顾问只是分享，他们不说教；他们提供自己的想法，而不是强加；他们提建议而不是说要求。同样重要的是，他们提供专业知识通常不会超过一次；如果客户不接受他们的想法，他们不会继续哄骗或打扰客户，不会羞辱他们，不会不断地推销他们的观点。如果他们敢这么做，他们很快就会被客户解雇。

孩子们往往会告诉他们的父母，他们不再需要父母的顾问服务，从而炒了他们的鱿鱼。为什么会这样？因为大多数父母在顾问过程中会催促、争辩、哄骗、劝说、恳求、说教和责备。他们把孩子改变的责任揽到了自己身上。他们的态度是："我的孩子必须按我建议的去做。"如果他们不这样做，父母就会觉得自己当顾问很失败。

家长们对"强行推销"负有责任，正如顾问们非常清楚的，这种做法会滋生抵触和怨恨。难怪孩子们会回应说："离我远一点""别再烦我了""我知道你想让我做什么，所以不要每天都教训我了"。

如果父母能够遵从有效顾问的规则，孩子就会更乐于接受父母的经验和智慧，并且更愿意再次寻求父母的顾问服务。

一位母亲告诉我们，在希望孩子天冷的时候穿外套避免感冒这个问题上，她是如何努力成为女儿的顾问的。有趣的是，这位母亲并没有和孩子面对面交谈，而是通过跟一群来家里作客的阿姨们聊天来表达的，她有意说得很大声，确保女儿能听见：

"星期五，几个朋友带着他们的孩子过来了。孩子们都决定不穿外套出去玩。虽然前一天天气很暖和，但那天却很凉。我的一个朋友看到她的儿子没穿外套就往外跑，便对他说：'鲍比，穿上外套吧！'鲍比看着我说：'丽莎没有穿外套——她会不穿外套就出去吗？'于是我对客人们说，声音有意放大，这样丽莎就能听到我说的每一个字：'我现在不再事事都为丽莎操心了。我必须停止强迫她做事，而是让她知道她要为自己的行为负责。她需要开始从她行为的自然后果中学习。现在，如果她不穿外套外出，她就更容易感冒。她这周有正式彩排，周五有芭蕾舞演出，我可不希望看到她错过。可如果她今天不穿外套出门的话，这就很可能会发生……但我只能让她自己决定了。'然后，天哪，她居然自己跑去拿她的外套了！"

跟以上例子相比，下面这位父亲遇到的问题更为严重，他表示也学会了如何做顾问：

"我儿子决定和两个邻居的孩子一起种大麻。其中一个孩子经常种这种东西——他有严重的情绪问题。所以有一次，也只有一次，我告诉儿子我对此的想法：'我认为种什么植物是你的决定，只要不是在我们的房子周围，否则我们会有麻烦。可是你必须认识到，如果这个孩子被抓了，你也会被牵连进去。更重要的是，他会用它来赚钱，这可能会让你也成为一个交易大麻的人，这是重罪。'我所说的就这些，我大声说出我的感受，就说一次。从那以后就再没说过一句话。我不知道发生了什么，但我觉得我已经完成了我的顾问工作——这是我所能做的……如果学习P.E.T.之前遇到这事儿，我会叨叨个没完，把他烦死。"

另一位家长被孩子当面问到这样一个令人不寒而栗的问题："妈妈，如果我把犯罪当成全职工作，你会做何感想？"

"这个问题让我思考良久……我必须做一些真正的自我反省，才能给他一个我所能提供的最有效的答案。我说：'我想我可能会失去对你的尊重，因为犯罪中存在着太多的不公正——总有人被不正当地对待。这会是我最遗憾的事情。我也会非常担心你，因为你会有法律上的风险。但我最遗憾的事情还是我将不能保留对你的尊重。'他后来说他对我们的谈话感觉很好——关于他的问题或我的回答，他并没有表达更多的细节——只是说他对我的回答感觉很好。"

以下是一位家长处理不同价值观冲突的方式,事情是关于她儿子对于学校田径队的责任:

"他决定去滑雪,而不是去练习田径项目。他打电话给一个朋友,但朋友没法让他搭车。他问了他的父亲,他的父亲也拒绝了。最后,他说:'我打算不去滑雪了,要不然,我就得在凌晨三四点出发。'但他又对我们说:'好吧,我不去滑雪了,但我肯定也不会去参加径赛训练。'于是我对他说:'你用这种方式来处理这个问题,我觉得你是在报复我,因为你知道我是怎么看待你对田径队所担负的责任的。你技术好,所以他们指望着你,这时候我觉得你让他们失望了,这就是你逃避的借口。我知道,因为我跟你说我不能帮你得到你想要的东西,让你去滑雪,所以我觉得你是在报复我,用你的权力强迫我。'他说:'好吧,那就不用费心叫醒我了——我不会去的。'但是后来,他还是自己起床去参加田径训练了。完全是他自发的!这件事我再也没提过第二句。肯定有人能解释为什么他会做出这样的决定吧——反正我是没搞明白。"

这位母亲是对的,父母在作为顾问与孩子沟通之后往往不知道,为什么他们的孩子会采纳他们的价值观,并做出适当的决定。我们所知道的是,有时他们就是会这样做。

◆ 重新审视自己的价值观

当父母调整自己的价值观时,他们与子女之间的价值观冲突通常会消失或者愉快地解决。之前,我们只展示了父母如何能更有效地改变孩子的价值观,但我们知道,改变可以是双向的。父母也会改变他们在某些问题上的立场,而且事实上他们做的改变远比我们想象的还要频繁。

一位母亲改变了她对儿子的房间应该整洁干净的态度:

"几个月前,我们坐下来谈了谈。我说:'蒂姆,你的房间弄成这样,让我很烦。我讨厌走进那个房间,看到它是这副样子的。'他回答说:'那你为什么不把门关上呢?'我问:'你介意房间这个样子吗?'他说:'我一点也不介意。'于是我说:'好吧,那我们就这样吧。'……所以我就只是关上门等着。孩子们知道我们对房间凌乱的感受，但这有什么意义呢？我为什么要为此烦恼呢？我现在更能接纳这一点了……而且，你知道吗？从那时起他把房间整理得更好了。我简直不敢相信，但这确实奏效了。"

当然，并非所有父母态度上的调整都能导致孩子行为上的改变。有时，孩子会继续保持他自己的价值观，但是价值观冲突消失了，因为父母及时地做出了改变。这就是下面这个案例中所发生的事情，一个孩子决定开着灯睡觉：

"让他的灯开着是一个非常简单的方法，但一开始我的反应是否定的。你知道，没有人应该开着灯睡觉。但后来我想，'开着灯睡觉不会影响我的需求。这是我自己的问题……只是因为每个人都在黑暗中睡觉。但是，为什么他就应该这么做呢？只是因为每个人都这么做吗？'我发现，有很多事情，如果我能像这样稍微等一下，然后克服自己的烦恼，那么很快问题就会消失。"

父母有时会因为质疑他们价值观的有用性或重新审视价值观的重要性而做出改变。了解你的价值观从何而来，可以帮助你弄清楚你是否想要改变。下面这位母亲在一次关于花生酱三明治的价值观冲突中就是这么做的：

"一切都得是花生酱和果冻三明治，而且必须涂在黑面包上，还不能切成两半，天哪！他不让我把他的三明治切成两半，我为什么不高兴？因为我在餐厅工作，而在餐厅我会给客人一个切成两半的三明治，再配上橄榄和泡菜……只要我能记住，他完全有权按自己的要求享用食物，这对我来说，又有什么关系呢？"

◆ 接受你所不能改变的

"你必须咬紧牙关，然后闭嘴。"

"我将不得不与之共处。"

"不要剥夺他们自己做决定的机会。"

"如果我们在他们十几岁的时候还没有教会他们分辨对错，那我就再不能做什么来改变了。"

"有什么法律规定我的孩子必须要遵从我的想法呢？"

做出以上这些声明的父母，他们找到了一种平静的心态来接受他们无法改变的东西。P.E.T. 真的帮助父母将孩子视为独立的个体，是与他们分离的存在，甚至有权做出与父母不同的选择。父母可能永远无法改变孩子的许多行为和价值观。唯一合乎逻辑的选择就是接受这个事实。只要别人没有因为自己受到任何具体的伤害，再多的力量也不能改变人们的信仰和价值观。孩子们珍惜他们的权利和自由，而这些权利和自由总有一天会得到保障。

P.E.T. 能帮助所有的父母接受他们不能改变的东西吗？我对此心存犹疑。在这点上，我并不确定怎样才能做得更好。希望在未来，我们能更好地知道如何培养所有父母接纳他人的基本态度。下面这篇对一位P.E.T. 学员的采访清楚地说明了这种态度：

"我们的儿子和一个有好几个孩子但从未结过婚的女性住在一起。这些孩子甚至是来自不同的父亲。她也比我们儿子大了好几岁。但我现在能做到的是，看着她，意识到这是我儿子的选择。如果他看重她身上的某些东西，那么，因为我爱我的儿子，我就会接纳她。接纳让人感到非常自由！有一天，儿子说：'妈妈，如果我要娶她呢？'我说：'好吧，亲爱的，那你就娶她，她就是你的妻子。'我并不是违心说这些话的……我真的认为，是的，他可以把她带到家里来，她将成为他的妻子，这将是一个事实。"

当一个人做出跟你不同的选择，而你还能继续爱他——这种能力究竟从何而来？我们怎样才能更好地培养这种深层次的接纳态度呢？其他人可能不同意，但我坚信，如果我们要建设一个真正民主的社会，接纳是人们必须学会的基本态度。它不仅会给他人带来自由，也会给自己带来自由，就像下面这位家长所经历的那样：

"它把你从评判中解放出来，当你从评判中解放出来时，你比你想象的要自由得多。P.E.T. 课程能够帮助家长们获得看待这个世界的新视角。"

第 13 章

父母培训，为什么有些人主动学习而有些人却拒绝参加

什么样的父母需要培训？是父母中的少数，还是大多数，还是所有人？当然，培训如何为人父母，这是一个相对较新的想法。它诞生的时间并不长，也还没有被广泛接受为对父母有益的东西，更不用说认识到它还能改善我们的社会。那么，如今属于这个理念的时代是否已经到来？又或者它也只是昙花一现，不过像那些时尚潮流一样，一时声名鹊起转瞬又成为过眼云烟？

所有的父母都需要得到这些问题的答案来帮助他们判断，父母效能训练是否能使他们受益并改善他们的家庭生活。

我们联系了许多P.E.T. 学员，从他们的反馈报告中，我们了解到他们决定参加P.E.T. 的原因。他们告诉我们在学习P.E.T. 之前他们的家庭状况，他们谈论了自己为什么想通过培训寻求帮助。有些人持怀疑态度，迟迟难以下定决心；另一些人则急于寻求帮助，一看到有机会变得更有效能的时候就立即参与。有些家庭是母亲报名学习，而父亲拒绝参加。

我们也得到了很多信息，了解到父母会对"父母培训"这个想法产生抗拒或者感到被威胁的原因。

在这一章，我将报告我们所了解到的相关信息，希望借此可以帮助父母们更深入地思考，更清楚地明白父母培训的有效性——它是否能让我们的家长和社会受益。

当然，通过特殊训练来提高为人父母的效能这一概念与许多几乎被普遍接受为真理的关于养育的传统观点是截然相反的。据我所知，当父母在养育孩子的过程中遇到一点小困难时，他们会把麻烦归咎于孩子——吉米是一个"问题孩子"，苏是"失调儿童"，戴夫是"无可救药的"，凯文是"多动的"，琳达就是不懂"尊重权威"，雷是"情绪紊乱的"，彼得是"坏孩子"。

这些孩子的父母很少质疑他们面临的问题是否与他们自身缺乏技能或他们的养育模式无效有关。所以，当亲子关系严重破裂时，父母通常会带着孩子去做一些"咨询""治疗""管教"或"强化训练"。近年来，父母们甚至接受了医生给多动症儿童开处方药。

大多数父母所固执的另一个信念是，社会的发展变化是家庭问题的罪魁祸首，比如：无处不在的电视、权威的崩溃、毒品的出现、越来越少的家庭可以数代同堂、整个社会离婚率的增加、基本道德价值观遭受质疑、财富的增加等。当然，在思考是什么导致当今家庭中普遍的亲子关系恶化时，以上这些因素对家庭生活的影响不容忽视，但是我觉得它们仅仅代表了一种相当传统和有限的思维方式。这样的想法往往使父母们忽略了自己缺乏育儿技能可能是破坏他们与孩子关系的重要因素。

我们还发现了父母们不主动参加父母培训的许多其他原因。当P.E.T.讲师向家长们解释P.E.T.课程内容以及它如何改善家庭生活时，他们听到了下面这些家长们拒绝培训的原因：

"**爱你的孩子就足够了**。"这种信念认为，爱就像某种药剂，作为父母你几乎可以无限量供应，无论你的感受如何，或孩子们的行为怎样，你每天都要配制给孩子。（正如我将在本章后面说明的，随着亲子间问题日趋严重，许多父母都将体会到他们对孩子的爱消耗殆尽的过程。）

"**我们现在没有任何严重的问题**。"这种信念与抵制大多数预防措施的想法同出一辙。如果你没有严重的症状，为什么要适当饮食，规律运动，或者开始戒烟？如果你的车驾驶状况还好，你也不太愿意送去做保养检查。

"**其他家长更需要训练**。"通常这些"其他家长"被认为是贫穷的、没受过教育或"缺乏文化教养"的。许多父母坚持认为，只有在这样的家庭里，孩子才会成为犯罪分子，辍学或吸毒。事实用证据反驳了这一点——这样的麻烦有可能发生在所有的家庭。

"**我们有足够的时间——我们的孩子还小**。"持有这种态度的家长没有认识到，孩子们是在最初几年就开始形成他们的行为模式的，比如体贴他人、自尊、责任感、自信——或者与此相反。当孩子还很小的时候，父母就需要技能——这是他们的付出能取得成功的最佳时机。

"问题孩子大多来自破碎的家庭。"这是另一种误解。破碎的家庭（离婚）也可能正是由于孩子本身的问题所引起的。而那些缺乏有效处理婚姻关系技能的人在亲子关系中也很可能表现不佳。这意味着问题孩子和破碎的家庭可能同时发生，但并不意味着破碎的家庭产生了问题孩子。

"我们不是有情绪问题的病人。"不幸的是，对父母进行有效培训的想法会被误认为是"接受治疗"，尤其是当父母在培训课程中看到任何关于"心理学"的东西时。去上父母培训课程并不意味着生病了。父母效能训练是一种教育课程，而不是一个治疗的过程。

"没有人能称得上专家来告诉我如何抚养我的孩子。"这种态度反映了人们对P.E.T.课程的误解。P.E.T.课程并不是告诉父母应该如何养育孩子。事实上，它教给家长很多行之有效的技巧和方法，来培养有效的双向沟通，让孩子解决自己的问题，让父母和孩子解决双方的冲突并且没有人会输。这些是你和任何人——夫妻、朋友、同事、亲人建立良好关系都需要的技能。

那么，为什么另外一部分家长认可培训的想法并决定参加P.E.T.课程呢？是哪些家长觉得自己需要家长培训呢？我们也想弄清楚这个问题。P.E.T.学员的采访给我们提供了一些答案。

首先，我们了解到这些父母并不是一个相同类型的群体——在我们的样本中，这些父母表现出的差异远远大于相似之处。一些父母在孩子还很小的时候就学习了P.E.T.，有些是在孩子十几岁时才开始学习；有些人觉得他们为人父母已经做得相当不错了，有些人认为自己是彻底的失败者。我们注意到，有些家庭还没有出现棘手的问题；有些家庭的问题只是初现端倪；还有一些家庭已经遭遇了相当严重的困难。一些家长报名参加P.E.T.课程，主要是因为他们认为这是自我发展和个人成长的新机会。一大部分家长是因为感到绝望或面临着严重的危机。有些是自己主动来的，有些是由儿科医生或牧师推荐来的，还有一些是由少年法庭转介来的。许多父母在养育第一个（或前几个）孩子身上都很顺利，但他们的方法在最小的孩子身上就行不通了。一些人将为人父母看作是一种挑战，并对自己的能力寄予厚望；还有一些人带着恐惧和忧虑成为父母，确信前路必将坎坷艰辛。

"你可以成为更好的自己"

在我们的采访过程中,一些父母清晰地流露出一种乐观情绪,就像《音乐之声》这首热门歌曲歌词中所寓意的那样。一位快三十岁的退休护士,她的家里摆满了她业余时间的画作和她在印第安人保留地当护士时收集的印第安手工艺品,她说为了两个儿子,她想成为更好的母亲:

"我认为每个人可能都有一种感觉,任何事情,他们都能努力做得比现在更好一点。我和孩子们在一起感觉很舒服,但我总觉得可以过得更好,或者也许我能更多地倾听孩子们,这样我就能更好地帮助他们,同时也帮助我自己,这有利于增进我们的关系。"

一位父亲有4个女儿和1个儿子,最小的7岁,最大的13岁,他拥有自己的地毯和布料生意,住在郊区的一处森林里,他说:

"总是有人告诉我们,我们的孩子有多好——他们表现得多优秀,多自觉——这总是让我们感觉很得意。但是玛丽读的P.E.T.的书还是让我眼界大开。这个课程是一个加深我们对孩子理解的机会,一个获得更多知识的机会。"

一位身材娇小且受过良好教育的母亲,有2个上学前班的女儿,她在当地一家书店做兼职,因为她热爱读书,也喜欢在外面做些事情。她这样说:

"你知道,我有一个硕士学位——在学校里学了5年——但是我没有接触到任何东西来教我如何成为一名母亲。乔也有同样的感觉。我们认为我们需要掌握一些养育技巧。我读了许多关于育儿的书,但我发现脑子里充斥着很多不同的说法——一个说应该做这个,另一个说你不应该做。我开始觉得我需要的是某一种理论。我没有太多的耐心,所以太多的理论流派反而起不了什么作用。"

另一位母亲也是通过看书学习育儿,她正在攻读学士学位,同时是家庭主妇,有3个孩子——两个女孩分别是6个月和3岁,一个男孩6岁。她也表达了同样的感受,书读得越多,反而越糊涂:

"我需要和孩子们有更多的交流。沟通不仅有利于我跟孩子之间的关系,也对我跟其他人相处有所帮助。但是我被搞糊涂了。我读到一种教育孩子的方法,我就照着那个方法做。然后我又读到另一本,我就会转用那个方法。这样孩子们也会被搞得一头雾水,所以我需要一种对我有用的东西,一种我可以练习并坚持下去的方法。"

一位十几岁男孩的母亲,曾经把儿子送去看精神病医生。她说自己当时很幸运,偶然的机会撞见了P.E.T.:

"……P.E.T.让我更明白了《我很好,你也很棒》(译者注:英文原著名:I'm OK, You're OK)这本书讲的内容,也让我更理解了吉诺特博士(译者注:美国著名儿童心理学家,著有《孩子,把你的手给我》等书)所说的理论。它解释了一切。"

一位家境不错的母亲,有3个女儿(依次是10岁、8岁、4岁)。她觉得,为人父母是一种挑战。她参加了P.E.T.课程,因为她的丈夫是一名心理咨询师。她说:

"我发现做一个好家长是一个巨大的挑战。我想大多数父母都是这样认为的。我读了很多关于养育的书,每读到一本感觉内容很不错的书,我会在当天就照做,甚至可能隔几天也继续实践。但渐渐地,我就会被打回原形——我希望不是只有我一个人这样。我认为P.E.T.课的不同之处在于,它的技巧是如此的简单、明确和清晰,背后有很好的理论支持,我很认同,所以我更容易坚持下去。我不能说我已经完全把握了。事实上,在我重读这本书的时候,我发现我已经忘记了一些内容。不过,我一直坚持的一些做法确实帮助我走出了和孩子们在一起时遇到的某些困境。"

鲍勃和他的妻子早在结婚之初就开始意识到他们的家庭生活可以变得更好。现在他们的孩子分别是17岁、11岁和5岁,身为牧师的鲍勃最近参加了P.E.T.学习,他谈起了这个经历如何填补了结婚以来的那个空白:

"所以,回到我们结婚才两年的时候,那时我们就能感觉到有一种需要,拥有一种更好的生活方式——一种更好的沟通的想法。你知道,两个人在一起,并不是站在牧师面前,完成婚礼,然后走出去,从此就能过上幸福的生活。我们直到后来才明白,婚姻家庭并非易事。于是琼和我进入了P.E.T.课堂,曾经让我们含糊不清的事情瞬间变得清晰起来。但我说变得清晰并不是指所有事情至此就一清二楚了，我的意思是这是持续进行的，是在你自己的生活中必须不断回顾审视的东西。"

这些家长代表了一个数量明显增长的群体，这个群体的父母欢迎P.E.T.课程，认为这是另一个成长的机会，可以丰富他们所有的人际关系，增长他们的见识。一位父亲的发言很有说服力："P.E.T.课程是帮助我成为一个更真实的人、完成更多自我实现的助力之一。"

"父母曾经在我身上犯的错误，我不想重蹈覆辙"

一位母亲这样说："我觉得自己作为一个母亲很不够格，因为我结婚的时候才不到19岁，那时我怀孕了。我不是特别喜欢父母的教育方式，我不想使用他们的任何一种养育方法，但我没有其他的选择。"

一位31岁的离异母亲，有两个孩子（分别是12岁和10岁），大约在9年前参加了P.E.T.学习，当时她觉得自己还没有做好为人父母的准备，在育儿方法上需要别人的帮助和指导。现在，她正在攻读心理学硕士学位，她回忆道："我还记得，在我的孩子还很小的时候，我真的很害怕他们长大后会恨我，你知道的，就像我恨自己的母亲一样。"

今天的父母，也是昨天的孩子，自己父母使用过的方法，以及他们小时候曾经的痛苦和怨恨，都历历在目，也一直为此愤愤不已。许多家长下定决心，不再把这些无效的方法强加给自己的孩子，就像下面这位家长一样。

母亲：我有一个非常专制的父亲，还有一个试图通过情感勒索来控制我的母亲。你知道的，她会说各种让人产生负罪感的话。我讨厌这样。我恨他们那样做。我不想成为他们那样的家长。

采访者：你自己是否也会回到老路上，使用那些方法？

母亲：噢，是的，没错。我是一个典型的专制型或纵容型父母的代表——更偏向纵容型，直到我对孩子忍无可忍，然后就变成专制型，直到我对自己忍无可忍。

另一位家长也表达了同样的观点,她32岁,是两个孩子的母亲(分别是3岁和1岁),她也谈到了对父母对待自己方式的不满。

采访者:你上P.E.T.课是因为你父母是糟糕的榜样,是这样吗?

母亲:是的,是坏榜样。我决定上P.E.T.课是因为我和他们关系不好……我觉得我经常被操纵,我学会做他们想让我做的事,因为我觉得只有这样我才能被爱,我是这么猜的。我真的不想把这一点传给我的孩子们。

采访者:你还记得作为孩子,你对此的感受吗?

母亲:是的。从来没有感觉自己对发生的事情有发言权,总是被期待做自己不情愿的事情……我不能做出很多选择,因为我有这种恐惧。这种巨大的恐慌让我总是拐回去,顺着他们的路走。对我来说,这不是一条快乐的道路,因为它没有充分发挥我的才能和天赋。所以,我不想把这种教育模式继续传给我的孩子们。

采访者:嗯,是的。

母亲:哦,还有一件事。因为我觉得我的父母是专制型的,所以我发现自己反而倾向是一个自由的(纵容型)父母。我就是要走向另一个极端。但是,我其实并不喜欢自己选择的这种自由纵容。我不希望放任孩子为所欲为,但我又害怕做相反的事——变得对他们太严厉……

这些父母想要打破这种恶性循环:不再用自己被养育的方式来养育自己的孩子。他们希望能给他们的孩子带来更好的东西。然而,在这样的动机中潜伏着一种危险——就是反其道而行,又走到另外一个极端!上面对话中的母亲,发现了通过纵容来过度补偿的陷阱。结果会怎样呢?我见过很多这样的例子:父母开始对孩子产生怨恨,甚至会越来越讨厌他们。

"为人父母是一项可怕而艰难的工作"

对一些家长而言,P.E.T.课程给了他们一个允诺,让他们能更好地准备自己，来做好为人父母这一艰巨而可怕的工作。"我觉得我需要寻求所有可能的支援，"一位家长透露说，"面对我必须应对的事情，我有点害怕。"

佩妮和约翰是一对快30岁的夫妇，他们特意在婚后5年半才打算要孩子。尽管如此，他们还是觉得自己在新生活中需要指导，他们不想放弃各自的个人需求，希望拥有宝贵的独处时间。他们不想为了陪孩子而放弃他们的亲密关系。佩妮表示她需要得到建议：

"我选择P.E.T.的原因是，养育孩子对我来说是一种全新的事情。我不记得我的家人做过什么，那是很久以前的事了。我想我可以利用所有我能得到的建议。这听起来像是一个好计划，而且如果我要实施它，我最好从一开始就做。"（那时她的孩子才2岁。）

另一位家长表示，尽早开始学习技能成为一名有效能的家长是她参加P.E.T.课程的主要原因。莎莉是一名正在攻读硕士学位的小学教师。她的丈夫也是一名老师，夫妻俩共同抚养他们的2个儿子（一个3岁半，一个7个月）。他们是在确立了各自的职业和个人目标后，才按计划生育孩子的。他们通过学习P.E.T.来寻求育儿方面的帮助：

"我知道，从我自己原生家庭的经历来看，男孩们很多时候会叛逆逃离家庭，他们再也不回来了。因此，我和我的丈夫都希望和2个儿子保持一种开放的关系——长久的关系，你知道的，甚至到他们已经长大成人。我想现在可能是开始的最佳时机。"

爱丽丝是2个十几岁女孩的母亲，她回想起自己大约4年前参加P.E.T.的原因。她当时对承担父母的责任有所恐惧——因为对她来说她需要独自承担这项工作，没有人帮忙，因为她的丈夫那时刚刚去世了。

采访者：我通常会先问你为什么选这门课——是否有什么你特别想改变的地方。

母亲：嗯，我丈夫刚刚去世。我有两个十几岁的孩子——12岁和14岁。我还不习惯自己做所有的决定——承担全部的责任。因为我们以前真的很多问题都是一起解决的。你知道，当你身边有一个可以声援支持的人，那是很不同的。我丈夫溺水去世的时候，孩子们正好和他一起在海里游泳。我不知道这会对孩子们产生什么影响。所以，我觉得我需要运用所有我能得到的方法来应对任何可能发生的事情。

为应对"可怕的青少年"以及"危险的"青春期风暴和压力做好准备，也促使一些父母尽早寻求父母培训支持。卡伦是一位"家政工程师"，也是3个孩子（分别13岁，10岁半，2岁半）的母亲，她参加过许多培训项目和课程——关于价值观的、蒙特梭利的、儿童发展的等——虽然从未获得过大学学位。她是这么说的：

"我和孩子们的关系很好。我上了这门课，因为我真的知道自己可以学以致用。我有很多朋友，家里都是青少年孩子，我能看见，当和孩子们沟通中断的时候，问题就出现了。于是我开始想，如果我跟孩子们之间永远不发生这种事，那该多好啊。"

令人惊讶的是，在我们的采访样本中，只有少数人告诉我们他们上P.E.T.课程是因为未雨绸缪——就是在出现问题之前就进行培训，为将来可能出现的问题做准备。显然，和人们在生活的其他方面一样，在问题还未到来之前，就花费大量的时间和精力去做某事来预防，并不容易。

"我们看到了问题的征兆"

如果此时父母已经发现了危险信号，那么情况就大不一样了：孩子不可接纳的行为和令人担忧的举止层出不穷；年轻人开始有了自己的意愿；孩子对自己越来越不满意；父母在处理与孩子的日常冲突时感到日益强烈的无助感；父母们开始变得疲惫和易怒。许多家长告诉我们，他们寻求帮助是因为他们看到了那些问题的征兆。不是特别严重的事情，也还没有大的危机，悲剧尚未发生。更确切地说，只是出现了一些即将到来的麻烦的早期迹象。

以下录音采访表明了这种痛苦的忧惧和疑虑：

"我觉得我们的方法有点过时，不管用了……"

"我丈夫告诉我，我总是对他们吹毛求疵。我们夫妻俩都觉得自己还没有完全尽到为人父母的责任，总是有太多摩擦，我们动不动就会剑拔弩张的。"

"我家老二弗雷迪更叛逆。大儿子做事更循规蹈矩些，但弗雷迪一点也不。这时候事情就开始变得非常糟糕。"

"我记得当大卫碰到困扰时，我就特别担心他——不知道如何帮他走出来。"

"我记得的另一件事是，当拉尔夫不高兴的时候，往往我就会感到很烦恼。我想帮助他，跟他谈谈这件事。但是他基本不太能告诉我他为什么烦恼。这让我感到很无助。而且我也很难接受自己帮不到他——不知道到底是什么让他心烦，让他感到难过和沮丧。"

下面这个家庭中的母亲6年前参加了P.E.T.课程，她有4个男孩，最小的5岁，最大的14岁。她说，当一个朋友建议她学习P.E.T.时，她起初感到很难为情，认为是对她的"个人侮辱"。然而，后来发生了两件特别的事情，让她意识到现状是有些不太对劲的：

"我告诉你我儿子曾经对我说过的一句话，那句话让人有点吃惊。有一天，我让他做一件事。对我来说，这是我正常的说话音量，但他说：'知道啦，别再发牢骚了。'我完全没有意识到这一点，但显然当我要求什么时，在他听来就像在抱怨。我想，天哪，如果我说话时给他的感觉是这样的，那肯定有什么地方不对劲了。

"……哦，对了，我们因为大儿子不做作业这件事而大闹了一场。他写作业就是敷衍了事。我丈夫不断地指挥我做些事情——监督他每天在房间里学习2个小时，否则就半年内都不许看电视。我尝试了所有类似这样的方法，但都不起作用。我可以强制让他待在他的房间里，但他会坐在那儿，两眼只盯着地板出神。他的成绩一直在下滑，他很不开心，我们都不开心。在那之后，我加入了一个小组，然后，马上开始学习P.E.T.课程。"

一些家长报告说，他们开始对为人父母这件事感到失望——它并不像人们所称赞的那样美好，事情开始逐渐失控。作为10岁和7岁孩子的父母，史蒂夫和安描述了他们与日俱增的失望和沮丧之情：

母亲：我知道自己一直在唠叨他们，无休无止地。我觉得做母亲不可能是这样麻烦接连不断的——没有人能忍受这一切。

采访者：你唠叨的都是些什么事呢？

母亲：哦，天哪，什么都有。

采访者：日常简单的事情，比如刷牙、理发？

母亲：嗯。

父亲：比如收拾他们的房间，睡前铺床，我们对餐桌礼仪的要求，或者晚饭后收拾盘子，或者做家务。所有这些东西计较起来似乎很傻，但这些就是很现实的存在，它们都是日常生活中的点点滴滴……

采访者：你对此感觉如何？

母亲：我感到很生气。我很确信，我内心有愤怒，而且我也发作到了他们身上。我真的觉得我其实有能力在更高的层次上处理整件事……只是做一个好妈妈要花很多时间。P.E.T. 可以减少做好父母所需花费的时间，因为做事情的时候更有效率。

幸运的是，这些父母倾听了他们自己的无助和愤怒，并对这些"问题的征兆"做出了有效的回应。他们意识到事情变得慢慢失控，同时他们坚信家庭不一定非得这样争吵不断，因此他们采取了行动。而其他许多父母并未在早期发生预警时就采取纠正措施。他们宁愿自欺欺人，希望这些迹象和症状会自动消失。于是，无助演变成了绝望，失望被幻灭所取代，为人父母从快乐变成了负担。

当事情变得绝望时

在我们收集的案例中，对一些家长来说，事情已经变得越来越严重：小问题变成了严重的问题，冲突升级为争斗，脾气变得暴躁，父母感到被压垮了，孩子感到被控制了，权力斗争变得频繁，沟通中断，孩子开始叛逆或逃避。这时，父母往往会带他们的孩子去看心理医生、精神病医生或家庭顾问，希望可以治好或者纠正孩子。不幸的是，这些治疗师中有太多的人都把精力集中在对孩子的治疗上，而忽略了帮助父母做出改变。在某些情况下治疗师会认识到父母的重要性，并试图影响父母一方或双方来调整他们对待孩子的行为。下面这位名叫露丝的母亲，就是这种情况，她深入参与了和孩子的治疗互动，那是他们排行中间的孩子，也是唯一的儿子，14岁了，孤僻的倾向越来越严重。

"我们的精神科医生使用的方法是让我们阅读大量的东西，看看这对我们有什么帮助。幸运的是，我无意中发现了P.E.T. ……而它让一切豁然开朗。"

许多父母在寻求任何形式的帮助之前已经等待了太久。一些人拒绝去看治疗师；许多人觉得他们负担不起高昂的个人咨询费。常见的模式是父母试图独自处理他们的问题，但又因为对亲子关系互动存在的症结问题知之甚少，他们只能闷头尝试，然后不断犯错。这样问题通常得不到缓解，而父母们也会感到越发无助。

劳拉和丹尼尔讲述了他们和15岁的女儿珍妮丝的经历。丹尼尔是一名工程师，劳拉是一名家庭主妇，兼职销售化妆品。除了珍妮丝，他们还有两个小一点的孩子，全家住在一个漂亮的大房子里。夫妻俩来自英格兰，在那里的文化背景塑造下，他们的言谈举止端正得体，有着强烈的是非观念。

父亲：我对自己的成长有一些坚定的想法。我努力遵循一套规矩去生活，我相信那是我父亲从他的父亲以及祖辈那里传承下来的。这些规矩就是，孩子需要观其行，而不是只听其言。

采访者：好的，能跟我说说你们上P.E.T.课的原因吗？

母亲：主要是为了我们的大女儿，她15岁，我们很快就变得跟她无法沟通了。她暑假过得非常糟糕——哭闹、乱发脾气，特别痛苦。各种各样的事情……她没有和我们交流，我们也没有陪着她。你知道，这非常令人沮丧。

父亲：我想，让我妻子很不高兴的是，我们之前都承认就我和她无法交流——甚至很少说话。但她原来以为跟女儿还能谈谈。但现在居然到了连我妻子也不能和她谈话的地步了……我们可以看到她跟我们渐行渐远。

采访者：你说的渐行渐远是指什么？是女儿变得更孤僻吗？

父亲：是的，越来越孤僻。

母亲：对，她一回家就把自己关在卧室里一整晚，除非有人跟她说话，否则她一句话也不说。而且她从来不跟她父亲说话，最多嘴里嘟哝一声。这真的让我心烦意乱，我们俩都是。后来，我听说了P.E.T.课程。这听起来太棒了，我想，天哪，这简直就是我们的救命稻草。我真的觉得我们需要帮助，那时还是夏天，但是我们是直到10月份才开始上课的。

父亲：我得承认，那时我认为我不需要任何帮助。

母亲：我不得不说服他。

大家可以注意到，尽管丹尼尔已经连续几个月与他的女儿珍妮丝几乎完全停止沟通了，但是他仍然强烈抵制参加父母课程。这并不是一个特例。但这还是让我感到困惑，为什么父母们在接受他们需要训练的事实之前，要咬紧牙关强撑，拖延这么久？

另一个家庭发现他们和17岁的女儿克拉拉在价值观上发生了权力斗争。克拉拉的母亲描述了她对十几岁女儿身上发生的事情的恐惧，以及她不知道该如何应对的焦虑：

"家长们很难放弃这种专制的立场……我们试图用我们的方式来强制她——我们认为事情应该怎么做，她应该怎么生活，她应该怎么穿衣打扮……某天我们知道了克拉拉抽烟，我们极度震惊，并把她的车没收了不让她开，但这让她变得更加叛逆。不管发生什么事，她都会去抽烟，即使我们之间变成现在这个样子。还有她的着装！我们会恶狠狠地瞪她一眼——什么也不用说，但我们的表情就说明了问题。一切都是她邋遢的着装和打扮惹的祸。她是我们第一个青春期的孩子，那时候披头士还很流行，所有这些对我们来说都是那么新鲜，跟我们的成长方式相比又是那么大相径庭。我一直认为，如果你带你的孩子去教堂，做一个善良的人，走正道，那么一切都会好好的。可是克拉拉没有过上我认为她应该拥有的生活，这对我来说是个重大的打击。"

这位母亲因为"克拉拉没有过上我认为她应该拥有的生活"而感到痛

苦，这和千千万万父母是一样的。当孩子开始接受不同于他们父母的服饰风格或生活方式时，父母们就会经历这样的痛苦——不论来自何种家庭或生活在这个国家的哪个地方。这些价值观冲突困扰着大多数家庭，而如果不能有效处理这些冲突的技能，父母将不可避免地陷入战争并且以失败告终。那时，亲子关系恶化，孩子们将父母拒之门外，他们将生活在阴郁的沉默里，孩子们会放弃与父母的关系，比如下面这个家庭：

"嗯，大多数情况下，我们都是彼此沉默；极少数情况下，除非孩子受到惩罚，否则他还是我行我素。有时惩罚会在短时间内让他有所改变，但不会持续很长时间……就像我说的，他对人充满敌意，有时候他就是乱发脾气。我认为这是他因为被施加了太多压力而做出的反抗……有一次，他很生气，把钥匙砸到车上，我说'你把钥匙捡起来'，他却不管不顾地走了。就这么走了！他整整走了26英里，步行到一个朋友家。"

父母的困境

"当他们到了十几岁的时候，我看管得更紧了，而我本应该更多放手的……想到那些毒品、酗酒、性交以及其他的种种危险，我觉得如果不加强控制，我们可能会碰到一些麻烦。"

"我想我觉得父亲的形象应该是像老板——强大有力……他们会对我言听计从。"

"我作为父母，作为一个人，感觉被压得喘不过气来。我对待孩子是比较宽容的，尤其是对我们的第二个孩子。这个孩子真的是骑在我身上作威作福。我没有为自己争取权利……说真的，我对她恨得牙痒痒。"

在我们的家庭采访中，最常见的一个主题是，他们寻求帮助是因为他们陷入了两难境地，不知道是该严格还是该纵容。父母们被"青春期的危险"吓坏了，有些成了孩子的独裁者，有些对孩子俯首帖耳。而这两种养育方式都是无效的。此外，独裁者们会感到内疚而憎恨自己；而俯首帖耳的父母们会感到自己很无能，从而憎恨他们的孩子。

有些父母就像钟摆一样,在这两种姿态之间来回摇摆,正如下面这位带着7岁的女儿、说话温和的牧师夫人一样:

"女儿需要接送,而我就是她的司机,来这里,去那里,所有都是我。这就好像我没有听到我自己的需求,而是给了她过多的自由,多过她所需要的,也多过我所需要提供给她的。也许我需要在下午做一些自己的事情,但我还是会继续去给她做事……然后,突然之间发生了一件事——也许就是压倒了骆驼的那最后一根稻草。她会做一件极端出格的坏事,然后我就会对她很凶……但是事后我又会感觉很糟糕。就这样循环往复:'哦,多可怕啊——我对这个小孩做了这么严厉的事。'我把这一周积攒的敌意都爆发出来了,而事后我就会感到非常内疚……如果她做了什么事情来表明她感到难过,比如掉眼泪或者躲着我,那会让我心情彻底低落,因为我真的对她做了这么严厉的事情……这对我们俩来说都不是一个健康的循环。"

一位活泼开朗的母亲描述了类似的周期性的权力斗争,她有3个十几岁的儿子,跟当警察的丈夫离婚后不久她就参加了P.E.T.课程:

母亲:我真的没有很好的背景,不知道如何跟别人相处,因为我的家庭生活无论如何都不算理想——我的父母一直相处得不好,显然我和丈夫也相处得不好。我发现我没有任何技巧来避免重复这个恶性循环。我非常渴望能学到某样东西,这时有人告诉我关于P.E.T.课程的事……我和孩子们之间肯定是有权力斗争的,老实说,我不知道还有第三种方法来处理事情。我觉得应对这种情况的唯一方法不外乎"我赢你输"或者"我输你赢"。过去我经常输,但是等到我对输感到厌倦了,我又学会了大声嚷嚷,然后我通常就赢了。但我发现这种胜利并不好——它只能让我们僵持一段时间。

采访者:在什么事情上你们会有权力斗争?

母亲:我最小的孩子觉得,在特定的时间准备好所有的饭菜,这就是我的工作。他会说:"你必须这么做。"我开始对我不得不做的事情感到抵触。我会说:"不,我不是必须这么做——这个世界上我必须要做的事情只有死亡还有纳税,就只有这些。除非你们把我逼成一个必须做饭的工具,不然在那之前你们就先饿着吧。"所以这就是关于做饭的事情——他试图推翻我的权威，不愿意听从我说的任何话，他想占上风，而我不知道如何应对。

采访者：你当时感觉如何？

母亲：我不知道我能否用言语表达出那种强烈的感受。说沮丧根本不足以表达我当时的感受。我很生气，因为我不知道如何处理。我去做过两次心理咨询，但一次要花25美元，我根本拿不出那笔钱……

采访者：那么，P.E.T.做了什么呢？

母亲：他们让我用更少的代价来处理问题。我觉得我有了一些可以使用的工具。我是说，我简直不敢相信人们可以这么做。就好像我知道我可以怎么建造一栋建筑一样。最后我有了一些工具，它真的很棒。我真的很兴奋。当然这不是一劳永逸的事情……我还在继续努力。

危机和灾难

有些家庭很不幸，经历了严重的危机、创伤性事件或可怕的悲剧，然后才报名参加P.E.T.课程。我们不能把责任都推到这些家长身上，但我们必须清楚的是，有些家长在听说有P.E.T.这回事时已经太晚了。另一些家长显然忍了太久才去寻求帮助，他们根本没有预料到家里会发生如此严重的事情。

下面这位身为牙医的父亲讲述了他的绝望，他的女儿（3个孩子中的老大）通过离家出走，来逃避所有父亲对她寄予的重视和希望：

"我认为，我报名参加P.E.T.的主要动机是因为我们和女儿的关系发生了剧变。她马上高中毕业了，我的期待是她要上大学，接受教育，但她不确定自己是否想上大学。她开始和一个我不喜欢的男孩交往。我忍了一阵，但我最终还是告诉她，我真的不喜欢这个孩子，还有他的生活方式。冲突最终发展到了她离家出走的地步：她收拾好衣服，离开家，跟那个孩子和他的父母住在一起，那时他们家给了他俩一间卧室。他俩现在仍然同居，住在山里，就在一辆卡车里，一种非常典型的嬉皮士生活方式……作为父亲，我感到自己真是一败涂地。"

另一位家长也遭遇了青少年突然离家出走的情况。这位3个孩子的母亲开始以全新的视角看待自己作为父母的期望和角色，以及这些年来自己的权力和影响力是如何逐步减弱的：

"我们跟孩子之间的关系彻底破裂了，尤其是我们16岁的儿子。我们没有有效地处理问题，主要是使用我们的权威，但也有不少放任的时候。嗯，他从家里跑了一次，还差点再跑一次……我们面临的问题是偷窃、吸食大麻，还有头发长度也引发了不少争论——我想传统的父母很难接受这些事情。还有着装问题、凌乱的房间、不履行任何责任、对我大放厥词，等等。他认为他现在已经长得跟我一样高大了，他已经不再害怕了。"

这位家长指出了一种大多数家长都不理解的现象——父母的权威，在他们的孩子还小的时候通常很有效，但随着孩子年龄增长（并且个子也"增长"），突然间就变成了一种无效的方法。原因很简单，就是父母的权力被用光了。他们十几岁的孩子不再愿意被人颐指气使或霸凌欺负。令父母懊恼的是，他们发现自己的大炮已经弹尽粮绝。

一场严重的车祸让下面这个家庭幡然醒悟，促使他们采取了建设性的行动：

"他收到了很多交通罚单，我和他经常吵架……然后他就会走进自己的房间，'砰'的一声把门关上，将我关在他的世界之外。我是一个控制欲很强的母亲——我必须控制每一个人。你知道，那种超人妈妈……然后他就发生了翻车事故，但他表面上还是若无其事……他和我都陷入了可怕的权力之争。我试图控制他，而他努力摆脱他那控制欲强的母亲……天哪，我真是太绝望了。"

我们采访的父母还回忆了另外两起危机事件：

"我让她收拾她那乱得跟狗窝似的卧室……她轻飘飘地跟我来一句：'不，我不收拾。'于是，我打了那孩子，又把她重重摔到床上，用力太猛了，差点把她弄伤。在那一刻，我恨透了那个孩子。我就是那么恨她，你知道，当时满脑子想着把她送给别人收养。"

一位事业有成的企业高管在他学习P.E.T.的课堂上告诉大家他为什么选这门课。他的大儿子在成长过程中几乎获得了所有可能的荣誉——获得美国童子军的最高级别，以最优异的成绩从东部一所学校毕业，成为他所在的青年商会的主席,并被评为年度青年商人。就在他获得最后这项荣誉的3个星期以后,他开枪自杀了,并留下一张字条,上面写着:"父亲,我不能再活下去了,因为我不知道我是谁了。我想也许我只是另一个你。"

谁需要参加父母培训

很明显,我们采访的家长都觉得他们需要特别的训练来提高自己的效能,虽然背后的原因各不相同:自我提升、预防问题、比自己的父母做得更好、对"可怕的青春期"的恐惧、得到了早期风暴的警告或者已经发生了重大的危机。但是绝大多数父母可能从来没有考虑过参加课程来提高父母的效能,或者正如我们发现的那样,即便我们给他们提供这样的机会,他们也会抗拒这种想法。我们发现,他们的抗拒植根于某些关于养育子女的普遍观点,而其中的大部分都没有事实根据。

让我感到困惑的是,那些拒绝接受父母培训的人却很容易接受这样的逻辑:如果他们想在其他项目或活动中变得有效或有能力,他们会想要上课、接受辅导或参加培训项目。那些渴望成为网球高手的人可以向专业人士学习网球课程;桥牌高手也一定都上过桥牌课;如果还没在滑雪教练那里上过几次课,很少人会在那之前就跑去滑雪。大多数人在学习驾驶、缝纫、绘画、烹饪、室内装饰、成为一名有效的管理者、学习游泳或操纵飞机时,都会接受需要获得专业帮助的想法。

但到了为人父母这件事,就变得不一样了。人们大概以为自己有了孩子就会成为好父母。或者他们可能无法接受有人知道足够多的知识来教他们如何成为一个有效能的父母。事实上,我们现在对父母效能的了解也是新近才获得的。大约25年前,行为科学家才开始了解如何培养和维持良好的人际关系。现在我们已经所知甚多了。我们知道在人际关系中实现有效的双向沟通所需的技巧;我们知道一种解决人际冲突的方法,这样就不会有人输,双方都赢;我们知道一个人如何影响另一个人去考虑他的需求;我们知道一个方法,可以帮助另一个人通过他的努力解决个人的问题,并找到自己的解决方案；我们知道权力和权威是如何侵蚀人际关系的。

在此之前，这些知识几乎很少被直接应用于亲子关系。亲子关系似乎与其他人际关系——如朋友关系、夫妻关系、师生关系、老板下属关系——有很大的不同。但是，现在我们更清楚了。

此外，在过去10年左右的时间里，大多数行为科学家只是相互交流，或者写一些书主要供同行阅读。过了一段时间，这个问题也得到了纠正。随着我们的新知识更方便地被广大家长们所了解，随着培训项目在美国每个州的数千个社区中进行，也许效能训练对社会产生影响的速度将比我们想象的更快。

第 14 章

4位父母的真实故事：P.E.T.如何改变了他们的家庭

以下4个故事选自34位家长写的真实案例,这些案例是我们面向P.E.T.学员征集的,展示了这些家庭在父母参加了P.E.T.课程之后发生的变化。这些故事各不相同,但都具有个体特色,真实感人。他们提交的内容我们基本上是原封不动地展示给大家,只是为了保护这些家庭的隐私,文中出现的人名都是我们改的化名。

它能创造奇迹

"妈妈,我不知道你去芝加哥时他们都教了你什么。但这真的管用。我简直不敢相信,当你听我说话时,我的感觉有多好。"芝加哥是我参加P.E.T.讲师班的地方。

就在几分钟前,儿子还在边哭边生气,而我一直在想:"天哪,我能应付得了这种情况吗?"现在我知道,我能应付的事情远远超出了我对自己的想象,而我的儿子们也一样,他们能应付的事情也远远超出了自己的想象。肯定自己是一个有价值和有爱心的人,以及坦诚沟通和表达面质信息的技巧,是我在芝加哥那一周P.E.T.给我的两件礼物。

我现在相信,要处理类似我们家发生的各种情况,父母们自身往往比找来的外援更有效。自从接受了P.E.T.训练,我和儿子们的关系变得更加亲密了,这是我之前做梦也没想到的。与此同时,我也为他们的独立感到高兴。我可以倾听他们的感受和恐惧,允许他们说出自己的愤怒和沮丧。

而当人们患有绝症和慢性疾病时,这真的能帮助他们有创造性地过好每一天的生活。

我提到的那件事发生在马克16岁生日那天。当时已经是深夜了。我丈夫约翰已经上床睡觉了，马克和12岁的斯坦应该也睡下了。我正在打扫厨房，这时马克走了进来，坐在餐桌旁。

"我睡不着，"他说，"我想我脑子里乱哄哄的。"

马克很难正常入睡。他患有囊胞性纤维症。通常他躺下时会咳得更厉害。夜里的情况总是很糟糕。当他还是个婴儿的时候，约翰和我经常熬夜抱他竖着睡觉，这样他就能轻松地呼吸。随着年龄的增长，他睡不着的时候就会爬起来看书或看电视。有时他会做一件手工艺品。他已经变得非常擅长处理这种情况了。但今晚很明显他抛出了一个想要交谈的线索，他说"我脑子里乱哄哄的"，这意味着我们可以做更多。这个信息我明确收到了。

囊胞性纤维症是一种严重的肺部疾病。通常在18岁之前是极为致命的。马克3岁时被诊断出患有此病，一周后，他的小妹妹死于同样的疾病。患有囊胞性纤维症的儿童会产生一种厚厚的黏液，阻塞胰腺和其他器官的导管。在胰腺中，它会造成难以消化的问题。最具破坏性的是黏液堵在肺部和支气管中：阻塞局部区域，引起感染，这可能意味着肺部的逐渐恶化。这是一场持久战，需要用抗生素治疗以保持这些肺部感染在控制范围内。

对马克来说，就像其他许多囊胞性纤维症的患者一样，这常常是一场必败的战斗。他在医院里待的时间一年比一年多。他每天都要服用四五十颗药丸。现在，他已经离不开抗生素了。

马克知道他跑步有困难。两年前，他放弃了参加少年棒球联合会。他知道孩子们会死于囊胞性纤维症，因为他在医院遇到的病友有些已经去世了。很明显，他知道今年他能做的事情已经不如一两年前那么多了。我们已经接受了这个事实，彼此心照不宣。事实上，我们以前花了好几年的时间来讨论这个问题。我一直想让马克自己谈谈囊胞性纤维症这个话题，但我觉得他不想谈论它——他从来没有主动提起过这个话题——或者更确切地说是，我从来没有听到他透露过任何想聊的线索。但是那天晚上，我听到了。

他说他想感谢我给他写的诗，还有给他做的卡片。（它们印在这篇文章的末尾。）我跟他描述说我怎样一边四处寻找合适的礼物，另一边却又一直记得他挂在嘴边的话。他说过不喜欢别人买礼物，仅仅是因为某个特殊的日子。我告诉他，我原来不敢与他分享这首诗，因为这首诗既快乐也悲伤。他点了点头。"但是，"我说，"我决定把我的想法坦白告诉你，因为我一直在想，这是一份特别有意义的礼物。"不只是对他，对我也一样。

他开始谈论人与人之间真实分享的重要性，以及他所见的人中有多少是伪君子。他的声音由厌恶转为愤怒，他对学校里和我们教堂里的人发表了尖刻的评论，我觉得他对"那些该死的主日基督徒"的指责过于严厉。这样的言论变得让我很难继续听下去。但是我不得不克制自己的冲动，忍着不为那些人辩护，要求他对他们更友好一些。

我没有阻止他，于是他说得更多了。现在不仅仅是说普通人了……在他嘴里连教会的教义也是"愚蠢的"。然后，他又说到人们都很残忍。他怒斥道："这些人都是从哪里找到答案，知道要如何度过美好而漫长的人生呢！"

我的神经已经绷得非常紧张了。我不记得以前听过他咒骂别人。但是现在他做了。他说："他们总是那么自以为是""见鬼了，他们到底知不知道与众不同是什么滋味？"

我怕我再也听不下去了。我的喉咙里好像卡了根刺，接着我意识到我的手正紧紧地抓着厨房的椅子，我也知道我是多么想离开这个地方。我不停地对自己说："不要把自己绕进去。让他拥有自己感受吧，这样你就可以倾听他了。"

最后，他终于忍不住抽泣起来，他使劲地捶桌子，我担心他会伤着自己，他尖声叫道："我好怕死。我不想死。"

时间一分一秒地过去，感觉熬过了好几个小时，我正不知所措的时候，他抬起头来，和我的视线相遇。

"这些话我不得不说，妈妈。"他说完这句话，我们俩抱头痛哭。然后，我们在沉默中坐了一会儿，他抬起头来，有点不好意思地说："那什么，我们现在去洗碗吧。"

事情就是这样。

如果是我来导演这一幕，我可能就会像父母们习惯做的那样，建议送他回房间然后跟他道晚安。马克不会喜欢这样。已经到了午夜，我们一边洗盘子,一边谈论我们的感受和恐惧。我们发现,这些感受中有许多其实是愉悦的。这个感觉就像在庆祝,就像我们一起在厨房的水槽边开了个畅聊会。

"我感觉好极了。"马克不停地说。他告诉我,他很高兴我能给大家教授P.E.T.课程。"P.E.T.真的很重要,"他说,"你知道的,也许什么时候我可以帮到你。"

事实上,他已经帮到我了,远比他知道的可能还要多。

我逐渐意识到,跟马克谈论类似那天晚上的感受,只一次是远远不够的。我们需要敞开心扉进行新的讨论。自从马克发现他的感受是被允许的,他跟我聊得就更频繁了。他也会和别人交谈,并且他发现,当他愿意真实地袒露自己的感受时,他的沟通方式也会变得有所不同。他通过体会自己的感受来明确自己真正的信念和价值观,他正在将自己的一些发现转化为行动。16岁的马克已经很有能力解决自己的问题了。偶尔我试图插手的时候,他会给我发送一些非常棒的我-信息,让我知道我正在做什么。至于那个病,情况仍是没有什么变化,只是我们似乎已经不太像以前那样受它的控制了。

家庭成员患有慢性病的影响会波及整个家庭。很多时候,健康的兄弟姐妹比患病的那个孩子反而要承受得更多。特别是当家里只有两个孩子的时候,那个生病的孩子表现得似乎比健康的那个更正常。

马克过完生日后不久,斯坦又开始做噩梦。这些年来,这种情况时有发生。我们寻求了专业的帮助,但他还是会尖叫着醒来,无法再入睡。他从不谈论自己的梦。他说他不记得了。某一天晚上,他不想独自回到床上。连续两个晚上我都陪着他,直到他睡着。这种情况整整持续了3天。第四天,我和他谈了这件事,我心里也在打鼓,不知道我学习的那些技巧能不能帮到我。

谈话是这么开始的,我说:"斯坦,我现在有点发愁,你做噩梦这件事也给我带来了困扰。我们都睡得不好,我很担心。爸爸觉得我应该睡在我们自己的床上,我也是这么想的,但同时我也不想让你害怕,我真的很纠结。我觉得我们白天的时候有必要谈谈那些梦。"于是我们开始交谈——在某种程度上。接下来的5天里,场景大概都是这样的:

在白天的某个时候,斯坦会深深地叹口气,低头沉思或者对着空气发呆。我会说:"你现在感到不安了吗,斯坦?"他一声不吭。然后我会说:"斯坦,我觉得你做的噩梦里一定发生了一些事情,我们应该谈谈。我真的很担心。我们可以谈谈吗?"他点头表示同意,然后我们俩就走进小房间。

头4天我们之间的谈话是这样的:

斯坦:我控制不了,妈妈。我就是感到害怕,无法回去睡觉。
妈妈:你的梦真是太可怕了。
斯坦:我不敢再一个人睡了。
妈妈:如果我陪你躺着,你就不会那么害怕了。
斯坦:是的。

说完就是一片沉默。谈话进入了死胡同。我隐隐知道大概是怎么回事,但有个声音告诉我不要着急。我在想:"这是他的问题,他得自己说出来。"但我确实努力让我们的谈话能够持续更长时间。我会让他试着回忆那个梦。他会哭着说他想不起来,或者说他不敢尝试去想。于是我们安慰自己说:"也许今晚就不会做噩梦了。"

但他还是会尖叫着醒来。到了第六天,我说:"斯坦,我很害怕。我似乎并没有帮你从噩梦中走出来。我无能为力。我感到很累,也很泄气,根本不知道该怎么办。我在想也许我们应该去找另一个可能对我们都有帮助的人来解决这个问题。"

这次他说:"我不想和其他任何人说话,我只想告诉你。"
"告诉我关于噩梦的事情?"我问。
"不,"他说,"是关于害怕。"
于是我们开始了谈话。我们谈了很长时间,中间有长时间的沉默。过程是这样的:

斯坦:当我醒来的时候,周围漆黑一片,我害怕这世界上就剩我孤单一人。
母亲:(想安慰他)你害怕其他人都已经离开你了。
斯坦:(生气地)好吧,你不可能指望所有人都在你身边。

母亲： 你感觉自己没办法相信我们都能一直陪着你。

斯坦： 是啊，你和爸爸总是不在，去上班或去其他地方。

母亲： 你觉得我们离开的时候太多了。

斯坦： （语气加重）不是。就是我不能指望事情总是一成不变的。

母亲： 事情在变，你对此感到不确定。

斯坦： 是的，就像你和爸爸一样。你们不会一直待在这里。

母亲： （感到疑惑，开始为自己辩解）但是，斯坦，爸爸和我晚上不经常出去，即使出去了，我们也总是要回家的。

斯坦： 但是事情并不是永恒不变的。（哭了起来）我不能依靠任何人。人都是会死的，你知道的。

母亲： 你害怕爸爸和我可能会死，留下你和马克相依为命。

斯坦： （摇了摇头）（沉默。接着又哭起来，然后……）你和爸爸都很健康。马克不是……

母亲： 你害怕马克会死，你会很想念他，没有他会感到孤独。

他点头说是。

我的上帝啊，他的内心该是多么痛苦，多么恐惧啊！之后我们聊得更多了。他告诉我，他害怕这件事已经很久很久了。我问他是6个月，1年，还是2年。他说："比你说的都长得多。"那一刻，我和他都哭了。

他告诉我，他害怕如果他谈论马克的死亡，可能会一语成谶。我们谈了很多事情，我告诉他我也害怕，还有马克、爸爸也一样。我们聊到如果他有朋友，做一些马克不能再陪他做的事情，那也是可以的。我们谈到了医学研究，人们正努力地寻找治疗方法，事情可能不会有任何改变，但也可能会有所改变。

过了一会儿，他说："我想我现在要去玩了。"

谈话到此结束了。我坐在沙发上，对刚刚所发生的一切心怀敬畏。过了一会儿，他在拐角处探出头来说："嘿，妈妈，我敢打赌我今晚能睡着。"事实真的是这样。他再也不做"噩梦"了。

我不知道我是否一直在正确地使用P.E.T.技巧，但我知道P.E.T.教会了我一些关于他人的美好的东西，在我的家庭里开启了一种真诚的交流，而仅仅在一年前，我们的沟通还是充满障碍的，尽管我常常是出于好意。

几个星期前的一个晚上，斯坦来找我，说他现在很难入睡。"想聊聊吗？"我问。他跟我聊了聊。那天他和马克吵了一架，现在感到很难受。这一两个星期马克的病情恶化，今天他的脾气尤为暴躁。我跟斯坦谈到，当有家人生病时，我们每个人都会为此承担沉重的压力。斯坦说，马克看到他打篮球而自己却打不了，这对马克来说一定很难受。（斯坦很快就要参加一场锦标赛。）

然后斯坦说："我想我得认识到马克生病不是我的错。他也对我说了一些很刻薄的话，我也有权利像他一样发泄不满。"说完，他给了我一个拥抱，道了句"晚安"。

随着男孩们和我交谈得越来越多，很明显，约翰就越来越被冷落了。但是，当有人因为被冷落而缺位父母职责时，这才是一种真正的危险。

我们得谈谈发生了什么。约翰一开始是持怀疑态度的，但当他看到正在发生的事情时，他逐渐打消了疑虑。我在夜里安慰斯坦，这在他看来似乎是对孩子的纵容。他提醒我，那样过度关注斯坦会让他成为一个"娘娘腔"。但当约翰看到斯坦确实变得愿意交流，更自信，更经常为自己的需求发声……你能想象吧？嗯，P.E.T.用事实证明了自己的有效性。

不过，我认为我们还是需要继续讨论这个问题！我希望约翰很快也能去学习P.E.T.课程。与此同时，当我们知道养育孩子不必总是要维持统一战线时，我们感到了无比的自由。约翰可以做他自己，我可以做我自己，每个人保持内外一致似乎是最重要的。同样重要的是，知道是谁拥有什么问题。

我们家的经历可能只是个例。但我在讲授P.E.T.课程时发现，我们跟其他家庭的经历有很多共通之处。我在自己家庭实践中所收获的，让我在面对其他家庭的情况时变得更有效能。

我的职业生涯有了新的进展，开启了一份新的工作，我发现我的新技能是我与同事以及身边的社群日常关系中不可或缺的一部分。因为我看到我们谈论自己对囊胞性纤维症的真实感受时彼此都感觉被治愈，我为基金会的志愿者工作因此到达了一个全新的层面，这非常激动人心。我在一个州级研讨会上组织并主持了一场活动，题为"养育子女和囊胞性纤维症"，在活动中通过积极倾听让父母表达自己的感受,并决定一些他们需要行动的方向。

2月,我们州一所大学的一位精神病学家和我一起在一个为本州特殊教育工作者举行的会议上发言。有两个患有囊胞性纤维症的孩子,我们和他们家庭的所有成员进行了一个小时的讨论。这个过程通过闭路电视展示给会议成员。这些家庭,在有家人病入膏肓的情况下,以他们特殊的生活方式分享着他们的深度痛苦和快乐。这件事之后,一项非常重要的研究项目应运而生。

不久前,在我们当地一家助人机构的在职培训课程上,我与他们的员工分享了一些囊胞性纤维症患病儿童的父母跟我谈到的感受。

"你们看,"我说,"大多数时候他们只是说他们很伤心,很生气,很疲累。其实他们需要知道他们自己做得很好,而周围每个人都试图再扔给他们无数其他的问题或一打不同的答案。"

"你以前跟我们沟通时为什么不告诉我们这些呢?"机构的领导问。

我说,因为在P.E.T.之前我也不知道。

马克最后一次住院时,我把我的名片给了来访的牧师。他慢慢地大声念出来,然后说:"'父母效能训练',这真的有效吗?"

"就像你所从事的职业一样。"我回答,"如果你相信它,并付诸实践,它就会奏效。它可能不会总是创造奇迹,但一定能帮助我们建起许多通往目的地的桥梁。"

致马克
值此十六岁生日庆贺之际

你是特别的

你是我全心爱着的

你是我快乐的源泉

祝福此刻

有阳光舞动

在你的笑容里

在你的眼眸中

> 那个黑暗时刻
> 我们知道它在那里
> 我们也必须准备它的到来
> 但是，如果现在就让我们活在黑暗里
> 那未免为时过早

卡片上还写着：

> 你所付出的，我永远无法回报
> 最长的夜，也会有光照进黑暗，点亮温暖。
> 我爱你。
> 妈妈

不只是技能：我的P.E.T. 日志

我还记得爱丽丝出生的时候。那是两年前的事了，乔和我都对新生儿一无所知。我们真的害怕自己可能会做一些"错误"的事情——我们可能满足不了她的需求。我们想给她的生活一个最好的开始，特别是要照顾好她的感受；所以为了做到那些我们认为对她好的事情，我们经常牺牲自己的其他利益和需要。然而我们并不知道什么是最好的。

爱丽丝满18个月的时候去例行检查，我问她的儿科医生，是否有什么书可以帮助我来应对这种养育的"意志之战"。医生推荐了托马斯·戈登的《P.E.T. 父母效能训练》。我如饥似渴地读完了整本书！我非常认同书里的理念，所以我很确信P.E.T. 课程就是我需要的，而且我觉得它应该适用于所有父母——甚至是还没有养育孩子的人！

虽然我坚信这些技能的有效性，但我发现靠我自己真的很难实施它们（我们没有经费参加P.E.T. 课程）。有一天，当我发现自己正对着爱丽丝大喊大叫，还威胁要打她屁股时，我被这样的自己吓到了——这是我很少表现出来的一面。我意识到，不管她做了什么，真的都不应该是我生气的理由。这是我的问题，而且是我不喜欢的一部分自己。我不想让爱丽丝因为我无法处理每天的需求冲突而承担痛苦。

此后不久，我注意到加州大学扩展课程开设了P.E.T.课程，我从母亲那里获得了一部分资助报了名。我想，也许在一些外来的帮助和自己的不断努力下，P.E.T.技能会对我有用。下面是我在这9周的课程中记录的日志——包括我的想法，遇到的困难，以及学习的乐趣。

◆ 1975年1月11日

（注：爱丽丝将于1975年1月15日满两岁。她还不太会说话——大多时候只能一个词一个词地往外蹦。到目前为止，她是家里唯一的孩子。）爱丽丝从小憩中醒来，哇哇大哭，看上去很害怕。我走进她的房间想看看出了什么问题：

母亲：你做了噩梦吗？
爱丽丝：是的……伯特……厄尼！
母亲：你梦见伯特和厄尼了？（芝麻街中的"木偶角色"）
爱丽丝：是的。（哭得更大声了些）
母亲：它们让你感到害怕了？
爱丽丝：是的。（哭声逐渐平缓）

过了一会儿，她更清醒一点儿了：

母亲：你的梦吓到你了。
爱丽丝：是的，是厄尼！
母亲：你知道的……梦不是真的。（我不知道该怎么跟她继续解释）
爱丽丝：玩具！
母亲：玩具？
爱丽丝：是的！

我想起来几天前，在我母亲的家里，爱丽丝发现了一只假昆虫，我母亲把它挂在窗帘上，足以以假乱真。她有点害怕。我告诉她"那不是真的"，那只是一只"玩具"昆虫，于是她摸了摸，还笑了。"不是真的"和"玩具"，她把这两件事联系了起来，原来我关于噩梦的笨拙解释，她就是用这种方式来理解的。这可真是孩子认识事物的哲学！

◆ 1月14日

我记得我哥哥对我"积极倾听"爱丽丝时的评价。如果她跌倒摔伤了，或者手指被门夹住了，哭着跑来找妈妈，我就会说："哦！你疼死了！"或者如果有人拿走了她的东西，她很不高兴，我就会说"你真的很想要那个，不是吗？"

我哥哥的反应是："你为什么总是要重复一些话？"

我知道可能对一个从未使用过积极倾听的人来说，这看起来似乎是毫无意义的重复。但事实是，爱丽丝确实很喜欢我努力跟她沟通，表达对她的感受的理解，这似乎也真的减轻了她的痛苦。

◆ 1月17日

今天早上，我发现自己的积极倾听相当古怪，隐隐有转移注意力或逃避问题的意思。即便当我有意识地开始积极倾听时，我认识到我的反馈信息是被故意扭曲的，偏离了我所接收到的事实，目的正是为了转移爱丽丝的注意，逃避眼前所面临的问题：

当我们开车经过那家糕点店时，她有些着急地说："百吉饼……爱丽丝！"

我明明知道她的意思是"爱丽丝想要一个百吉饼！"，但是我试图回避这个问题。于是我就说："哦，爱丽丝非常喜欢百吉饼！"我不想听到的部分被我故意略过了。

可爱丽丝不是一个容易放弃的人，她纠正我说："百吉饼，现在！"

我只好敷衍着重复她的话说："嗯，现在！"然后我意识到，这种积极倾听，如果还能称之为积极倾听的话，并不比"12个沟通绊脚石"要好多少——事实上，这正是其中之一。也许此刻发送一条诚实的我-信息会更恰当。

我想我经常对她这么做。我在积极倾听的伪装下，把我的意愿强加到她身上。对此，我可得小心了！

◆ 1月19日

当我积极倾听爱丽丝时，她的反应明显看起来很好。一旦我没有倾听而是告诉她该做什么或给她建议的时候，我也会变得非常警醒。我注意到她经常问我是否可以让她做某件事，这让我觉得我的命令和建议在某种程度上抑制了她开拓自己的潜能并承担自己的责任。我真的希望她能以自己的方式，按照自己的节奏发展。我真的很高兴她确实在意我对某些事物的感受！我猜，她也深有同感！

◆ 1月20日

我发现自己越来越能觉察到人们是如何与他们的孩子，以及与他周围的人相互沟通的。我必须说，当我和朋友们在一起，听到他们在和他们的孩子以及我的孩子交流过程中都在扔绊脚石，我真的感到很厌烦。而且，因为大多数人都用这些传统的方式说话，我发现自己越来越难接纳这种行为！我要补充一点，这让我如此困扰是因为我不喜欢这样否定别人的行为。我想让他们觉得他们可以做他们自己的事，我也会做我的，我认为合适的不一定对他们就都合适。能这么想对我来说并不容易，因为这涉及养育孩子，而做好这件事对我来说很重要。好吧，也许等我熬过这段艰难的时期，我的接纳度就会提高吧！

◆ 1月21日

积极倾听对乔（我丈夫）很有效。他很感激能被倾听，而且他还发现我真的愿意去理解他遇到问题时的感受。而我喜欢这样是因为我能更好地了解他对某件事的感受，而不会觉得我必须替他解决问题——更何况，我也办不到！

我们总像有一根弦绷着，让我们意识到自己正在使用一种沟通的方法，这一点让人感觉有点儿别扭。但如果知道我们这样做是因为我们想要理解彼此，这也就没那么难受了。我想，随着我们技能的提升，我们就会变得不那么刻意了。希望如此吧！

我还注意到，当我跟别人提到自己的问题，而别人不允许我自己解决时，我会感到非常气愤。我不喜欢被指导、被说教、被建议（有时候还行）、被批评、被分析、被安慰等，因为我感觉这是别人闯到了我的地盘来指手画脚，而我想从他们那里得到的只是积极倾听！我很少有机会被积极倾听！希望这种意识能督促我加强修炼，不要做出同样的"不倾听"别人的行为——别人大概也跟我一样，喜欢被人倾听。

◆ 1月22日

积极倾听需要倾听者的专注。只要我能心无旁骛地倾听，而且只有在我做到这一点的时候，爱丽丝和乔总是会对我的努力给予积极的回应。你不能边洗碗边积极倾听——这样会坏事的！如果你倾听的时候不是面对面看着对方的眼睛，我想对方会有感觉，你并没有真的在听，也不太在意听到的事情。事实也的确如此。

◆ 1月24日

我发现自己越来越清楚在各种具体场景中积极倾听是合适还是不合适的。当别人遇到问题而我不能提供所需的帮助，没有对他们使用积极倾听的时候，我曾经会因此感到内疚。但我现在明白了，如果我不想倾听，我真的最好不要去听，而且这也是可以的！今天，一个邻居正在大发牢骚，我想："好吧，现在是一个积极倾听的好时机。"但我也开始意识到自己的不接纳——她今天就是有点惹我生气。所以我认为当时的情况并不适合倾听，即便勉强听了，也是虚伪的。

当我对成年人使用积极倾听时，感觉比较困扰的一件事是，我是非常有意识地使用这种沟通方式，这种刻意让我不敢继续下去，担心对方会看穿这一点，并认为我对他使用了某种"套路"。我想，随着我越来越熟练地使用技巧，并且习惯了不去用旧的回应方式，这种刻意感会逐渐消失。至于信息发送者，我会比以前更真诚地想要帮助他。

◆ 1月26日

爱丽丝似乎对我的我-信息做出了回应（或者在某种程度上改变了她的不可接纳行为）。我-信息表达的似乎是她无法反驳的东西，比如我的感受。她大概能理解我不是在告诉她什么该做，什么不该做，而是让她知道她的某个行为我不喜欢，或者给我带来了烦恼。如果她愿意，她可以根据自己的意愿选择如何去改变。她不需要为此感到抵触或仇恨。我想她很喜欢这样。举个例子（爱丽丝在浴缸里玩）：

我说："我真的不喜欢看到水从你的玩具杯里洒出来，流到地板上，如果这样的话，我不得不再次清理地面，一遍又一遍地这样，我真的厌烦了。"然后，爱丽丝把玩具杯移到浴缸的另一边，这样水就不会洒到地面上了。每个人都开心！

◆ 1月28日

我看到爱丽丝经常对猫发号施令，甚至对着它们的照片指手画脚的！我不知道她这么做是否因为我对她发号施令，还是因为我和其他人对猫发号施令。她不会对其他动物或人这么做（会提要求，但是不会这么颐指气使的），她也不会对她的玩具这么做，所以这让我觉得她可能是在模仿我们的行为，告诉猫该做什么："趴下！""不行！"——这些是她最喜欢说的，我想，这也是我们最喜欢的。让我感觉有趣的是，原来一个人的行为和态度会被别人采纳吸收得这么快，我由衷地感叹我们是多么强大的行为榜样呀。

◆ 1月29日

这些天来，我会沟通什么是我不能接纳的，或者争取维护我的权利，我不再觉得表达不接纳的时候自己很差劲。我想以前我有点不敢面对爱丽丝的负面反应——害怕让她经历消极的感受和挫折。现在我发现她的确非常容易产生挫败感（一如既往的）！但是她也非常善于自己处理那种情绪，只要我让她知道什么是我喜欢的、能允许的，而什么是我不喜欢和不能容忍的。如果我马上让她知道我的感受，情况就不会愈演愈烈到不可收拾的地步。她总是很快地让我们知道她的立场，但我想我原来一直在克制自己，直到忍无可忍的时候。我要对她更加坦诚，就像她向我展示的那样。

◆ 1月30日

我真的很喜欢在养育孩子和与他人的关系中不使用权力的想法。我不喜欢使用权力，而且现在知道了不使用权力是可能的，这让我对未来满怀期待！

◆ 2月2日

显然，我们经常在无意识的情况下使用了冲突解决技巧。在那些时刻，冲突解决的方式对我们所有人来说都是最开心的。例如，我在爱丽丝洗澡的时候写这篇文章——她喜欢一天洗两三次澡，而我不愿意那么频繁地给她洗。所以，我们想出了一个我们都很开心的办法：她可以在浴缸里玩，不用洗澡，而我只是坐在浴室里陪她，可以看书或做任何我想做的事情，其实，在她醒着的时候，这些事情我并不是总有时间去做。这是一个我们双方都能接受的解决方案。

◆ 2月3日

又一个通过冲突解决方法成功的例子！我很惊讶，因为我原以为第三法对一个2岁大的孩子不太管用。但是，它真的有效，让人太高兴了！找到一个她和我都满意的解决方案需要一些想象力，但通常这样一个选择排除的过程和一些创造性的思考会带来效果！爱丽丝今天凌晨4点醒来，想要睡在我们的床上（她已经有一段时间不这样要求了）。经过一些积极倾听后，我告诉她，我不能接受这样，我不能让她睡在我们的床上，因为我真的需要睡眠，以便在白天能够正常工作。我们尝试让她抱着水杯睡，不管用；我唱歌给她听，也不管用；但如果我握住她的手，再给她唱几分钟的话，她就非常愿意躺在自己的床上！这么做可比我拒绝她，让她哭泣，或者我做出让步，让她毁了我的睡眠要好得多啦！

◆ 2月4日

今天发生了一件有趣的事情——恰恰验证了上周课堂上提到的内容："人际关系可能并不像我们想象的那么脆弱。"我丈夫和婆婆（她对于我来说是真正的考验所在），他们还在计划一个自诩很"有趣"的度假旅行，我是否参加还不一定，可是我让他们明白了，如果他们这样一个劲儿地逼我参加，我会感觉非常不舒服。他们的做法真的让我很恼火（已经到了我所能接纳的底线），于是我终于鼓起勇气，跟他们发送了一条我当时能想到的最好的我-信息。他们接收到我强烈的反感，就停了下来。我觉得这么做暴露了我不太喜欢自己的一面，而且我认为其他人也不会喜欢的一面（就是很多时候太严肃，而不够随和，不够放得开）。但我的信息很快就被接纳了。我真的大大松了口气，很庆幸自己冒着风险发出了我-信息，而且接收效果也很好。

◆ 2月5日

今天发生了另一件有趣的事情。在我父母家吃过晚饭，爱丽丝大概是累了，变得有些烦躁不安。我们在等我父亲喝完咖啡再告别回家睡觉。爱丽丝想让姥爷给她一些橙汁，但当姥爷开始往她的杯子里倒橙汁时，她却又很不高兴。姥爷不明就里，所以我把爱丽丝的意思翻译给他听。她想用装果汁的大罐子直接喝，而不是倒进她的杯子里（就像她看到妈妈在家里偶尔做的那样）。姥爷说："不行。"爱丽丝说："就要！"然后就地一躺号啕大哭。姥爷说她被宠坏了，并斥责我最好开始做些什么，趁现在还来得及要好好"管教"她！我转向爱丽丝，她还在地板上躺着生气，眼看就要大大发作一场。我说："姥爷不让你用大罐子喝果汁，你真是气坏了！"

"是的……爱丽丝……长大……现在！"她哭喊道。

"你已经大到可以用大罐子直接喝了，现在。"我说。

"是的！！"说完，她停止了哭泣，从地板上站起来，说，"晚安，晚安！回家！"

我转向父亲，问他是否还有什么问题，因为在我和爱丽丝的整个对话中，他一直在说要做些什么来解决她的问题！他并没有真正注意到发生了什么。但他承认，现在似乎已经没有任何问题了。令我惊讶的是，他似乎没有意识到问题这么快就解决了（我知道类似这样的事情很可能会演变成爆炸级的大矛盾），也没有意识到爱丽丝表达出了这件事情的主要问题——就是她早就想睡觉了！

◆ 2月10日

最近我会把爱丽丝留给其他人照顾，这么做出现了一点问题。她对我的离开非常难过，这使任何一个来照看她的人都很费劲。这也让我感到忧心忡忡。积极倾听和我-信息似乎并没有缓解问题，冲突解决方法也没有取得进展。所以我一直在想，至少要搞明白为什么我对这件事这么难过。我开始意识到自己真的很焦虑、紧张、心里没底。很明显，我的这些情绪也逃不过爱丽丝的眼睛——而且这让问题变得更加复杂：她看到我离开她是多么的焦虑，于是她自己也变得更加不安（妈妈离开这件事一定非常可怕）。所以现在这个状态于事无补。

我为什么这么紧张？我认为很大程度上是因为我想努力做一个完美的母亲。多么不切实际的目标呀，对吧？但这个想法对我来说是非常真切的。我在她的生活中真的有如此强大的力量，以至于她不能独自处理这些事情吗？显然，作为一个母亲，我对她仍然很重要，但我难道就不能允许她独立，鼓励她承担自己的责任吗？就像我说过的，我真的想让她做到的那个样子。

还有，为什么我觉得我应该离开她？这个问题指的是，有时我离开她，是因为我认为这是她需要经历的——她应该有离开我独自消磨的时间。我做某件特定的事情，背后的需求是什么并非都有明确的界定。如果她不喜欢，为什么她必须要有离开我独自消磨的时间呢？我是否感到来自别人的压力，让我觉得应该离开她，即使我并不总是觉得我需要独处？这是受到之前了解的关于"适应良好"的孩子的看法影响吗？

大多数时候，我很喜欢和爱丽丝待在一起。当我有明确的需求而离开她时，我不会感到焦虑（比如：看医生、社交约会、P.E.T. 课）。那些时候她也通常没有任何问题——她能接受妈妈要离开一段时间。但我发现，如果我只是为了离开她而试图离开她，我自己并没有什么正当的需求需要满足，我会像偷偷干坏事一样紧张，而整个事情在她看来可能也就完全不对劲了。仔细想想，其实对我也一样怪怪的。天哪，如果她在那些情况下需要我陪她，我内心其实更愿意去满足她的需求，而不是打扫客厅之类的杂活！我和她在一起，这对我更重要，对她也是。哇！这让我如释重负！这并不意味着当我离开她的时候，她再也不会不高兴了，而是至少我对我的需求和优先事项越来越清楚了，这也让问题变得不那么严重了。我想我曾经把承担社会舆论压力看成是我的需求。事实上，我的需求——我自己的需求——与我一直想要实现的还相差甚远。我想，我可以从这里重新开始！

◆ 2月14日

爱丽丝接受了我的道歉。我冲她发火了，事后又对此感到很难过，告诉她我很抱歉，因为我感到压力很大。她走到我身边，给了我一个拥抱，还拍了拍我的背。我真的很感激。她让我感觉很好。

◆ 2月15日

我使用P.E.T.遇到了问题。我那小心谨慎的自我又敏感过头了。我非常清楚自己说了什么，想说什么或者不想说什么，别人说了什么，他们可能的感受，我自己的感受，等等，有时我感觉自己要爆炸了。但是，我还是忍住了。我哭了。

我真的让它变成了一个负担。我觉得自己对每一段人际关系都负有责任——全部的责任。通常，责任感是健康的、现实的。但我觉得，我做得太过了。在这个过程中，我也感到了孤独。当别人不理解我的感受时，我比他们体会到的更多。掌握P.E.T.技能使得这一点更加明显。所以，当别人理解到我，以及我同理到别人时，我体会到的更多。学习P.E.T.之后的积极意义从一开始就显而易见。作为个体，我是在使用这些方法时才了解到会遇到什么样的问题。这些问题值得认真面对，所以我想重新审视P.E.T.对于我的意义，我想从中得到什么，我能从中得到什么。

◆ 2月19日

很有趣呀！距离我写上一篇已经过去4天了，现在我对P.E.T.的感觉大不一样了。我所面临的最大问题已经暴露出来：所有的负担、孤独、责任和自我意识，我认为都源于这样一个事实——当我积极倾听或解决冲突时，有时会缺乏一种真实的关爱——真正的同理心。显然，我内心这种澎湃的情绪不仅仅与我和P.E.T.有关，还有很多其他的因素。但就这些技能而言，我真的认为我的同理心能力、关爱他人的水平，还没有达到这些语言技能所要求的。对我来说，这称不上P.E.T.。我认为，在建立人际关系方面，即便没有任何沟通技巧，一份真正的关爱也要比只会摆出最完美的技巧架势要有效得多。

前几天我注意到，当我尝试积极倾听或解决冲突时，我真的更在意自己对所处情形的想法和感受，而不是努力去真正地理解他人的感受。意识到这一点，我可以暂时把自己的感觉屏蔽掉，真心地去同理倾听，不管有没有用什么技巧。对我来说，这才是P.E.T.的关键。这正是我的问题所在。如果自己能被对方理解这固然很好，但就像书中所说的，如果我可以省略所有的废话，关闭头脑中的偏见，然后真正带着关爱倾听。那么我将赢得对方的理解，并最大可能地获得对方的感激和回报。书上说的道理，读到它是一回事，而真正地体验到它又是另一回事了。

作为积极倾听的先决条件，同理心的重要性在书里和课堂中被反复提及。头脑层面我能理解，但直到最近几天，我才真正地看到和体验了这一切。没有投入全部的关心，倾听也只是花架子，更多起干扰作用的是自己纷杂的想法和强烈的情绪，这么做当然不会成功！只有将自己"放空"一段时间，才能真正倾听和了解对方。对我来说，这就是关爱，而这正是实施P.E.T.技能所必需的。否则，还不如不做！

◆ 2月22日

最近遇到一个冲突解决的情况，从这件事中，我学到了很多，关于如何避免引发冲突！上周的一个晚上，把爱丽丝哄睡着后，我洗了碗，然后一身疲惫地坐在乔旁边，他正在看电视，也很累。我说有一些事情我挺困扰的，我们能谈谈吗？那真是场彻头彻尾的灾难！我犯下的错误是：我太累了，无法理智地讨论任何事情；而他也很累。我现在明白了，这种状态是一定不可忽视的。而且，我在一个问题上不停纠缠绕圈子（我的我-信息发得很糟糕，而且我还没有积极倾听！），结果，就是我不仅引发了第二个冲突，还制造了第三个冲突！真不敢相信，所有这些我原本都可以完全避免的。这也难怪，他会觉得我是来找他兴师问罪的。这真是个天大的教训！

◆ 2月23日

现在只有在我真正关心对方和他的烦恼时，我才尝试积极倾听。当遇到这样的场合，我感觉自己能稍稍跳出来一点，先看看自己当时是否具备成为一个有效听众所必需的同理心。如果我发现我真的在乎，我真的想要倾听，我就会（尽我所能）屏蔽掉我脑子里所有的废话。到那时，积极倾听就会展现出前所未有的效力：不仅是对方能够探索自己的问题，而且我发现因为同理对方所带来的温暖和亲密也是无与伦比的。这种与他人的沟通和交流是我通过P.E.T.发现的最大的财富。

◆ 2月25日

"自我调整"：我是要通过我的孩子们来实现自我的吗？有时我会思考这个问题。我似乎花费了很多精力来调整我的生活方式以适应我孩子的需求，同时，也满足我丈夫的需求。我经常发现我的需求没有得到满足，尽管我甚至还不能准确地弄清我的需求是什么。我只是有一种没有被满足的感觉。这是我的问题，跟我自己的内在有关，不是由别人的不可接纳行为引起的。我觉得这件事需要好好探究一下，免得拖到最后我开始憎恨自己在母亲和妻子这两个角色上花费了太多的时间。我非常喜欢我的孩子，也深爱我的丈夫，但我也感到需要通过一种方式来表达自己的创造性能量。

◆ 2月26日

继续上一篇日志的思路——我有自己的需求，创造性的个人需求——拓展自己的个性和能力，投身一些符合自己性格的领域，也许是跟别人通过某种方式沟通自己的这一部分想法——这些对我的个人成长都是至关重要的体验。我的那些最紧密的社会关系（我的家庭、亲密的朋友）也许能展示出这个非常个性的"自我"，但是我必须有时间独自实现这一部分。这不是我的丈夫或我的孩子可以为我做的事情。只有当我满足了自我实现的需求时，我和他们的关系才会是最牢固的。那些只有我才能做到的事，我不能要求他们为我做到。当我满足了自己创造性和自我表现的需求并为此感到满意时，我才是最幸福的——对自己和他人都心怀接纳。

◆ 2月27日

我发现，当爱丽丝和另一个孩子为一个玩具争吵，而且他们意识到我不会掺和进去为他们解决问题时，他们会变得更能接纳对方——冲突也就不再那么紧迫了！如果爱丽丝看到我不打算以任何方式干涉，那么她也更愿意让小伙伴继续玩她的玩具。

◆ 2月28日

我一直在尝试用这个角度来思考：负面行为，在某种意义上更多的是为了满足需求或表现价值观差异。例如，我离开爱丽丝后她哭了的那些场景。如果那些我不太喜欢的哭泣行为，以某种方式被消除了（通过强化不哭泣行为或其他方式），这是否一定意味着她的不快乐的感觉也会消失？也许吧——她是个挺"直爽"的孩子。但是我有多想操纵她的行为呢？我不喜欢她在我离开时哭喊尖叫，但如果这就是她当时的感受，我宁愿她让我知道。那么，我能改变她的感受吗？我想改变吗？我能允许她拥有"积极"感受的同时也有消极感受吗？（说得好像能一手操控似的，真的能吗！）我能允许自己接纳她的消极感受吗？它们真的是消极的吗？还是它们只是在我的价值体系中被认为是负面的？

◆ 3月2日

更多关于负面行为的想法：这些天我发现不可接纳行为真的是一种个人需求的表达。从这个角度来理解，这种行为，即使不是全部，也在很大程度上变得不是那么的不可接纳。这并不是说我发现所有的事情都是可以接纳的，而是当我站在需求的角度来解读这些行为时，我的接纳程度大大提高了。P.E.T. 讲师们提到过这一点，但现在我真正消化了这个想法。

这种想法改变的一个直接结果是，我不再像以前那样害怕负面行为了。当我离开而爱丽丝哭了的时候，我不再觉得那么不舒服和焦虑。这似乎对她产生了立竿见影的效果：昨晚我出门，把她留给了爸爸。她不太高兴，开始哭着说："妈妈，不要去上课！"

我说："你不想妈妈离开你，这会让你很不开心。"

"是的……（她的下唇颤抖着）……妈妈在家！"

"你想让妈妈在家陪你，但我真的得去上我的课。"

她的嘴唇又开始颤抖，看起来好像在努力忍着不哭出声——我想我以前从没见过她这样做！我说："爱丽丝，你可以不高兴。你想哭就哭出来吧。"

她哭了一分钟，然后跑到爸爸那里，非常兴奋地说："爸爸！火车！"（我告诉她，我不在的时候，他们可以去玩火车玩具。）

◆ 3月4日

我感到奇怪。我感到不确定。我感觉自己已经失去了对"自我"的理解。在梳理了一些我个人秉持的价值观之后，我发现，在这些价值观中，一部分是我迫于那些对我重要的人的压力才接受的，还有一部分是我觉得已经对我不再有效了。

例如，我很节俭。我倾向于把钱存起来，而不是花在我喜欢的东西上。我认为这种价值观我是从父亲那里获得的，也许也来自我十几岁时所持的哲学观。但是我节俭的行为让我感到紧张。我不喜欢紧张的感觉或自我约束。经过仔细检查，我发现我根本不重视存钱。我喜欢那种不带愧疚花钱的自由。原来我一直保持着一种不符合我个性的价值观。

我发现我所持有的其他价值观也是如此。一方面，放弃那些已经不再属于我的价值观，这样的变化令人兴奋。另一方面，意识到自己内在有这么多已经不属于自己，要将它们都扔出窗外，我也感到了害怕。放手很有趣，但之后我会突然感到空虚，不知道我是谁，不知道什么对我是重要的。这就像拆除一栋建筑，在旧建筑消失，而新建筑尚未建成之前，只剩下空空的一片荒地。我要修建一套什么样的架构呢？拥有这种可能性令人兴奋不已——甚至只要一想到它不再适合我时，我就可以把它拆了再重新开始。

◆ 3月6日

一切皆有可能！重生的是怎样一个全新的我呢？我不知道。就像春天，一切还只是盎然的生机。你能感觉到它在那里，有一种蓬勃的力量呼之欲出。让我的幻想天马行空，看看它们给我带来了什么，这很有趣。我有一种强烈的感觉，我可以选择对我来说好的或正确的东西。我可以尝试新的价值观，看看感觉如何。我可以尝试新的行为，那些我从来没有想过可以发生在我身上的事情。改变是多么巨大的喜悦，改变是永恒的！

历尽艰辛，终见成效

几天来我一直在努力寻找开始写这篇文章的契机。我想先从参加父母效能训练之前的一些家庭生活写起，而一提到这个，我脑海中就会一直浮现恍如新生这样的比喻。对我来说，以前家庭沟通的那种痛苦记忆已经变得很模糊了。现在我们家有4个人，在过去的一年里，大家的成长超出了我的最高期望。甚至我们说话所使用的语言，我们彼此交谈的方式，在不熟悉P.E.T.的旁观者看来，都是全新的模式。

我马上想到一个例子。我们6岁的儿子沃尔特和他的朋友罗伯特最近常在我家楼上玩。我无意中听到罗伯特对沃尔特说："如果我们那样做，我们可能会惹上麻烦。"然后，沃尔特回答说："在我们家里不会有惹麻烦这回事。我们有的只是冲突。"

以前在我们家，要处理惹出的麻烦，犯错的人和纠错的人都要为此花费大量的时间和精力。在过去一年里，我们学会了一些技能来处理大家的需求、产生的冲突和问题归属，我们不再认为关系紧张是一种麻烦，而是一个因为意见相反而需要解决的问题。我们作为一个整体都在新的互动方式中建立了彼此关爱和信任的感觉，最近我们都体会到了这种努力带来的成效。让家庭关系成为快乐和成长的源泉而不是麻烦的聚点，现在我们大部分的时间和精力都花在这件事上。然而，这也是一个琐碎而艰苦的过程。

我们的另一个儿子布伦特今年8岁，他的精力很充沛。在每天去学校的校车上，通常会有一群男孩，包括布伦特，他们真的是来考验当天的校车司机和陪同家长的耐心的。最近，我的一个邻居，跟着孩子们坐过校车，她对我说："我不知道你对布伦特做了些什么来管教他，但不管怎样，你的管教确实起作用了！"原来，布伦特在去学校的路上还是又吵又闹的，我的邻居对他说，她第二天会来看我，她可不想到时候来跟我告他的状。布伦特对她笑了笑，转过身去，建议其他孩子在课间休息时再继续玩游戏。在剩下的时间里，布伦特坐在那里，愉快地和他的朋友们聊天。

第二天布伦特到家时，我告诉他，我的邻居已经把乘校车的事告诉了我；而且当我听到他能够为自己的行为承担责任，尤其是在他的朋友面前时，我是多么的高兴。我告诉布伦特，在我看来，他关心的是当我得知他的所谓"不乖"行为时，我会做何反应。而且，如果我会因此感到失望，那么这样的结果似乎是他不愿意看到的。布伦特承认，不想让我感到失望是他在校车上安静下来的主要原因。这种为他人着想、相互关爱的感情并不是在某一天突然间就出现的，而是我们坚持努力实践P.E.T.技能的结果。

我来说下前因后果。几个月前，布伦特从学校带回来一张纸条，上面写着他和另外两个男孩因为频繁捣乱被赶出体育课。在这节课剩下的时间里，他们必须在大厅里罚站，并且放学后要带一张纸条回家，让家长签字。布伦特把纸条塞给我，说："你肯定要生我的气了。"

他说的一点儿也没错，我也这么告诉了他。布伦特问我，爸爸会不会打他屁股。我告诉他，是不是打屁股，这是他和他爸爸之间的事，但我看得出他很害怕爸爸生气的后果。布伦特有些心慌，他问我："你打算对我做什么？"这个问题开启了一场最深刻的对话，一场我们事后经常提到的对话。通过这次对话，我们彼此之间奠定了关心和信任的基础。

通过积极倾听，我了解到布伦特对自己的行为感到内疚，想要赶紧翻篇，做出补偿，然后彻底地了结这一切。我向他解释说我其实并不想难为他以示惩罚。但他不愿意为他的行为负责，这让我感到很失望。

他坦率地回答说："我不明白你的意思。"

然后我们开始谈论自我控制。布伦特为自己的行为辩解，他想借口说所谓的法不责众——"嗯，被赶出教室的又不只是我一个人"。随着进一步积极倾听，我明白了他真正关心的是会不会被打屁股。我说我觉得打屁股是在逃避解决真正的问题。我跟他说我很确信，打屁股这种情况是完全可以避免的，或者至少可以通过深度交谈达成结果来最大化降低被打的可能性。我们可以通过观察我们的感受，并试着把注意力集中在可以做些什么来帮助布伦特应对类似的情况。

布伦特生气了，他说做一个孩子是多么的难，因为成年人可以做任何他们想做的事情，而孩子们身边总是有那么多人告诉他们该做什么。我表示同意，他的这个观点很好，但我觉得他说得有些片面。我谈到成年人也必须对自己的行为负责，必须接受自己行为的后果。然后我跟他分享了我的感受，我想让他学会承担责任，这样在当前的社会中他就能过上丰富充实的生活。

不管这番谈话多么富有成效，但它都还没有触及布伦特最关心的问题：在学校惹的麻烦会给他带来什么后果。

我说："我要做什么呢？我要跟你强调的是我有多失望。我希望你为自己的行为负责，为你自己的问题负责。我想让你考虑一下你在学校的行为背后是什么原因，既然这么做确实给你带来了麻烦，你打算如何去改变？如果你不知道应该如何表现更能让人接纳，我想让你知道，我们会非常乐意和你讨论这个问题。我会努力让自己准备好，随时开诚布公地跟你进行这样的谈话。"

然后，我们谈到布伦特带回家的纸条，那个东西实际上是在说"好吧，家长，对这个孩子做点什么吧！"于是我说："现在这句话我来对你说。好的，布伦特，对这种行为做点什么吧。我在乎你，但我感觉你并不在乎我。"

布伦特想知道怎样才能重新得到老师的赏识。他提议写一封道歉信，他也这么做了。我的建议是他在课堂上表现出合作和自律，这样可以证明他的道歉是真诚的。我们的讨论再也没有回到打屁股的问题上。因为没有什么机会提到它，最终它被排除在处理这种情况的合适方法之外。有趣的是，这几个月来，打屁股都不再是我们家处理问题的方法了。

那天晚上，当布伦特的父亲进家门发出声响的那一刻，布伦特就吓得把心提到了嗓子眼。雷蒙德知道这件事情后很生气，也感到失望，但同时又很关心。他和布伦特走进卧室，他们谈了很久，最后达成了共识。这是帮助我们家庭有效成长的新台阶。（那段时间，雷蒙德正在学习父母效能训练课程，这对父子之间的互动产生了积极影响。）

回到校车事件上，我的邻居评论我们对布伦特的"管教"。我知道布伦特很在意他的行为，愿意尝试改变，并为此承担责任。父母们常说："你不能总是监视着孩子来控制他们的行为。为了教育孩子明辨是非，威胁和惩罚是必要的（'孩子不打不成器'）。"我绝对同意父母不可能跟着孩子到处走，但布伦特选择了无论他去哪里都"带着"我们。他逐渐明白了，无论他在哪里，他都拥有我们的信任、关心和爱，同时他也在学习技巧，以负责任的方式表达自己的感受。雷蒙德和我正在学习如何对我们的两个儿子产生积极的影响，而这种影响无论我们是否在场都将会发挥作用。

真是苦尽甘来：不懈的努力，也带来了更多的成效。家庭作业，一个众所周知的问题，会让父母再也无法维系日常的理智和斯文，瞬间陷入痛苦的呻吟！我学完第三周的"父母效能训练"课程时，家里的家庭作业问题已经恶化成一场全面的战争。

战争的形势是这样的：布伦特讨厌做家庭作业；在他的日常事务排序中，作业根本没什么优先级。雷蒙德和我以履行父母职责的名义形成了统一战线，以确保布伦特完成他的任务。我们攻坚战役的主要手段就是不断向孩子强调那些老生常谈的道理："当作业完成时，你会感觉更好""脑袋上没有顶着什么未完成的任务，你就可以玩得很开心""每个孩子都要做作业""当我还是个孩子的时候……"

起初，我的计划是在放学后就尽快地跟孩子搞定做作业的事情，这样每天的冲突就能在那时引爆完毕，这样我就能享受我的夜晚时光。可是布伦特讨厌一放学就去做作业，尤其是在天气好的时候；他想和他的朋友出去玩。而遇到下雨天，他就想看电视；做作业这件事让他没法痛快享受。我用尽了一切威胁和理由，让布伦特放学后马上完成作业，但他总是哭喊、折腾、发脾气，搞得我疲惫不堪。

我真的是忍无可忍了。我觉得让自己一个人承受这一切太不公平，所以我叫来了厉害的帮手。不由分说地，雷蒙德被指派每天晚饭后负责解决这个作业难题。我们当时很笃定，这件事是一个需要更多强制力量的纪律问题。这样过了几个星期，布伦特变得几乎不跟任何人说话，他用沉默不语来折磨我们，确保我们都跟他一起承受痛苦。

一天晚上，我把这些乱七八糟的事情都一股脑儿地讲给我的 P.E.T. 课程同学们听。通过运用学到的新技能，他们帮助我梳理了这个家庭作业的困境。我意识到在这个事件中直接牵扯到的是问题归属，还间接地连带了价值观问题。雷蒙德和我以家长的名义所承担的家庭作业问题，实际上是布伦特和他的老师之间的问题。当然，雷蒙德和我对孩子做作业的重视程度很高，因为这是我们看重的目标，但其实当一切该说的该做的都完成后，这个问题的责任就落在布伦特身上了。

我和雷蒙德讨论了我的这些感受（他那时距离决定上 P.E.T. 课程还有好几个月，那是另一个故事了），他斩钉截铁地告诉我，他认为我的新观点是不负责任的，是对孩子的纵容。最终，我还是说服了雷蒙德尝试用我的方式来处理这件事，因为那时我们真的毫无办法，就算坏也再坏不到哪去了。

接下来，我和布伦特坐下来，和他一起整理我的新思路。我解释说，我承认这样一个事实，就是此前我们所有关于家庭作业的做法，各种压力、强迫和不愉快都是错误的。我告诉他，我认为他的家庭作业是他和他的老师之间的事情，但我非常愿意提醒他或者帮助他拼写，如果他要求这些的话，但我们不会再强迫他了。

我打电话给他的老师解释说，今后布伦特的作业将由他自己负责，并请她以任何她认为合适的方式处理相关的问题。我也和布伦特分享了这次谈话的内容。

布伦特听了这话，高兴坏了。他得出的结论是，他有了明确的挡箭牌可以跟父母一争高下，而且他可以永远不用做家庭作业。接下来的几天，他都没写作业就高高兴兴地去上学了。可是到了第三天，他放学冲进来的时候是歇斯底里的，尖叫着表达他对老师的憎恨。原来老师似乎不同意布伦特对家庭作业的看法，给了他一项额外繁重的任务，要他抄写单词，每个单词抄25遍，因为布伦特没有完成应写的作业。

我积极倾听布伦特对他老师的感受。他觉得老师故意在找他的麻烦，这个老师对他不公平，根本就不喜欢他。很明显，对于这项额外任务他觉得是针对他个人的，他还没有把这件事和他此前的行为所造成的后果联系起来。

经过一个漫长得令人难以置信的晚上，布伦特完成了这项累人的工作，然后向我们抱怨他的手指疼。深入的积极倾听，帮助布伦特认识到疼痛背后的真正原因。当然，他的手指的确疼，但他实际上想要表达的是，做常规作业要比每天晚上写额外的任务容易得多。

成功的时刻到来了。作业问题已经不再是问题了。我们每天晚上只会提醒说："作业，布伦特？"他要么点头表示同意，要么咕哝表示不满，但他已经在问题归属、行为后果和承担责任方面得到了非常深刻的教训。他的妈妈和爸爸也是一样！

在我们家，和沃尔特一起购物总是一个问题。购物这项吃力不讨好的工作必须在白天完成，以符合我的日程安排，而这时候沃尔特就不得不被拖着一起去。不可避免地，我们的这个小儿子会看中一块糖果或一个玩具，而且必须要买。遇到这种情况，我肯定会趁机跟他讲关于蛀牙的知识，但是即便我那会儿还没上P.E.T.课程，我也能注意到沃尔特的脸部表情和肢体语言，他想表达的是："好吧，好吧。所以，赶快讲完你的道理吧。"

而他想要的玩具通常超出了我当时的花费预算，我会试着跟他解释，我们应该做的是事先做好采购计划，然后开始攒钱，用沃尔特的零用钱加上我给他贴补的。开车去商店的路上，我们俩都很痛苦，沃尔特毫不掩饰他的失望和怨恨，而我对于要处理这种反复出现的头疼问题也是满心愤懑。

在和雷蒙德讨论了这个问题之后，我们认为，我新掌握的P.E.T.冲突解决技巧可能能帮到我和沃尔特。所以在我们下一次出发去购物之前，我问沃尔特我们是否可以试着运用一些我学到的新技能来解决这个问题。我解释了这个过程是如何运作的：我们两个人都列出自己的需求，以及如何满足这些需求的建议，以便形成一些在购物时适用的基本规则。

我列出了我的需求是，要完成采购，控制好花费，当玩具太贵的时候说不，我还表达了对糖果的看法，并建议买一块水果作为替换。沃尔特说他需要独自去玩具区逛逛，然后给我看看他想买的东西，让我们不要那么急着回家。我说这对我购物车里的冰激凌来说不太好，但我们可以设法解决这个问题。

我们急于尝试我们的新协议，所以我们马上跳上车出发去现场看看是否真的管用。我推了一辆购物车，和沃尔特道别，他就向玩具区走去。我自己购物，真的很享受沃尔特不在身边的时光，再也不用听到他喋喋不休地抱怨自己得忍受购物这种苦差事。当我到达玩具区时，沃尔特非常兴奋地给我看了三个他特别感兴趣的玩具。我们查询了价格，沃尔特做出了巨大的让步，决定他只想要"一个小模型，就一个"。

我当时觉得很心虚。

"沃尔特，你这样让我感觉很有压力，我很失望，因为我们的协议正遭受破坏。我原来是想要跟你谈谈你想买的东西的。我本来想我们应该计划存钱买这些东西。但我想你现在不愿意按照我们约定的来讨论了。你又开始故技重施了，必须现在就要买，否则你就不高兴。"

沃尔特表达了他很想要这个模型，然后不停地跟我抱怨说，我其实有很多钱，还说他讨厌我。我说，我觉得我们需要回到冲突解决办法的第一步，重新解决问题。

又是铩羽而归。到底是哪里出了错？我读了戈登的书，上了这门课，用上了这些技巧，可是说好的奇迹在哪里？

沃尔特走进屋子，把外套扔在地板上，踢了猫几脚，然后上楼去看电视卡通片安慰自己。我把买来的日用品放在一边，然后在心里回想了一下当时的情况，我觉得我不接纳的不仅仅是超市里的经历，就连沃尔特这个人也是不接纳的。这个小怪物，为什么他不遵守我们的约定呢？我相信自己提出了一个好问题。

过了一会儿，我感到心情平静，思路开阔了些，所以我上楼去和沃尔特谈话。我走进他的房间，关掉他正在看的暴力卡通片，告诉他我很担心商店里发生的事情。我问沃尔特对这一切有什么感觉。他哭着跑进自己的卧室。他一头扑倒在床上，拿枕头蒙住头。我尝试轻轻地把枕头拿开，好与他进行眼神交流。他抽泣着叫我走开。我告诉他，我们必须谈谈这件事，并达成一些谅解。这简直是一团糟。沃尔特整晚都没再跟我说话。

第二天早上，我和一个同样坚持P.E.T.实践的好朋友谈到了这个情况。她积极倾听了我的沮丧，并帮助我意识到，是我把整个事情搞砸了，因为一开始我就忽视了沃尔特的需求，他希望不要被我快速赶出商店。而我向他传递的信息是，我的奶油糖果波纹冰激凌对我来说比他更重要。后来回到家后，我又气势汹汹地闯进他的房间，关掉了他的电视节目，完全没有考虑到他的需求。最后，我还试图把我的好意强加给他，结果呢？真是一败涂地！

我的朋友和我用这个场景做了角色扮演，发现了一些对我来说深刻而清晰的要点——沃尔特可能一直觉得自己是个失败者。好吧，我也是。又回到最原始的基点，但是，应该从哪里开始呢？

我决定问沃尔特，他是否愿意听我分享今天早些时候我和朋友的体验。他表达说愿意。我向他解释说，我们已经谈过了购物这件事，我真的很想向他道歉，因为我让他那么伤心。我跟他说，也许他并不相信我会履行我们的协议。沃尔特开始对此做出了回应，这是自冲突以来的第一次。他说我不公平，没有给他机会，还说我关了他的电视就证明了这一点。他告诉我，我"一直都在做这样的事情"。

我告诉沃尔特我需要他在我做这样的事情时提醒我。我跟他说："我需要知道你对我们相处方式的想法和感受。如果我们能学会彼此交谈，说出我们的难过和伤心，那么我们就有更好的机会满足我们每个人的需求。"

这时，我们听到孩子们在外面玩耍的声音，我怀疑沃尔特的心早就飞到他们那里了。我没有像往常那样要求他听完我的话，而是说，也许他现在很想去找他的朋友们一起玩，但我希望晚点我们能继续谈谈。沃尔特兴奋起来，乐呵呵地答应了声"好的"，就边说边跑出门去了。

第二天，在我的鼓励下，我们又继续谈话。沃尔特想知道为什么我们要一直谈论这个，我向他解释说，他对我很重要，我们谈论彼此的感受是多么关键的事情。沃尔特想知道"这种感受之类的东西"是不是我上课的原因（我的P.E.T.课）。绝对是的。我向他坦承，我对我们家以前的情况不满意："我正在努力学习新的方式，不仅仅做你的父母，还要做你的朋友。在课堂上，我们谈到一些孩子解雇了他们的父母，因为他们觉得他们的父母不理解他们或不听他们说话。我不希望你解雇我，沃尔特，我也不希望你放弃我。我想这就是前几天在超市发生的事情。我们放弃了彼此。我想让你听话，而你只想自己待着。对我来说让步很难，因为像许多父母一样，我经常认为我知道什么对你最好，但是我忽视了你的权利。"

沃尔特想知道我所说的"权利"是什么意思。我意识到，原来别人对他寄予的期望，他可能既不理解，也没有真切的体会。所以我们要么相安无事，要么就陷入全面的战争，但我们从来没有学会交换意见或表达我们对家庭关系的感受。

这次谈话在沃尔特和我之间开辟了一种全新的交流方式。当沃尔特对我"从来没有"给他做想吃的午餐表示失望时，我可以处理我的抵触和愤怒，我不会再大喊说："我又不懂读心术！告诉我你想要什么！给我一个提示。一点小提示就好。"相反，我学会了问他午餐想吃什么，然后我们可以一起讨论、选择。

最后，我们又回到了购物的话题上。经过长时间的关于金钱的讨论，我开始理解沃尔特的想法，他认为父母的钱是无穷无尽的。这也难怪，我们又何曾花时间跟孩子解释过家里的财务情况呢？我们本以为5岁的孩子还不够成熟，不能理解这些事情。我意识到这样是低估了我们的孩子，对此我感到很内疚。事实上，他们不仅能理解预算的概念，他们还接受了我们需要在购买之前做好计划和思考。

现在，当我们去购物时，沃尔特和我会事先决定今天是"参观日""计划日"还是"购买日"。这又是一个成功的时刻。

还有一次，雷蒙德和布伦特观看摔跤比赛回来，他们俩人也发生了矛盾，开始相互"角力"。作为一名海军陆战队员，雷蒙德必须穿着制服参加所有的体育赛事，这让他的压力更大了，因为作为父亲他本来就最在意布伦特的言行，担心影响公共形象。显然，雷蒙德对布伦特那天晚上在场馆里的表现很不满意，回到家后，他把布伦特关在自己的房间。我积极倾听了雷蒙德，他说不想再带布伦特参加未来的体育赛事了，除非"他学会如何好好表现"。

正好最近我刚和沃尔特一起经历了购物问题，所以我跟雷蒙德分享了建立基本规则和使用冲突解决技巧的潜在好处。在当时，这些对雷蒙德来说都是新概念，但他愿意尝试一下。那天晚上，父子俩进行了一次冲突解决的会议。

在去参加下个周末的体育赛事之前，雷蒙德和布伦特回顾了他们的新约定。雷蒙德表示，他需要能够在一个地方坐定，而不必不停起身，去阻止布伦特跑到观众禁入的区域。他们讨论了哪些区域禁止观众进入。还有，雷蒙德不希望布伦特为了要钱去小卖部买东西而多次跑来打扰他。布伦特说他的需求是可以自由选择坐在哪里，可以独自去小卖部，可以随意在周边走动。雷蒙德再次强调了他的担心，不希望布伦特打扰到其他观众。他们谈到，什么时候走动可以最大限度地减少对他人造成干扰。他们清楚了基本规则之后，就动身去观看比赛了。

结果就是，那天晚上吃饭时，沃尔特和我听到了一篇关于摔跤比赛的生动的报道。我们家的气氛再也不像从前那么紧张，我们都享受着无拘无束的家庭互动。

我跟大家讲述的经历主要是我和其中某个儿子的。但有一点很重要，那就是我们家还发生了其他各种事情。多年来，我一直在布伦特和沃尔特之间充当裁判，往往是每天都这样做。由于他们年龄相仿，又都是男孩，我习惯只看到他们做的事情，而不是把他们看成两个完全不同的人。举个例子。两个男孩都报名参加了游泳课程，都加入了青年印第安导游活动；在圣诞节，圣诞老人会带来两辆玩具卡车、两双溜冰鞋和两套电子游戏。我想事情都会自动地按"一式两份"来计算，我相信我也把这种态度植入了他们的脑海里。

当布伦特和沃尔特吵架时，我的仲裁调解机能启动，要求我自己保持公正，所以我的处理流程是：把他俩分开，停止身体接触；要求两人都保持安静，一次听一个人的陈述；然后判断对错，最后做出裁决。然而，在很多情况下，我无法决定谁对谁错，谁输谁赢（考虑要保持公平），而解决这个问题的唯一方法就是我把他们争论的对象拿走，比如说一个篮球。而这就意味着在这场冲突中某一个孩子输了，或者两个孩子都输了。

我用这个方法维持所谓的公平现状，但它有一个副作用，那就是让孩子们为了赢得我的倾向判断而彼此产生了对立。我的做法教给他们的是，以牺牲另一个人的利益为代价，来赢得作为法官的我的好感。最后，他们不再通过理性的讨论来解决冲突，因为他们知道，我随时都可能空降到现场来解决问题，而他们必须拿出有力的证据来反对另一个人，自己才能脱身。这个过程真的太难了。

我第一次开始在这种涉及三方的情况下使用积极倾听技巧，是某天我正在准备午餐盒饭的时候。当时所花费的时间是难以置信的！作为P.E.T.新手，我会耐心地等待兄弟之间和谐幸福的奇迹。随着一对一的沟通（我和兄弟俩中的任何一个）开始变得流畅，我自然而然地认为这些新技能会在布伦特和沃尔特之间的互动中发挥作用。可是，这根本就没有发生。

我试图得出这样的结论：P.E.T.技巧只在成人与儿童的互动中有效——然而后来奇迹就发生了。我的奇迹之所以实现有几个不同的原因。首先，我没有将解决他们的问题的责任扛到自己身上（一项学到的技巧）。其次，我正在学习真正地倾听他们所说的话（也是一项学到的技巧）。最后，我正在学习信任自己对技能的运用，即使事情的进展并不像我预期的那么快。

我看到布伦特和沃尔特与我的关系变得更亲密，因为我不断地表达我对他们的关心和信任，也因为我越来越接纳他们，让他们体会到了这些感受。同时，我也看到他们之间已经建立了一种竞争的模式，而我必须接受他们对彼此的这种态度不会突然消失。但我很乐观，坚信自己走在正确的道路上。我相信我的影响力即将到来，但这需要我有坚定的耐心。

简而言之，我意识到，在两个儿子冲突最激烈的时候，强行让他俩使用P.E.T.技能不会有任何进展。每个人仍然执着于成为我眼里的赢家，而我曾经让他们相信这是一个现实的目标。他们不会通过我-信息表达对彼此的感受，因为他们发现互相打击会让他们感觉更好。比如他们会说"如果在他找我茬儿之前我先打倒他，那么显然我比他强。"我对此十分头疼。后来我想到一个主意。

布伦特和沃尔特从不谈论彼此的感受，不管是两人一起高兴的时候还是吵架的时候。我开始制造一些谈话，邀请他俩谈论一些安全的话题，比如我们最喜欢的饭菜、最感兴趣的电视节目，以及任何能让我们交谈起来感觉舒服的事情。当其中一个男孩试图贬低对方的想法（比如："你怎么会喜欢那个节目？这太愚蠢了。"）时，我就会请他们听我说，我会提醒他们，我们所拥有的仅仅是意见上的分歧，而并没有什么绝对的是非对错。

对他们来说，这最初是一个很难接受的概念。我会时不时地以我和雷蒙德的关系为例，指出我们有那么多、那么多的事情存在分歧，但如果雷蒙德使用武力或粗暴手段来打赢我，我会遍体鳞伤，非常不开心。他们想象这些场景时，会乐得咯咯地笑。

这类对话帮助我们体会自我价值感，并让我们明白生活中一个可能的（也是必然的）事实，即某人在某个地方总是在某些事情上与我们意见相左。只要别人不试图把他们的观点强加于我们身上，或者不因为我们的观点而贬低我们，这都是可以的。虽然目前我们只是在谈论该如何做，但这至少已经是件了不起的事了。

几个月后，我才意识到所有这一切是有效果的，而见效的那一刻是多么的美妙！一天早上，我在厨房里忙着煎鸡蛋，准备午餐的三明治。不管怎么说，早晨并不是我一天中状态最好的时候，突然我被沃尔特放在后门的特种部队玩具装备绊倒了。这时布伦特刚进厨房，告诉我沃尔特正在楼上穿衣服。

我生气地对他说："好吧，上去告诉他马上下来，否则我就把他和他的玩具都扔进垃圾桶。"布伦特出乎意料地平静，他回答说："看来你早上心情不太好。"

我咆哮着说我想拧断沃尔特的脖子，还抱怨说我现在焦头烂额的。布伦特开始捡玩具，但我阻止了他，并大声嚷嚷说这是沃尔特的烂摊子，必须他自己来收拾。布伦特看着我的眼睛，对我说："我不介意帮助我弟弟。我觉得你今天早上是在找沃尔特的麻烦。我能帮忙。这不是我们之前一直在谈论的吗？"

这番话多么发人深省！从那时起我意识到了，我们付出了，可能并非所有时间或所有方式，但是总有一些努力，正在影响着孩子们，让他们可以主动地关心彼此。

作为一个家庭，我们已经真正成长了一年多，我在这里描述的几个故事只是我们所有努力和成效的片段。作为一个母亲，我曾经自我怀疑，我甚至不知道自己是否有资格成为一个母亲，我对于必须处理那些反复出现的问题感到紧张，又因为似乎没有取得明显的进展感到沮丧。那时我的自尊心受到了伤害，而且随着布伦特和沃尔特长大，我的接纳程度也在逐渐下降。

在总结我的父母效能训练的一些效果时，有几点必须强调。

当我打算在家里使用我的新技能时，雷蒙德表达了他的看法和担忧。例如，沃尔特会让我帮他系鞋带。沃尔特完全有能力自己系鞋带，但很多时候，我还是很乐意答应他的要求。我喜欢这种互动。然而，当雷蒙德劈头盖脸地指责我"你太惯着他了"的时候，我也会变得有些不知所措。其实我并不是惯着他，但这就是他的结论。

过了一段时间，雷蒙德开始意识到，当我对沃尔特的接纳程度在增加时候，相应地，沃尔特对我也变得越来越接纳。沃尔特开始积极地响应我的许多需求。他开始做这样的事情，比如挂起他的外套、放好他的午餐盒，并主动在厨房帮忙。与此同时，雷蒙德意识到，由于我运用了技巧，我在表达我们之间的分歧时所使用的语气也发生了变化。他开始有兴趣要读戈登的书，然后他会磨着我问"好吧，如果……的时候，我们要怎么做"类似这样的问题，后来他决定最有利的做法是自己参加课程，他也这样做了。现在，我们夫妻俩都使用同样的沟通技巧，这让我们家所有的互动更加连贯和谐。

我想到了一个等差递进的类比。当我学会更加接纳自己、接纳丈夫和两个儿子时，他们也开始成长。多年来，雷蒙德和我一直认为，作为父母，我们有权要求孩子们尊重我们，而他们对我们的信任也是天经地义的。但是赢得并且值得他人的尊重和信任，包括孩子们的，对我们来说是一个新概念。

鉴于此，我们意识到我们必须重新定义两个关键词："态度"和"管教"。作为负责任、有担当的父母，我们一直都很关心孩子们是否受管教、有规矩，但我们也逐渐意识到，原先我们灌输规矩的方式造成了一种恐惧、紧张、不信任和怨恨的家庭氛围。布伦特和沃尔特都是意志坚强、健康活泼的孩子，要控制他们变得越来越困难。当时我们都不明白，雷蒙德和我其实陷入了一个两难的境地，既要让孩子们承担起责任，又要让他们尊重我们，以此作为对他们父母的回报。现在我们知道了，通过影响力而产生的权威力量对所有相关的人都更有效，试图武力控制别人的行为最终都是徒劳的。

作为个人和家庭，我们的未来要去往何处？我们的行为已经改变，因为我们的态度改变了。通过使用这些技巧，我们都在学习彼此信任——诚实地尝试分享我们真正的感受，而不是试图编造，表达我们认为的感受。作为父母，我们是否在冒险？是的，布伦特和沃尔特也是。我们的风险在于，我们正以如此开放的姿态展露自己，我们要面对的也许是拒绝，也许是接纳。我们更相信会被接纳。我们所冒的风险，将带给我们所有的痛苦和欢乐。我们已经知道，这种风险可以而且确实会演变成信任，而且这种变化必须是双向的，在任何关系中都是如此。

我正在写这篇文章的时候，我的打字机一直就放在餐厅桌子的显眼位置。布伦特想知道我在做什么。我告诉他，我正在写我们的父母效能训练实践经历。他说："哦，我知道了。你在写那些我们过去常常会怎么做的故事。"是的，对他而言，P.E.T. 已经成为一种习惯。看，又是一个见效的时刻。

一个家庭命运轨迹的转变

我的故事开始于4年前。那是万圣节前几个星期一个寒冷潮湿的夜晚，特别有冬天的感觉。我刚参加完一个童子军俱乐部的妈妈聚会回到家里，发现我的丈夫、两个大儿子史蒂夫和迈克，还有14岁的女儿丽莎，坐在厨房的桌子旁，现场气氛紧张得令人窒息。

原来儿子们非常担心丽莎，他们决定告诉我们丽莎和她的朋友们正跟毒品打交道——主要是大麻、兴奋剂和迷幻药。我们听了感到很头疼，但这不过是证实了我们将近一年以来的怀疑。丽莎是一个漂亮的姑娘，有一头闪亮的棕色长发和一双深棕色的眼睛。她是个好学生，会好几种乐器，朋友们似乎都很喜欢她。她小学还当过学校的干部。当一个备受关爱的女孩开始在学校惹麻烦，开始在家里因为一点点的批评就暴怒时，她身上一定是发生了什么严重的问题。我们告诉她我们有多担心，我的丈夫吉姆坚持让她不要再跟最近的那群朋友来往了。她勃然大怒，狠狠地对我们吼道，她要跟谁交朋友我们管不着，然后就出门离开了。

第二天，我们四处找她，但没有任何结果。我们以为她可能会住在某个朋友家里。但是，给那些她可能去的地方都打过了电话，却依然毫无线索，我们担心得要命，不知道她在哪里，是否安全。

到了晚上，她打电话给我们，请求我们允许她住在市中心一个收容所里。我们不同意并请求她回家。她挂了电话，又销声匿迹了。

几天后，她学校的一名工作人员打电话说，孩子已经和他取得了联系。丽莎似乎觉得只有他可以信任，他不会强迫自己做任何事。他安排孩子住在一家私人住宅里，并说如果我们愿意的话，孩子愿意接受家庭咨询。我们同意了，并在接下来的两周与一位心理学家进行了几次会谈。

吉姆和我最终都有同感，我们觉得我们一直在尽最大的努力，所以我们对丽莎一直拒绝回家感到不满。此外，我们很难继续负担心理咨询的费用。因此，她搬回家来住，我们之间草草制定了一项休战协议。可我们几乎没有理由再相信她。一天早上，我看见她正要离开学校，就开车又把她送了回去，但后来却发现她马上从另一个校门离开了，在一个朋友家过了一天。不久之后，一位辅导员把她从学校带回家，因为她服用了过度的兴奋剂。那时候真的没有几天是太平的。

女儿的事情已经足够让我们焦头烂额了，但我们16岁的儿子比尔也不让人省心。他大部分时间都在生病，可能是由于用药或者饮食不当，最后只能住院治疗可能的胃溃疡，还好测试结果呈阴性。

回到学校后，他的学习越来越落后。他经常逃课或者上课时打瞌睡。最终，他因被发现吸烟而不得不停学两周。他变得很古怪，有时会消失一两天，当他游荡回家时，他会给我们讲一些关于他行踪的荒诞故事。

比尔是个温柔的孩子，像小宝宝一样羞涩而又敏感。他有许多恐惧。我曾担心过他能否应付学校的生活，但如果压力不是太大的话，他似乎做得很好。他已经长成了一个高挑的、英俊的青年，浅色头发，淡蓝眼睛。他喜欢音乐，但没有接受训练或参加乐队。他不是一个会故意伤害别人的人，但他现在这样肯定是自我毁灭。

我感到深深的挫败和无助，我的胃在痉挛，头疼欲裂，心都快碎了。我淹没在自己的抑郁中，不想和任何人说话，甚至不想寻求帮助。家庭医生建议我上P.E.T.课，但我不相信一门课能满足我的需求。就这样事情一直僵持着，我们度过了一个风雨飘摇的圣诞节，然后在元旦过后的一个星期，噩梦又开始了。比尔服用了过量的迷幻药，他不停地产生幻觉，最后来找我求救。

吉姆出门了，我和迈克开车送他去了医院，他被送进了精神病院的监控室。我永远不会忘记那扇铁门在我们身后关上的声音。

在接下来的两个星期里，他开始把医院当成自己的避难所。所有的压力都消除了，有人服侍他，他有一个单间，可以听自己想听的音乐，零食想吃就吃。但他的医生告诉我们，他完全不配合治疗，建议我们最好放弃，并送他到公立学校。然而，我们认为这样做于事无补只会徒增烦恼。所以他在医院待了两周后，我们把他带回了家。

事情至此，最后一幕准备上演了。吉姆开车把我们从医院送到家后就回去上班了。比尔和我在厨房喝汤，我告诉他午饭后带他去学校，看看他现在学到哪里了，要做些什么才能赶上进度。但他不同意这么做。他变得充满敌意，语无伦次，还说他要离开。这时，丽莎出现了，说她要跟他一起走。她逃学了，正闷闷不乐，因为前一天晚上我们告诉她，她必须等到夏天才能去驾校学习。他们俩收拾了一个行李袋，小心翼翼地只装了他们认为是真正属于自己的东西。他们临走的时候，我说："你们真的确定知道自己在做什么吗？"

丽莎回答说："我知道我们可能犯了一个错误，但我们必须自己找出答案。"然后，他们步履艰难地穿过我们房子后面冰雪覆盖的公园，离开了。那天的气温大概只有10℃，我的内心因为对他们的担忧而感到同样的寒冷和麻木。

这次他们没有打来任何电话，什么也没有。连他们的朋友都吓坏了。他们离开家后，没有留下任何踪迹，尽管我发现他们曾经从比尔的银行存款里取钱。又过了一个星期，到了第10天，我们收到了丽莎的来信，她告诉我们他们住在加利福尼亚州的一个农场里，要我们把比尔的驾照和他们的社会保险卡寄给他们。我们照做了。

几个星期后，在我们开始大概适应这种情况的时候，一场地震袭击了加利福尼亚州南部，就在我所知的他们住的地方。他们没有电话，联系不上。我们都急疯了！那天下午，我接到了当地警察的电话，询问我们是否有一个16岁的儿子比尔和一个14岁的女儿丽莎在加利福尼亚州。我的心猛得抽紧了！这名警官解释说，他们都没事，被安顿在他们居住地附近的一个收容中心，我高悬的心总算放下了。原来在地震前一天晚上，警察发现比尔在警局的停车场里徘徊。他请警察去了他和丽莎所在的社区。显然，他再也撑不下去了。他们的钱和大部分财物都被没收了，他们的饮食也不很规律。他们之前住的房子又脏又乱，而且没有卫生管道设施。收容所的确缓解了他们的当务之急，但他们两人一直分开住，直到地震发生后，才知道另一个人在哪里。收容所在地震中有所损坏，但比尔和丽莎没有受伤，后来他们被转移到洛杉矶。

我丈夫听到消息几乎是立刻就跳上车，一路开了2 000英里到洛杉矶，中间只停了一次，很短暂，为了买可乐和加油。比尔和丽莎见到他都松了一口气，他们一定意识到了父亲是多么地在乎他们，以至于抛下其他一切长途跋涉、历尽艰辛来到他们面前。回家的旅途出奇的平静，谈话氛围很轻松，很正常。回到家后，他们俩都显得有些屈服了，更愿意听从我们的规矩生活。

比尔的学业落后了很多，所以他退学了，成了一个全职的打工仔。我很高兴他总算有点正事可以做，但不知道他能保住他的工作多久，因为他经常上班迟到，或者根本就旷工。我们不允许他经常开车，因为我们知道他喝酒，但他和那群同样不靠谱的朋友一起骑车，这一点也挺让人揪心的。

丽莎回到学校，很快就把她错过的功课补上了。但她却感到不安和焦躁。她经常旷课，大部分作业都交得很晚，我们很担心她和她的朋友们在那些不上学的时间里在做什么不好的事情。但是只要我们稍微过问一句，哪怕很小的事情，她都会勃然大怒，而我们担心这样会把事情弄得更糟。从某种意义上说，我们是被她要挟着，无法插手管她的事情。局势又开始变得紧张了。那年春天，我们不知怎么熬过来了，但我们意识到自己需要帮助。我们的医生一直鼓励我们去上P.E.T.，五月份我看到了一期开课安排，我们就开始上课了。

从此，我开始爬出绝望的深渊。随着每周课程的深入，我开始拓展新的见解，获得新的体会，我开始成长。我觉得自己好像从一个封闭的壳里慢慢地爬出来，进入了一个阳光灿烂、充满色彩和音乐的美丽世界。

我到底学到了什么可以促成这样的转变呢？第一个惊人的发现是，我不必"承担"我孩子的问题。我不必为我7个孩子的所有问题寻找解决方案。其次，我学会了如何与丈夫和孩子分离。在这之前，如果他们中有人难过，我就会难过，而在这么大的一个家庭中，所有人都不难过的时候并不常有。

对我来说，难过就意味着感觉又冷又湿，胃痉挛和腹泻，不想动。做饭和照顾孩子就会额外需要一种极其强烈的意志力。那时似乎没有什么值得费力去做的。我明白了我的需求是让家里的每个人都快乐和富有成效，这样才能让我自己感觉良好，我想这是释放我自己，并且学习如何让自己"满意"的关键，这样我就能在别人感觉"不好"的时候帮助他们。

这不是一夜之间发生的。前面，我描述了我们和比尔还有丽莎在我开始上P.E.T.之前相处的情况。开始学习之后，我想，他们最初还是怀疑我们正在学习一些控制他们的新方法。但当我们开始分享我们正在学习的东西时，他们逐渐接受了P.E.T.是一种改善所有家庭关系的方式，帮助缓解那些困扰他们也同样影响我们的紧张关系。

我们从谈论感受开始，我准备了感受词汇表，一张贴在冰箱门上，一张装在我的钱包里。当有人开始谈论某个问题或看起来很沮丧时，我会很快地扫一眼清单，然后说："你感到愤愤不平。""你很失望！""你气坏了！"或者其他合适的话。这时往往会引起一阵哄笑声，这当然不是积极倾听所期待的正常的结果，但它成功地缓解了紧张的气氛，让每个人感觉更好一些，这是迈出了正确的一步。最终，我的积极倾听使用得更加熟练了，而且，一旦孩子们体验到我能真正倾听他们时那种美妙的感觉，他们就不再那么抗拒了。这是我学到的最有价值的技能。

我记得在学习P.E.T.之前，比尔告诉我他被休学了。我抱着他哭了起来。我为他感到难过，但我也为自己感到难过，好像这也是我的错。如果那时我让他知道这是他的问题，而且我有信心他能自己解决，那该有多好；如果那时我能积极倾听他，让他知道如果他要我帮忙的话，我会竭尽全力，那该有多好。在我学到积极倾听技能之后，一天晚上，他怒气冲冲地走进厨房，他父亲没有同意他开我的车，因为上次他用车到很晚才回来。他大声嚷道："我真想把那车开出去，撞个痛快！"

如果是一年前，我会想："我要很长时间都禁止他再碰我的车！"但是现在不一样了，我说："你真气坏了！"于是，他开始诉说他所有的委屈。我继续积极倾听，半个小时后，他开始平静下来说话，嘴里嚼着一块三明治，敌意完全消失了。

对丽莎来说，积极倾听一开始是一种威胁。在那些麻烦的日子里发生的很多事情，她都不想告诉我们，但最终连她自己也无法承受了。而那时我们已经做好了面对这些问题的准备。

我们的其他孩子也对正在发生的变化感到高兴。如果整个家庭关系都很紧张，那么每个人都会受到一定程度的影响。大一点的孩子参加学校的活动，还有兼职工作，除了吃饭和睡觉，他们很少在家。但我非常担心那些小点儿的孩子——兰妮、罗布和卡罗尔——会感到不安全，担心会出现什么问题。所以我特别努力去积极倾听他们的感受，试着去了解他们的需求。

我们的女儿卡罗尔6岁，刚开始积极倾听她时，她只有2岁。我丈夫开车带着她的两个姐姐走了，她哭了起来。我正想建议她看电视或做点儿其他事情，突然记起了要积极倾听。所以我说："你不开心是因为爸爸把你留在家里了。"她停止了哭泣，抬头看着我，目光中满满的爱意让我感动不已。她知道我理解她的感受，那正是她需要的——让我知道她的感受。她越来越能够意识到自己的感受和他人的感受。当什么事情使她不舒服或感到害羞、尴尬的时候，她会马上告诉她的朋友和老师。有时她会对我说"你很难过"或"你生气了"。

我使用积极倾听的努力带来了意想不到的好处。例如，我们的大儿子史蒂夫，从来没有遇到过什么严重的问题，但他也很少和我们说话。有一天，他面带笑容地走进来，好像有什么喜事似的，我对他说："你今天看起来特别开心。"令我惊讶的是，他一屁股坐了下来，在接下来的半个小时里，他一直在跟我描述工作进展得如何顺利。他已经很多年没跟我说这么多话了。

迈克也有一些需求，而我以前从未想过。他是一个优秀的学生，积极参与乐队和学生会的活动，而且他非常有能力满足自己，所以我从来没有为他担心过。但我突然意识到，在如此巨大的压力下，他其实很喜欢有人愿意倾听他，来帮助他不时放松一下。

兰妮烦恼的是那些相当典型的6年级女生的问题；这个年龄对一些事情来说太大了，对另一些事情来说又不够大。她要么很高兴，要么就是很不高兴，所以跟其他所有孩子相比，我在积极倾听她的时候可能得到了更多的磨炼。最终，我的倾听也奏效了。困扰她的问题都是属于她自己的问题，积极倾听让她保留自己的责任同时找到她真正满意的解决方案。当然，她会犯错，但她也会从中学习，吸取教训。比如，她是一个学校的执勤队长，但是当其他执勤成员的工作不到位时，她不愿意跟他们提出来。这种不作为让她跟顾问老师之间产生了矛盾。我的积极倾听允许她对这个问题拥有所有权，让她能够自己解决问题。我只是在那里听她讲述事情的经过。

对我来说，最难学的技能是发送我-信息。我总是不愿意抱怨孩子们做的那些烦人的小事，因为我不喜欢唠叨。所以我会让这些小问题日积月累，直到我最终爆发出来，为了一些鸡毛蒜皮的小事，其实仅仅是因为我已经积累了很多不满，忍无可忍了。我的内心已经没有更多的空间了，愤怒不会因为我试图忽略它而消失。例如，一条扔在浴室地板的湿毛巾、一只落在客厅的玻璃杯或者晚饭前摊在餐桌上的一盒蜡笔……这些小事单独来看都不是大问题，但我一整天都在默默地收拾，处理这样的小事，我堆积了满心的怨愤。晚餐的时候如果有人正好让我看不顺眼，我就会当场爆发。通过使用我-信息，我试着在这些小事发生时就及时处理，这样它们就不会堆积起来，最后惹得自己情绪失控。

我丈夫对我-信息也感到棘手。让他感到特别沮丧的一点是，你可以告诉孩子们你的感受，但你却必须让他们决定他们要怎么做。他很难接受这样的事实——他不可能强迫孩子们接受他的指导，除非他可以随时随地带着他们，守在他们身边。但他一直努力避开使用绊脚石，渐渐地，他的付出得到了回报。通过冲突解决方法，我们解决了孩子们晚上应该在几点前就寝的问题，他们逐渐变得更愿意配合我们的监督。我们也让自己减少无谓的害怕和担心，比如当他们晚上在外耽搁到很晚时，我们的关注点会放在可能发生的事故或者违反宵禁而被警察逮捕这样的问题上——过问类似这样的事情，履行法律范围内的我们的责任。或者你可以说，我们让他们知道他们的行为会对我们产生什么切实的影响。

用第三法解决冲突问题也成为我们"工作方式"的一部分。丽莎讨厌打扫她的房间，但她喜欢做饭，也不介意给莎伦洗澡，所以我们就可以交换工作。大多数我们使用第三法来解决的问题都是小事，比如罗布、兰妮和卡罗尔决定谁将在电视上看什么节目，还有怎么同时满足兰妮和罗布，他们一个要去工作，另一个要去踢球，差不多在同一时间但方向相反。我们还用第三法来计划了一个意外的假期。我们之前没有做任何暑假计划，因为我们都在日常事务中疲于奔命，7月下旬的一天，我们决定改变一下。于是，吉姆让我把全家人都召集起来，告诉他们，我们想听听他们的意见，关于我们打算去哪里，应该做什么。由于这是临时起意，我们事先都没有任何固定的想法就开始了讨论。最后我们在明尼苏达州北部一个美丽的景区度过了令人难忘的一周。我们住在一个小木屋里，但是比尔、迈克、丽莎和兰妮进行了为期3天的独木舟旅行，在湖泊之间来回划行，晚上在野外露营。这次独木舟旅行对他们来说，是一个加强他们之间联结的好机会。

我只叙述了我们家庭生活中的几个简短的小故事，但那段时间正是一个发生翻天覆地变化的时期，而且变化日新月异。

比尔在这4年里成长了很多。在他退学后的秋天，他决定回到高中复读，现在已经毕业了。他已经戒掉了毒品，找到了一份负责任的工作，并且和我们很喜欢的一个女孩订婚了。他经常来看望我们，我们的关系充满了爱和温暖。他回到我们的教堂，想在那里举行婚礼。最重要的是，当他遇到问题时，他会做出郑重的决定，并付诸行动。

丽莎也改变了。我现在喜欢她在身边陪伴。和她在一起我感觉很舒服。

过去我们之间出现的那种紧张、冷漠的隔阂已经不复存在，那种隔阂曾经让我们的谈话变得僵硬、可怕，希望它永不再来，如果可能的话。她在一家公立医院工作，照顾弱智人士，她打算从事护理工作。她也经常回家，用各种方式表达她对我们的爱，帮我们做一些事情，给我们带鲜花或苹果酱蛋糕。

也许下面的内容可以说明P.E.T.在多大程度上已经成为我们日常生活的一部分。

几天前，比尔不得不取消带卡罗尔去打保龄球的约会，于是卡罗尔哭了起来。我对她说："你很失望。"

"是的，"她回答，"没有人愿意和我一起做任何事。"

"你觉得被冷落了。"我回答。

"也许爸爸会带我去。"她说。

"嗯，"我回答说，"爸爸一整个星期都出差，昨晚他很晚才回家，所以他可能不想出去。"

卡罗尔继续边哭边说："这不公平！你和爸爸在一起的时间比我多，因为我还得早睡。"

"你想和爸爸一起做更多的事情。"我回答。

"是的。我喜欢和爸爸一起做事。他不在的时候，我很想他。"

"我想爸爸会希望你亲口告诉他这个的。"我说。

这时她已经高兴起来了，她叹了口气说："把这些都说出来，我心里感觉舒服多了。"

我们的关系中正是蕴藏着这样的欢乐和相互理解。我和卡罗尔在一起总是很自在，从不担心她会不理解我。如果我在养育孩子之前就懂得了P.E.T.教给我的这些技巧和相关的人类心理学，事情会变得多么不同啊！它不会阻止问题的发生，因为这些问题似乎是我们人生的一部分，但也许我们都能因为P.E.T.而少受点折磨。

第 15 章

父母信条

在P.E.T. 课程发展过程中，当然，我不记得具体是在什么时候，我开始意识到我们教给父母的所有东西都可以整合成一套关于亲子关系的基本哲学。我们教的那些技能并非毫不相干、毫无联系的，它们是一套与孩子相处的完整哲学，这对大多数父母来说是全新的。

所以，我试着尽可能简洁地阐述这一哲学。我的描述在某种程度上采用了家长声明其意图的形式——一份关于P.E.T. 家长希望与自己的孩子维系何种关系的声明。最终，它成了"我与年轻人关系的信条"。很快，这个信条就印在我们P.E.T. 课堂上发给大家的学员手册里了。后来，它被编入了我的第一本书《P.E.T. 父母效能训练》的最后一章。于是，我们开始收到一些父母的请求，他们强烈要求重印这一信条，一些人想把它送给朋友和邻居，另一些人想把它贴在冰箱门上，以便每天提醒自己和孩子，他们想要如何相处。一些家长甚至把重印的书页拆下来挂在墙上。我认识的一位家长将这些重印的书页拆下来当作圣诞礼物送出去。

得知有几位P.E.T. 讲师在他们的婚礼上诵读了信条时，你能想象我当时的心情吧？毕竟，他们解释道，这也是他们想在婚姻关系中践行的哲学。我的女儿朱迪，也是我这本书的合作者，她在和约翰·桑迪斯的婚礼上请我读了这一信条。约翰·桑迪斯后来也成为一名P.E.T. 讲师。

这一信条显然对很多人都极具意义和价值，所以我想把它写在这里，方便那些还没有机会读到它的人查阅。你也可能会发现，它正好定义了你想要与他人培养和维持的某种关系，包括你与孩子的关系。

我的人际关系信条

我重视你我之间的关系，并且想要维系它。然而，我们每个人都是独立的个体，有着自己独特的需求，也都有满足这些需求的权利。

当你遇到困难无法满足自己的需求时，我会努力带着真诚的接纳倾听你，协助你找到自己的解决方案，而不是依赖我的办法。我也会努力尊重你选择自己的信仰和发展自己的价值观的权利，尽管它们可能与我的不同。

然而，如果你的行为干扰了我为满足自己的需求而必须去做的事情，我会向你坦诚你的行为对我的影响，并且相信你因为充分尊重我的需求和感受，会努力改变这种让我无法接纳的行为。同样，每当我的一些行为让你不能接纳的时候，我希望你也能向我坦诚，这样我就可以尝试改变我的行为了。

如果发现我们彼此都不能改变自己的行为来满足对方的需求，那就让我们承认此刻的冲突，并且承诺在解决每一个这样的冲突过程中，我们任意一方都要避免采取权力或权威的方式，不能以对方的损失为代价来获得胜利。我尊重你的需求，但同时我也要尊重我自己的需求。因此，让我们始终努力寻找一个双方都能接受的解决方案。你的需求会得到满足，我的需求也会得到满足——没有人会输，我们都是赢家。

这样，你可以通过满足自己的需求来继续个人的成长，而我也一样。因此，我们的关系可以是健康的，我们双方都可以努力成为我们能够成为的人。伴随着相互的尊重和彼此的关爱，我们可以继续和平相处。

附 录

本书数据主要来源于已经完成P.E.T.课程学习的父母所提交的真实报告，P.E.T.即父母效能训练课程总时长24小时，分8次，是本书作者创立设计的。迄今为止，一共有超过7 000名专业认证的讲师教授。

在本节中，我将说明我们获取报告的方法，解释这些数据如何进行编号和分析，并且提供在访谈中分享观点、感受和经历的家长的相关信息。

方　法

◆ 访谈

一共有92名P.E.T.毕业生接受了67次深度采访，每次持续一到两个小时。所有的访谈都是由我们效能训练机构的职员朱迪·戈登·桑迪斯（Judy Gordon Sands）进行的，她也是一位训练有素的P.E.T.讲师。所有的访谈都会被录音，然后全部逐字逐句地转录成文字。

我们确保不透露家长们的真实姓名，并征得他们的同意在书中使用他们的采访内容。访谈大部分是在这些家长家中进行的。受访者的样本包括：

- 24对夫妻，双方都是P.E.T.课程毕业生
- 42位母亲，其中：
  20位，她们的丈夫上过P.E.T.课
  16位，她们的丈夫没有上过P.E.T.课
  6位是单亲妈妈
- 2位父亲，他们的妻子都上过P.E.T.课

一些家长是通过班级报名表被随机挑中来参加访谈的。一些家长（总共36人）是由P.E.T.讲师应我们的要求挑选出来的，他们有意愿并且有能力为我们提供具体例子和经验。我们通过电话联系受访者，获得他们的许可，并确定采访日期。所有受访者都收到了一封信，信中解释了项目的目的以及他们将被问到的问题类型。

许多家长对接受采访表示不感兴趣，他们给出的理由有：P.E.T.技巧使用还不纯熟、不愿意"出现在书中"、作为一名P.E.T.家长还不够称职、缺乏现实生活案例、太忙、时间不合适，等等。

虽然采访者不一定严格按照既有的问题清单进行提问，但她会在访谈中引导，让家长提供以下类别的数据：

（1）为什么家长要上P.E.T.课？在报名上课前，他们的家庭是什么样的？家长希望从P.E.T.中学到什么？

（2）家长在学习P.E.T.课程时，对P.E.T.技能有什么实践经验？哪些有效？哪些无效？

（3）在完成课程后，家长对P.E.T.技能有什么实践经验？

（4）描述几个典型案例，分别是家长感到非常成功的和非常不成功的。

（5）家长最感激P.E.T.的是什么？P.E.T.最令自己失望的是什么？

（6）现在的家庭生活是怎样的？

（7）家庭中变化最大的是什么？

采访者不仅询问这样的问题，而且还在报道的案例中探究了具体的例证，补充了更多的细节。采访者运用了大量的积极倾听来澄清细节，接纳采访对象的感受。

92名受访家长共有217名子女，年龄从1岁以内到32岁，平均年龄为11.4岁。其中31名子女已不再与父母同住。

家长的年龄在25岁到64岁之间，平均年龄在36岁左右。

家长的最高教育程度分布情况如下：

学历	母亲/人	父亲/人
高中	7	3
专科院校	20	10
大学本科	22	19
研究生院校	8	5
硕士	6	10
博士	2	14

在受访家长样本中，有些人早在10年前就学习了P.E.T.课程，有些是最近几个月才刚参加过，平均学习实践经历在2年左右。

在6位单亲母亲中，有5位分居或离异，有1位是孀居。在已婚父母的样本中，有12人是再婚，另外有1人是第三次婚姻。

受访家长中有30位没有工作（家庭主妇或学生），其余的都有兼职或全职工作。这些父亲中，除了一个（学生）都是全职工作。

◆ 调查问卷

我们为P.E.T.讲师设计了一份问卷，登记他们推荐来参加面谈或撰写案例材料的家长姓名。我们让他们按不同的判断，"成功的""鲜有成功的"和"特殊家庭"（单亲父母、养父母等）来标记家长的名字。我们还要求讲师们详细写出他们运用P.E.T.技能的关键事件，一个成功的和一个失败的。在寄出的1 000封信中，我收回758份回复。

我们为这些讲师选定的家长设计了一份问卷。他们也被要求写出两个关键事件（一个成功的，一个失败的），并写出他们"最喜欢的P.E.T.故事"。在寄出的129份问卷中，我们收到20份回复。

许多由讲师和P.E.T.毕业生提供的关键事件都被用作本书的案例。

◆ 论文

因为我们想要获得更多案例描述P.E.T.对家庭的整体影响，我们特意举办了一场征文比赛。比赛的宣传小册子被寄给了所有7 000名P.E.T.讲师，邀请他们参加比赛，并请他们将宣传资料也分发给班上的家长或P.E.T.毕业学员。

传单上邀请家长们提交一篇长文或"短篇故事"来描述"学习P.E.T.之后我的家庭发生了什么"。我们的效能训练机构员工组成评审委员会，获奖文章将是那些评审会认为有足够的戏剧吸引力，值得被收录到新书中的作品。我们共收到了34篇征文，其中4篇胜出入围（每位作者奖金250美元），3篇评为亚军（奖金25美元）。

◆ **用磁带录音**

P.E.T.讲师和毕业生需要提交他们家庭对话的录音，以展示P.E.T.技能的使用。相关要求我们在通告中发给了所有的P.E.T.讲师，也将内容附在了所有的问卷传单里，在每次与家长的访谈中也会当面提及。我们一共收到了11卷磁带。

◆ **案例文档**

这些年来，我们已经建立了一个由家长和讲师提交的书面记录和案例的档案。这些内容也被添加到上述来源的报告中。

内容分析与编号

所有来源的报道、案例和说明（磁带除外）都要进行内容分析。这是一项长期而艰巨的任务。朱迪翻看了每一页访谈，阅读了问卷中列出的每一个案例，以此来确定主题、观点和事件。每个段落（或章节）根据它的特定内容被分类，然后分配一个代码。这个过程一共确定了700多个主题、观点和事件。

然后，这些被合并成133个类别，而这些类别又被划分为19个主要主题——例如，家长的角色、参加P.E.T.的原因、课程体验、态度转变、P.E.T.的局限性、积极倾听、我-信息、第三法、价值观、权力的运用、绊脚石等。原来700个主题都备有卡片目录，分类如上所述，这样我们能够找到任何特定的采访和事件的段落。

我们收集的数据远比我们可能使用的要丰富得多。如果要充分处理我们在这项研究中发现的所有东西，这大概需要再写一本书。

当然，这不是严格的科学意义上的研究。我们的父母样本不是采用系统或随机的方法选择的。虽然样本中包含了许多不同类型的家长（来自美国4个州的45个社区），但这还不足以代表所有参加过P.E.T.学习的25万名家长，他们来自美国50个州和世界上的许多其他国家。而且我们的研究只提供了来自父母关于他们的反应和经历的报告，而不是来自评估工具测试的结果。

然而，我们的目的本身就是限定在：从家长那里了解到P.E.T.对他们意味着什么，以及他们觉得P.E.T.对他们个人和家庭有什么影响。我们想把一些参加P.E.T.学习的家长的经历整理成书册，希望其他家长也能从中受益。

相关阅读资料指引

◆ **弗吉尼亚·M. 亚瑟兰（Axline Virginia M.）**

——《迪布斯：寻找自我》（*Dibs: In Search of Self*），纽约，巴兰坦图书出品（Ballantine Books），1969年版

这是一个感人的故事。记录了一个孩子在作者治疗过程中的成长和变化。该作者是一个以客户为中心的游戏治疗先驱者。该书展示了积极倾听以及接纳性语言的力量。

——《游戏疗法》（*Play Therapy*），波士顿，霍顿米夫林集团出品（Houghton Mifflin），1947年版

第一本描述在儿童治疗中应用以客户为中心的方法的书，展示了积极倾听的使用，解析了关于"限制"（limits）的概念。这本书里有各种案例材料和录音访谈，父母可借鉴所述技术在家庭中应用。

◆ **乔治·巴赫（George R.Bach）和赫伯·戈德堡（Herb Goldberg）**

——《有创造力的攻击性》（*Creative Aggression*），纽约，双日出版社出品（Doubleday），1974年版

讨论被压制和被释放的攻击性，以及一些练习和建议，用非破坏性的，甚至是创造性的方式来发现被压制的攻击性。

◆ **多萝西·W.巴鲁克（Dorothy W.Baruch）**

——《管教的新方法》（*New Ways in Discipline*），纽约，麦格劳希尔出版社出品（Mc Graw-Hill），1949年版

这是父母最广泛阅读的书籍之一，它的写作风格简单易懂，展示了积极

倾听的使用，说明了奖惩问题，为家长演示了如何在家中应用游戏疗法。

——《如何跟你的青少年孩子相处》（*How to Live with Your Teenager*），纽约，麦格劳希尔出版社出品，1953年版

作者在本书中整合了她1949年那本书的思想和原则。本书重点放在青少年的特殊问题上。

◆ 多萝西·D.布里格斯（Dorothy D. Briggs）

——《你孩子的自尊》（*Your Child's Self-Esteem*），纽约，双日出版社出品（Doubleday），1970年版

关注儿童的自尊，以及自尊与健康的关系，它的前因，还有父母可以用来培养积极自尊的方法。布里格斯女士是早期的P.E.T.讲师，她运用P.E.T.的概念和方法，创造性地将它们融会贯通，形成她自己独特的关于自我接纳、爱和自尊的概念。这本书为P.E.T.所倡导的方法和理论增添了鲜活的生活气息。学习者会发现，这本书是对P.E.T.教科书的一个最有帮助的补充。

◆ 阿兰·德威特·巴顿（Alan DeWitt.Button）

——《真实的孩子》（*The Authentic Child*），纽约，兰登书屋出品，1969年版

这本书深入分析了那些真实的孩子的特征，他们的真实来自与父母相处的关系。它强调父母的接纳、诚实和为人处世的意愿的重要性，将帮助父母看见他们孩子的美好，并在一个相互平等的关系中体验快乐。在家长教育中拒绝一贴灵式的简易解决方案，支持自发地建立、维系与孩子的开放关系。

◆ 雷切尔·卡森（Carson, Rachel）

——《感受奇迹》（*The Sense of Wonder*），纽约，哈珀与罗出版公司出品，1965年版

这是一本有着精美图片和美好想法的书，为父母和孩子们讲述了在学习体验中孩子们的敬畏之心与感受奇迹的天然本性及其重要意义。

◆ 弗兰克·R.多诺万（Frank R.Donovan）

——《野孩子》（*Wild kids*），宾夕法尼亚州哈里斯堡，斯塔克波尔出版社（Stackpole Books），1967年版

本书将让那些不接受今天的孩子和他们的行为的人大开眼界。它生动形象地展现了历史上孩子们是如何反抗权威的，展示了一代又一代的孩子们是如何被成年人剥削和支配的。

◆ 阿黛尔·法伯（Adele Faber）和伊莱恩·玛兹丽施（Elaine Mazlish）

——《解放父母，解放孩子》（*Liberated Parents-Liberated Children*），纽约，格罗塞与邓拉普出版社（Grosset & Dunlap），1974年版

本书以幽默和诚实的口吻，肯定了如果父母掌握了技巧，他们可以放弃自我挫败的模式，帮助自己和家人在相互尊重中共同生活。

◆ 劳伦斯·K.弗兰克（Lawrence K.Frank）和玛丽·弗兰克（Mary Frank）

——《你的青少年孩子》（*Your Adolescent*），纽约，维京出版社出品（Viking Press），1956年版。也是"图章钥匙"系列丛书，由新美国图书馆出版（New American Library）

这本平装书是为父母而写的，对于想要了解青春期动态以及如何开发孩子创造性和建设性行为的潜在能力的父母来说，是很有帮助的。

◆ 埃里希·弗洛姆（Erich Fromm）

——《爱的艺术》（*The Art of Loving*），纽约，哈珀与罗出版社出品（Harper & Row），1956年版

这是一部检视男人和女人、父母和孩子之间爱的情感的经典巨著。把爱的能力和一个人的内在力量，以及对自我的关爱和生产力联系起来，从而帮助父母理解"爱孩子"的真正意义。

◆ **海姆·G.吉诺特（Haim G.Ginott）**

——《孩子，把你的手给我》（*Between Parent and Child*），纽约，麦克米伦出版社出品（Macmillan），1965年版

本书很好地展示了倾听的重要性，主要涉及性教育、嫉妒、严重的情绪问题等特殊问题。

◆ **托马斯·戈登（Thomas Gordon）**

——《P.E.T. 父母效能训练》（*Parent Effectiveness Training*），纽约，新美国图书馆出品（New American Library），1975年版

这是P.E.T. 课的基本教材，已经教过25万多人。本书循序渐进地介绍了P.E.T. 理念，以及父母在培养负责任的孩子、创建幸福家庭过程中所需要的具体技能。

◆ **约翰·霍尔特（John Holt）**

——《孩子们如何走向失败》（*How Children Fail*），纽约，戴尔出版社出品，1964年版

本书来自一位教师的视角，提供了一个深入的分析——教师和课堂对孩子们产生了什么影响，如何使他们走向失败，甚至包括那些取得好成绩的孩子。它展示了评估的影响，展示了学校是如何让孩子们感到无聊、害怕和困惑的。不仅是老师，家长们也会觉得这本书很吸引人。

◆ **小詹姆士·L.海姆斯（James L.Hymes Jr.）**

——《理解你的孩子》（*Understanding Your Child*）（1952年版）和《行为与不当行为》（*Behaviorand Misbehavior*）（1955年版）。恩格尔伍德克利夫斯，新泽西州，普伦蒂斯·霍尔出版社出品（Prentice Hall）

这两本书写得很精彩，有着完善的心理学原理基础。这两本书都能让父母对亲子关系有更全面的了解。

——《6岁前的孩子》（*The Child Under Six*），恩格尔伍德克利夫斯，新泽西州，普伦蒂斯·霍尔出版社出品（Prentice Hall），1963年版

本书易于阅读，有助于父母理解孩子和他们的心理需求。本书包含了P.E.T.课程的许多理念和原则。

◆ 西德尼·M.朱拉德（Sidney M.Jourard）

——《透明的自我》（*The Transparent Self*），纽约，迪·范·诺斯特兰德出品（D.Van Nostrand），1964年版

他提出了这样的假设：如果一个人有勇气在他人面前做真正的自己，他就会变得更健康，更能发挥自己的潜能，对他人也会更有帮助；如果一个人隐藏他的感受和想法，则会阻碍亲密关系，并导致情绪疾病。

◆ 亚伯拉罕·马斯洛（Abraham Maslow）

——《存在心理学》（*Toward a Psychology of Being*），纽约，迪·范·诺斯特兰德出品（D.Van Nostrand），1962年版

本书很好地展示了一种积极乐观的哲学，即人们有一种强烈的欲望去成长，去发挥自己的潜能，尤其当他们被接纳做自己的时候，这种倾向会得到促进。

◆ 休·W.米斯戴恩（Missildine W.Hugh）

——《你过往的内在小孩》（*Your Inner Child of the Past*），纽约，西蒙与舒斯特出版社出品（Simon & Schuster），1963年版

非常适合通过本书了解不同的父母养育模式对孩子性格，以及他成年后处理问题的方式的影响。

◆ A.S. 尼尔（A.S.Neill）

——《自由，不是许可证》（*Freedom-Not License*），纽约，哈特出版社出品（Hart Publishing），1966年版

这是《夏山学校》（Summerhill School）的续集，它阐述了更多尼尔的观点，非常适合通过阅读本书巩固P.E.T.中的一些概念。强烈推荐读者阅读。

——《夏山学校》，纽约，哈特出版社出品（Hart Publishing），1960年版

关于英国一所先锋学校的报告，该学校尝试在一个教育机构中纳入民主原则和治疗性社区的元素。

◆ 约翰·S.鲍威尔（John S.Powell）

——《为什么我不敢告诉你我是谁？》（*Why Am I Afraid To Tell You Who I Am?*），芝加哥，阿格斯通信出品（Argus Communications），1969年版

这是一本美好的、通俗易懂的书，讲的是在坦诚的沟通中向他人展露真实自我的风险。

◆ 谢尔·帕特尼（Shell Putney）和盖尔·帕特尼（Gail Putney）

——《调整后的美国人》（*The Adjusted American*），纽约，哈珀和罗出版社出品（Harper & Row），1964年版

这是了解自己和他人最好的书之一。该书叙述清晰，见解深刻，向父母展示了他们是如何导致孩子产生不良行为的，并将帮助父母了解他们与自己父母的关系。强烈推荐读者阅读。

◆ 卡尔·罗杰斯（Carl R.Rogers）

——《当事人中心治疗》（*Client-Centered Therapy*），波士顿，霍顿米夫林集团出品（Houghton Miffin），1951年版

这是一部以来访者当事人为中心治疗的基础作品，包括理论、实践、研究基础，以及在团体、教学、领导管理和游戏治疗中的应用。

——《个人形成论》（*On Becoming a Person*），波士顿，霍顿米夫林集团出品（Houghton Miffin），1963年版

这是一本罗杰斯的论文集，大部分还没有出版，其中涵盖了他对治疗、教育、自我、健康的个体、协助关系等方面的思考，有利于帮助父母们了解以当事人为中心疗法的更广泛的含义，以及罗杰斯本人的核心特质。

◆ 伯特兰·罗素（Bertrand Russell）

——《婚姻与道德》（*Marriage and Morals*），纽约，矮脚鸡出版社出

品（Bantam Books），1959年版

一本关于家庭经济、宗教和文化基础的经典著作，展示了不同社会中父亲和母亲角色的变化，非常好地反映了家庭对性态度的变化。那些相信道德有固定和绝对标准的父母将对此大开眼界。

- **维琴尼亚·萨提亚（Virginia Satir）**
——《家庭如何塑造人》（People Making），加州帕洛阿尔托，科学与行为图书出品（Scienceand Behavior Books），1972年版

这本书描述了人与人之间沟通时的相互编码行为，提供了人际坦诚沟通的建议和练习。

- **J.I.西蒙斯（J.I.Simmons）和B.威诺格拉德（B.Winograd）**
——《正在发生》（It's Happening），加州圣巴巴拉，马雷-莱尔德出版社出品（Mare-Laird Publications），1966年版

这本书写给那些想要了解当代年轻人的父母，以孩子的视角讲述了关于他们反抗、吸毒、性开放和反战态度等方面的故事。

- **约瑟夫·L.斯通（Joseph L.Stone）和约瑟夫·丘奇（Joseph Church）**
——《儿童和青少年时期》（Childhood and Adolescence），纽约，兰登书屋出品（Random House），1957年版

这本书阐释了与P.E.T.课程相似的哲学，向父母们展示了避免孩子青春期压力的方法，对那些发现青春期令人困惑和迷茫的父母很有帮助。

- **玛洛·托马斯（Marlo Thomas）编辑**
——《自由地做你，自由地做我》（Free to be You, Free to be Me），纽约，麦格劳-希尔出版社出品（McGraw-Hill），1974年版

这是一本令人愉快的书（也是一个唱片集），它能帮助孩子们面对生活中的感受、偏见、乐趣和温柔。

这本书《P.E.T. 父母效能训练（实践版）》中所倡导的戈登沟通模式，已经由全球超过500万父母在过去60年间学习实践，亲证有效。

本书作者托马斯·戈登博士因为在沟通领域的杰出贡献，连续3次获得了诺贝尔和平奖的提名。这说明了沟通的重要性，也说明了戈登沟通模式的有效性。

戈登沟通模式，不仅适用于亲子关系，也适用于亲密关系、亲人关系、工作关系、社会关系等。运用它的人，可以是父母（《P.E.T. 父母效能训练》），可以是青少年（《Y.E.T. 青少年效能训练》，适合14岁以上的青少年），可以是团队负责人和领导（《L.E.T. 领导效能训练》，该书已经由北京理工大学出版社出版），可以是教师（《T.E.T. 教师效能训练》，已经有中文版），以及一个想要自我提升的人（《绽放最好的自己》，该书已经由北京理工大学出版社出版）。

目前，全国有四家授权代理、千名讲师、万千学员，欢迎你加入我们的学习共同体。

我们的学习方式多种多样，有线上直播、线上微课、线上读书会，还有线下读书会、沙龙、讲座、工作坊等。你可以是一位读书人、践行者，也可以成为一名读书会带领人，还可以成为一名讲师。

四家代理的联系方式如下：

中国东区E.T.独家代理

杭州心宁教育科技有限公司

地址：上海市徐汇区天钥桥路1188号朵云轩艺术中心

电话：18717850178

微信公众号1：心宁教育

微信公众号2：戈登沟通学堂

抖音号：戈登沟通学堂

微信视频号：戈登沟通学堂

官方微博：心宁教育

客服微信及商务咨询合作电话：18717850178

中国南区 E.T. 独家代理

深圳市道纪文化传播有限公司（安心工作室）

微信公众号：安心工作室

视频号：安心工作室

客服微信：15813888300

电话：15813888300

邮箱：pet@anxinstudio.cn

中国西区 E.T. 独家代理

成都知常教育咨询有限责任公司

地址：成都市武侯区永康路17号正成广场302

微信公众号：知常家育

客服微信：TOYOHU-CD

官方微博：知常家育

视频号：知常家育E.T.家

合作电话：15682079793

中国北区 E.T. 独家代理

家成长教育咨询（北京）有限公司

地址：北京市朝阳区麦子店街36号龙宝大厦二层207室

电话：010-65959181

微信公众号：家成长

官方微博：家成长教育

课程咨询（电话&微信）：成成 13521909563

商务合作（电话&微信）：家家 13521915382